社会风险治理中的政府传播
研究：变迁，差异与革新

张洁 著

·广州·

版权所有　翻印必究

图书在版编目（CIP）数据

社会风险治理中的政府传播研究：变迁，差异与革新/张洁著. —广州：中山大学出版社，2016.8

ISBN 978-7-306-05828-7

Ⅰ. ①社… Ⅱ. ①张… Ⅲ. ①社会管理—风险管理—研究—中国 ②国家行政机关—传播媒介—研究—中国 Ⅳ. ①D63 ②D630.1 ③G219.2

中国版本图书馆 CIP 数据核字（2016）第 216255 号

出 版 人：	徐　劲
策划编辑：	章　伟
责任编辑：	章　伟
封面设计：	林绵华
责任校对：	赵　婷
责任技编：	何雅涛
出版发行：	中山大学出版社
电　　话：	编辑部 020 - 84111996，84113349，84111997，84110779
	发行部 020 - 84111998，84111981，84111160
地　　址：	广州市新港西路 135 号
邮　　编：	510275　　传真：020 - 84036565
网　　址：	http://www.zsup.com.cn　E-mail: zdcbs@mail.sysu.edu.cn
印 刷 者：	佛山市浩文彩色印刷有限公司
规　　格：	787mm × 1092mm　1/16　13.5 印张　280 千字
版次印次：	2016 年 8 月第 1 版　2016 年 8 月第 1 次印刷
定　　价：	38.00 元

如发现本书因印装质量影响阅读，请与出版社发行部联系调换

本成果受到如下项目的资助与支持：

1. 2016年度教育部人文社会科学研究青年基金项目《风险争议中的认知差异与风险沟通研究——以食品安全事件为例》（项目批准号：16YJC860028）
2. 中山大学高等学校"大学生校外实践教学基地项目"——奥美—中大公共传播协同创新人才合作培养基地（项目经费号：17000-31911103）
3. "广州市大数据与公共传播人文社会科学重点研究基地资助项目"
4. 中山大学"三大建设"专项资助（项目编号99123-18823306）

内容摘要

中国社会转型期的社会风险具有"时空压缩""多症并发"的特征。社会风险治理的实质就是政府和其他治理主体针对"社会问题"和"公共事件",通过各种形式的互动行为来调整和改变公共政策,从而降低社会危害、维护公共秩序、保障公共利益的活动与过程。风险治理包括社会风险识别、预警、消减、公共危机爆发、应急处理、情境恢复等六个阶段。"政府传播"是指政府组织及其成员通过各种媒介手段和沟通方式面向公众进行的信息传播活动。科学有效的政府传播是风险治理得以实现的基本条件和重要手段。

本研究属于新闻传播学与公共管理学的交叉领域,以"政府传播"为研究对象,以社会风险治理为研究的特定现实情境和理论视角,综合运用公共治理、危机传播和风险沟通等相关理论进行研究。

通过系统的文献研究,本书提出"社会问题"(风险)和"公共事件"(危机)之间是一种环状循环演化的关系,对政府传播的研究需要进一步突破救急灭火和舆情应对的窠臼。政府需要从形态各异的事件中寻找和认识社会风险源,充分利用焦点事件所聚集起来的社会关注和公共资源,通过与媒体、公众的沟通对话,处理和化解社会风险。风险治理的视角带有一种维护公共利益的取向,不以政府作为危机处理的单一中心。在正文部分,研究从风险演化全流程中观察政府的实际传播管理行为、影响因素,并结合多学科理论分析其规范性角色和改进对策。

首先是宏观的现实与理论分析,在转型社会、全球化、媒介化的共同作用下,风险情境中出现了政府传播管制失灵的状况。2003年"非典"事件以来,政府传播制度的宏观调整体现出政府对治理范围、主体责任、互动机制等方面问题进行的理性考量。但政府传播仍面临一系列体制性瓶颈。以风险治理的视角认识政府传播,需要厘清政府传播与风险治理基本要素之间的关系。从治理主体看,政府、媒体、公众构成了新的治理主体结构,需要对政府传播的角色功能作重新定位,也需要关注不同治理主体可能制造的风险。从治理对象看,社会风险具有现实性和建构性。由于风险的特性,风险治理中的"政府责任"具有多重维度,一是产生了动态变化性;二是原因型责任和解决型责任相互交叠;三是主观责任和客观责任有所区别;四是不同社会主体对政府风险责任的归因和感知存在差异。从治理工具角度看,政府传播作为"沟通性工具",相比"管制性工具"和"财政性工具"而言,是一种治理风险的柔性工具,应以维护公共利益为基本的价值取向。

本书依据政府对风险初始事件的原因型责任的高中低程度,参照相对客观的标准(法律法规和事实报道),将风险分为内源型风险、诱发型风险和关联型风险三类,以考察政府在不同风险治理情境中采用的传播观念与行为策略、内外部影响因素,以及相应的治理效果。经过多案例比较验证发现,在初始事件中,政府的原因型责任程度越高,政府越倾向于采用控制型传播策略(速度迟缓、内容有限、互动不强);政府责任程度较低时,政府已经具备较好的意识和能力进行信息公开和社会互动。但是风险和危机处于动态变化之中,媒介、公众与政府对事件的事实感知、责任归因和解决期待都存在明显差异,再加之社会信任脆弱、社会结构失调等宏观问题,如果政府不能敏锐地发现并有效回应这些变化和差异,就会导致政府传播效果不佳,风险可能进一步扩散。当前,不同类型风险情境中的政府传播仍存在很多共同问题:面对信任危机的考验,具有一定的政府自利主义倾向,采用"运动"式治理而非制度化的解决方式,这些都制约了风险治理的效果。

复杂的社会风险语境下的政府传播正在发生渐进式的变革,经历着风险脱敏、制度更新和技术升级的过程。政府传播转型的外部压力和条件是各类危机事件的不断发生,新媒体技术和平台的发展,媒体的监督和推动以及公众的表达与行动。而内在动力是制度规范的力量,政府间的学习与竞争以及个体官员的积极意识和有益尝试。

未来,政府传播在理念上需要树立"全过程"的风险观,在公共利益的基点上强化自身的责任。同时,整个社会需要建立良性的风险共治机制。下一步的深入变革,有赖于政府进一步认清自身在执政理念、行政方式和权力结构上的角色困境,在国家治理能力现代化的大框架下,将政府传播嵌入全社会公共传播的结构,构建理性的公共对话和社会协商机制。

序　　言

　　张洁的《社会风险治理中的政府传播》就要付梓。我作为张洁的博士生导师，祝贺她取得收获的欣喜之情，感慨她付出艰辛的敬佩之意，油然而生。

　　张洁在复旦大学攻读硕博连读学位以及尔后在中山大学执教的10余年间，一直关注国家和社会发展的重大现实问题，坚持以危机、风险治理和政府传播作为自己的核心研究方向，孜孜不倦，努力探索，并最终完成了此书。该书将政府传播置于转型期中国社会风险治理的框架中加以深刻观照，从理论上搭建起了政府传播的全新战略框架，对宏观的政府传播制度变迁和微观的政府传播运作实践进行了细致考察，并在此基础上以扎实的案例研究，进行了富有逻辑的论证和具有启发的阐释。这些，都让此书具有了相当的理论意义和应用前景。

　　该书既有一定的学理高度，又颇接实践运作的地气，这与作者满怀热情、潜心研究、勇于实践密不可分。2004至2010年，张洁在复旦大学新闻学院攻读硕博连读学位期间，一直是我所负责的"国务院新闻办省部级新闻发布评估组"的核心成员，她和团队指导老师、同学们一起对60余场省部级新闻发布会进行了评估分析，撰写单场和年度综合报告多达几十万字，并进行了多项的专题理论研究。这使得张洁成为我国最早参与中央和省部级政府新闻发布制度建设、效果评估、新闻发言人培训的第一批学子。张洁还先后参加了国务院新闻办《政府新闻发布工作手册》编写、国务院应急办"突发公共事件的新闻发布与舆论引导研究"等重要工作和重要项目。

　　2008年下半年，复旦大学新闻学院获得教育部哲学社会科学研究重大课题攻关项目"大众传媒与化解社会风险研究"，年轻有为的张洁就投身到这一重大课题的子课题"政府运用媒体化解社会风险"的研究中去。在课题研讨过程中，她认为需要打破传统的"政府—媒体"二元思路，跳脱"传播中心论"，站在社会风险、公共治理的角度上认识政府的传播行为、影响因素和社会效果。虽然当时"治理"尚未成为治国方略，新闻传播学科的风险治理与风险沟通研究也刚刚起步，她还是颇具慧眼地决定以"社会风险治理中的政府传播"作为博士论文选题。现在看来，以这个前沿的思路和高度来展开跨学科研究，张洁不仅富有一定的学术敏锐性，而且具有相当的学术开拓之勇气。张洁博士毕业到中山大学执教后，我们还保持着密切的联系，也时常就相关学术问题进行讨论和切磋。这些年来，她在中山大学还继续进行着危机传播、风险沟通、互联网与公共治理领域的研究，反复与该领域的一流学者求教和交流，她结合近年来的观察和思考，对自己的博士论文进行了三次大刀阔斧的修改，增改接近七万字。今日付梓的书稿，比原先的博士论文，观点又有升华，理论又有发展，实践又有进步。

通读此书，结合国家风险治理的复杂情境和近年来政府传播的发展变化，我认为该书有三个特点：

第一，与时俱进、框架完整。该书追踪社会风险和公共治理中外理论发展的前沿，紧密结合中国现实，阐释和解读"非典"以来政府传播制度与实践变迁的内在逻辑，并结合国家治理体系和治理能力现代化的需求，既有战略考量，又有战术设想，在"理论—制度—实践"三位一体的基础上提出了有针对性和创新价值的对策建议。如作者提出，政府不仅要关注危机事件的实体性危害，更要充分认识"风险—危机"的动态性、嵌入性和建构性，培育全流程的"大风险观"。在"风险—危机"建构和沟通的过程中，政府应当清晰地把握多元社会主体的认知差异，建立起一种有效面对争议、处理争议、包容争议的开放性认知体系，并在这个观念体系之上选择正确的行为模式和话语方案。

第二，贴近实践、高于实践。相比很多依赖于外部观察和二手资料的政府传播研究，该书选择从政府决策的内部视角切入进行观察，在深度访谈和内部资料的获取和分析上作出了很大努力。同时，基于危机情境、风险感知、归因差异等概念，在论述中拓展分析了公共管理学中的"政府责任"概念，将社会风险分为"内源型""诱发型""关联型"三大类，并对不同情境中政府传播的观念、行为、效果及其影响因素都进行了比较分析，提出了自己的独到观点。这在实证研究的路径改良和理论思路提炼上，都作出了有益的探索。

第三，阐释深刻、论述清晰。该书在理论推演和案例分析过程中都运用了丰实的文献和调研资料，但又能围绕研究问题作出自己的梳理和判断，进行逻辑严密、层次清晰的论述。特别值得提及的是，该书还回应和纠正了在这一研究领域的一些理论和实践误区，具有相当的学术说服力和责任感。

当然，书中也还存在一些不足，如跨学科分析框架的运用还欠成熟，理论抽象化的层次还不够高，等等，这些都有待于作者今后进一步提高和完善。但这都无碍于该书成为一本很好的佳作。

中国社会风险形势还在不断发生变化，风险治理是一个长期的、艰难的系统工程，政府传播面临的挑战仍然巨大。中央提出的"推进国家治理体系和治理能力现代化"，不仅是一种新的学术概念和学术表述，更是我国治国理政的重大决策。显然，该书对于破解当下中国政府发展的现实困境和理论难点，特别是在政府新闻传播、政府公共关系

乃至国家公共治理方面，都有很好的参考价值。

孟建

2016年8月7日

（作者系复旦大学新闻学院教授，博士生导师，国务院新闻办公室省部级新闻发布评估组组长，中国传播学会副会长，复旦大学国家文化创新研究中心主任，复旦大学国际公共关系研究中心主任）

目 录

引言 两场政府新闻发布会与国家风险治理模式的嬗变 …………………… 1

第一章 导 论 …………………………………………………………………… 1

  第一节 研究综述与关键概念的框定 ………………………………………… 1
    一、社会风险及其治理研究 ……………………………………………… 2
    二、政府传播与风险治理研究 …………………………………………… 12
    三、风险治理中的政府传播：基于"问题—事件"整合认识 ………… 27
  第二节 理论框架和研究问题 ……………………………………………… 28
    一、本研究中的"社会风险治理" ……………………………………… 28
    二、社会风险治理框架对政府传播的新解释 …………………………… 31
    三、研究问题 ……………………………………………………………… 32
  第三节 研究方法及其他说明 ……………………………………………… 33
    一、研究方法 ……………………………………………………………… 33
    二、创新点及研究不足 …………………………………………………… 35

第二章 中国社会风险语境与政府传播制度的变迁 ……………………… 37

  第一节 转型社会、媒介化、全球化风险中的政府传播管制失灵 ……… 37
  第二节 风险治理中政府传播制度的宏观调整（2003—2016 年）……… 40
    一、传播主体：从中央主控型发布到地方责任型发布 ………………… 43
    二、传播内容：从局部类别化到全局广泛性的信息公开 ……………… 44
    三、传播对象：从政府内部信息通报到面向社会大众传播 …………… 45
    四、传播渠道：从管理传统媒体到积极利用和规范新媒体 …………… 46
    五、传播过程：从政府单向把关到多元互动沟通 ……………………… 47
    六、传播规制：从惩处泄密者到保障舆论监督 ………………………… 48
  第三节 风险治理中政府传播的体制性瓶颈 ……………………………… 50
    一、制度操作性有限和制度效应递减 …………………………………… 50
    二、协调机制欠缺和传播主体关系失衡 ………………………………… 51
    三、传播团队权责利不明确且专业水准不足 …………………………… 52

第三章 政府传播与风险治理的基本要素分析 …… 54

第一节 风险治理主体分析：政府、媒体、公众关系的再认识 …… 54
一、风险治理主体结构的改变 …… 54
二、政府传播在风险治理中的角色功能 …… 58
三、风险治理主体也可能是风险制造主体 …… 60

第二节 风险治理对象分析：政府传播目标的重新定位 …… 63
一、社会风险的现实性与建构性 …… 63
二、基于"政府责任"维度的社会风险分类 …… 67
三、政府对治理对象的认知偏差及其内在逻辑 …… 72

第三节 风险治理工具分析：作为"沟通性工具"的政府传播 …… 75
一、政府传播：风险治理中的柔性工具 …… 75
二、"沟通性工具"不等于"媒介工具论" …… 77
三、政府传播应以公共利益为基本价值取向 …… 78

第四章 内源型风险中的政府传播：从控制到沟通的动力机制 …… 80

第一节 政府风险预警为什么缺席、失败 …… 83
一、政绩观偏差导致的区域经济发展失调 …… 83
二、地方媒体公信力扭曲带来的社会认知混乱 …… 85
三、"内紧外松"传播加速危机爆发 …… 87

第二节 压力—反馈中渐进的信息公开 …… 88
一、群体性事件与"政策窗口"的开启 …… 88
二、作为上级指令的"新闻口径" …… 90
三、谣言的"倒逼效应" …… 91

第三节 政府以党报为平台展开的柔性沟通 …… 92
一、"处非"报道内容分析 …… 93
二、区域稳定风险中的政府传播策略 …… 100

第四节 政府传播中的刚性控制与柔性沟通 …… 102
一、刚性控制产生和持续的原因 …… 102
二、从刚性控制向柔性沟通转化的动力机制 …… 103

第五章 诱发型风险中的政府传播：责任溯源与依法治理中的角色困境 …… 106

第一节 突发企业安全事故与"有限政府"的传播定位 …… 107

第二节 政府传播与多方力量博弈 …… 111
一、接踵而至的媒体与积极应对的政府 …… 111
二、围观的网民与舆论监督指向的变化 …… 114
三、诉求多样化的业主与"依法处理"的两难 …… 119

第三节　风险溯源与扩散中的政府传播责任 122
　　　　一、多元舆论环境与政府传播的"本位主义" 122
　　　　二、应急式政府传播模式的局限性 125
　　　　三、以法治为基础的多元治理制度有待完善 126

第六章　关联型风险中的政府传播：道德恐慌与信任风险 128
　　第一节　社会建构中的"特权阶层"与政府责任归因 128
　　第二节　"×二代"事件中的政府传播失误与突破 130
　　　　一、胡斌飙车案：质问公权"欺实马" 130
　　　　二、深圳"5·26"车祸：惯性怀疑与程序正义 134
　　第三节　政府传播定位：促进事实还原和理性对话 137
　　　　一、促成事实还原的复合结构因素 137
　　　　二、保障利益协调和理性对话 138

第七章　社会风险治理中的政府传播：变迁、差异与革新 140
　　第一节　政府传播渐进式变革的内外部动力结构分析 140
　　　　一、政府传播转型的外部压力和条件 141
　　　　二、政府传播转型的内在动力 146
　　第二节　不同类型社会风险中的政府传播比较 151
　　　　一、"政府责任"程度与政府传播状况的相关性分析 151
　　　　二、风险治理情境中政府传播的问题领域 153
　　第三节　构建国家治理现代化体系下的风险公共传播机制 159
　　　　一、新风险观下的政府传播理念变革 160
　　　　二、建立良性互动的风险共治机制 163
　　　　三、在深化改革中实现传播能力的协同进化 169

附　录 171
　　附录一　湘西非法集资事件《团结报》报道内容分析编码表 171
　　附录二　案例研究访谈列表 173
　　　　一、湘西非法集资事件访谈列表 173
　　　　二、上海倒楼事件访谈列表 173
　　　　三、"×二代"事件访谈列表 173

参考文献 175

后记 195

引言　两场政府新闻发布会与国家风险治理模式的嬗变

2009年4月30日，国务院新闻办公室（以下简称"国新办"）首次就"我国加强人感染猪流感防控工作情况"举行新闻发布会。此次发布会，距我国内地首例确诊输入性甲型H1N1流感（以下简称"甲流"）病例，提前了11天。发布会上，卫生部部长陈竺兴奋地告诉中外媒体，猪流感快速诊断法已研制成功。他呼吁公众加强自我保护，还笑谈称八角茴香煮猪肉，是一剂预防猪流感的良方。从这天开始，中国政府针对"甲流"疫情开展了"科学、客观、适度"的风险沟通工作。世卫组织官员们称，"中国的努力为世界防控甲型H1N1流感作出重要贡献"，他们赞赏中国采取的一系列"负责任、具有前瞻性的积极应对措施"。

而就在6年前的另一个4月，同样面对突如其来、具有全球性影响的公共卫生事件，中国却完全是另一番景象。2003年4月3日，国新办首次就"中国防治非典型肺炎"问题举行新闻发布会。从2002年底广东佛山出现第一例"非典"病人，到这次发布会的召开，已经过去了将近5个月的时间。在政府信息封锁、媒体报道失语的5个月里，"非典"病毒已经迅速传入中国的二十多个省市、地区，并向全球蔓延。发布会上，时任卫生部部长张文康关于"中国疫情已得到有效控制""中国很安全"的"负责任"说法，在一周后就成为国际社会斥责"中国说谎"的靶子。与病毒一起蔓延的，还有巨大的社会恐慌、公众对政府公信力的普遍质疑以及中国国际形象的一落千丈。

国新办作为我国国家级的、最权威的政府新闻发布平台，在国际上传播的是中国政府的声音。两场新闻发布会在发布时机、发布基调、发布内容、发布效果等方面迥然相异，这体现出中国政府在应对社会风险的过程中，信息传播的心态和机制已经有了很大的变化。从仓促应对到提前预防、从严控信息到迅速通报、从粉饰太平到坦陈问题、从承诺"政府全包"到倡导公众参与，这两场新闻发布会也从一个侧面展示了中国社会风险治理模式的演进。可以说，风险治理中政府传播的变化，是反映国家治理模式变化的一面镜子。同时，政府传播变化所带来的社会效应也反过来影响了国家治理模式。

正如公共管理学专家所言，"突发公共事件不断发生，危机常态化已现端倪。实践一再证明，认识危机，解决危机，局限于危机本身就显得捉襟见肘。危机的内核是风险,将着眼点从危机转向风险,从如何预防和处置危机转向如何理解和管理风险,是认识危机的更高境界,也是解决危机的根本之道。"①

习近平2009年3月1日在中央党校的讲话中指出,各级领导干部要努力提高六个方面的能力。其中包括"提高应对风险的能力""提高维护稳定的能力""提高与媒体打交道的能力"。这三项能力密切相关,政府想要更好地应对风险、维护稳定,就必须与媒体打好交道。在这一过程中,政府与媒体的关系需要跳出"命令与顺从""控制与对抗"的既定框架,而走向一种合作治理的关系。近年来,党的十八大报告和十八届三中全会文件中,都多次提到我国正面临多种形式的风险挑战,强调"要建立健全重大决策社会稳定风险评估机制""提高抵御风险的能力"。可见危机与风险管理已经日益成为国家战略的重要组成部分,党和政府旨在从源头上防范和化解不稳定因素,提高政府预防风险、治理风险的能力。

虽然"非典"的教训使中国政府痛定思痛,认识到要进行有效的风险治理,政府传播必须迈向一个不可逆转的、透明的、开放的进程。然而实践反复证明,"历史不是直线前进的"②。即使有了防控"甲流"的阶段性成功,仍不足以证明中国的政府传播已经在这一进程中取得了理想的成绩。各地、各级政府的危机与风险管理意识、能力参差不齐,政府传播实战能力未能跟上。以2015年"8·12"天津港爆炸事件为例,12日凌晨爆炸发生之后,现场视频和照片马上在网络上大量传播,@天津发布约四小时后才发布了第一条关于爆炸事故的官方微博。首场新闻发布会于第二天下午4:30举行,之后一周内虽连续召开十余次新闻发布会,但对核心事实信息语焉不详。期间关于伤亡人数的统计数据遭到网友质疑,企业方缺席新闻发布会引发猜测,"化工围城"话题热议凸显社会恐慌升级。

观察近几年来现实中社会风险治理的案例可以发现,政府仍然存在两种明显的错误倾向。一是政府仍然不够重视信息传播环节在其实际工作中的作用。各级、各地官员"不敢说、不愿说、不想说、不会说"的情况还很普遍,政府的社会沟通能力不佳。低效的政府传播使微小的风险事件被一再放大,形成巨大的社会破坏力。二是部分官员以为控制了媒体,形成了"良好"的舆论环境就能解决一切问题。一些政府组织满足于"息事宁人"的传播效果,把大量资源浪费在"摆平"舆论之上,"说"与"做"严重脱节。结果是忽视了事情处理程序的规范性,使潜在的社会风险不能得到根本化解,仍以各种新形式爆发出来。

如果政府传播仅被视为针对突发事件、公共危机的一种应急"救火"工作,只被

---

① 张成福,陈占锋,谢一帆.风险社会与风险治理[J].教学与研究,2009(5):5.
② 亨廷顿.民主的第三波[A]//哈维尔,等.民主与民主化[M].刘军宁,译.北京:商务印书馆,1999:387.

当成政府在危机中维护其组织形象和局部利益的手段,那么政府传播只能"治标",无以"治本",甚至会使社会产生各种严重的并发症。从社会风险治理的视角出发,考察如何通过政府传播有效地进行社会对话、调试公共政策、化解社会矛盾、获取社会认同,是中国政府亟待解决的现实问题,也是本研究努力探索的方向。

第一章 导 论

第一节 研究综述与关键概念的框定

"理论研究通常从概念开始,一是由于概念直接指向研究问题,同样的问题在不同的研究中可能会使用不同的概念,二是不同的概念背后隐藏着不同的学科与学术传统。"① 厘清研究所涉及的基本概念,梳理与这些概念相关的研究领域中的已有成果,从理论和方法两个层面对其进行整合与提炼,是本研究的一个重要起点。

"社会风险""治理""政府传播"——从标题中的三个基本概念出发,本研究将主要涉及社会学、政治学、公共管理学和新闻传播学几大学科。作者在文献研究的过程中发现,在国外理论界,包括政府在内的公共部门以及大众传媒的"风险沟通"(Risk Communication)早已被公认为"风险治理"中的重要环节和关键因素。研究中对于政府风险沟通的操作策略和方案、政府风险沟通的民主政治意涵、风险沟通与公共政策的互动关系、风险沟通对风险治理其他环节的重要影响有非常深入的探讨。而国内学界提到的"社会风险"不同于西方学者围绕科技、生态、环境、安全等议题所讨论的风险,而是主要指向中国转型期的各种社会问题。同时,在社会风险治理的视角下探讨政府传播的系统性论著还不多。中国传媒大学谢进川博士所著的《传媒治理论:社会风险治理视角下的传媒功能研究》也以"社会风险治理"为视角,但他的研究对象是传媒,而非"政府传播"。他从传媒参与社会治理的可行性、目标、机制、议题,传媒与其他社会治理主体的关系、治理传媒等多方面进行了探讨。

从具体的研究领域而言,与本书相关的研究成果主要分布于"中国社会风险预警、探析与防范""社会风险治理模式及其变迁""政府风险沟通与危机传播""政府在突发事件中的新闻发布与舆论引导"几大主题中。其中前两个议题主要在社会学、政治学和公共管理学,后两个则由新闻传播学研究者研究较多。从作者围绕这些议题所研读的近五百篇核心文献来看,这些研究的发展水平不同,各有特色。

---

① 童星,张海波,等. 中国转型期的社会风险及识别——理论探讨与经验研究 [M]. 南京:南京大学出版社,2006:143.

"我们不能仅仅把文献综述看作论文写作的一个步骤、程序,或者是有关方面的一个规定,更应该看到,这是知识生产过程的一个有机组成部分,它不是在重复别人,它是在说出自己。"① 在研究综述中,笔者力图把握好三个结合点:一是中外社会风险研究的结合点,二是风险治理与政府传播的结合点,三是社会风险研究与公共危机研究的结合点。基于这样的理念和原则,以下笔者将从中外社会风险及其治理研究、政府传播与社会风险治理研究两大方面对已有研究成果作出具体综述,并作出综合述评。

一、社会风险及其治理研究

国内的"社会风险"研究是与全球范围内风险理论研究的盛行、与中国迈向"高风险社会"的现实紧密相关的。"高风险社会"是当下许多学者描述中国社会状态时常用的一个词,从现象上看,是指中国处于一种危机蕴藏的广度、深度、爆发频率都较高的阶段。胡鞍钢、郑航生、童星等很多学者都指出,中国当下的社会风险既不完全同于传统的社会风险,更不完全是后工业化、后现代化时期由知识的负外部性导致的社会风险,而是多种风险的混合体;从风险分析的角度看,表现为历时性的风险类型共时性地存在。中国正进入高风险时代,即是在这个意义上来说的。国内来自社会学、政治学、公共管理学、哲学的研究者较早地介入了这一领域。以下首先简述西方风险理论和国内"社会风险"研究的概况。

在西方,"风险"问题于20世纪50年代提出,一开始围绕着如何安全使用核能、如何控制和评估核能给社会带来的风险而展开讨论。半个多世纪以来,"风险"话语在不断发生演变,自然科学、社会科学诸领域的学者通常并不区分"风险"和"社会风险",他们较少单独用到"social risk"之类的提法。换言之,西方学者虽然关注了现代意义上的由人为的、社会原因带来的,具有社会性影响的风险,但并没有形成一套关于"社会风险"的单独的、完整的、统一的理论体系。"风险"问题是一个庞大的研究领域,围绕着西方现代社会面临的各种风险及其规制方式展开。研究主题从核能、金融保险、环境、健康,一直延伸到生物技术、人工智能、恐怖主义等更为宽泛的新领域。研究视角则包括"保险精算的方法、毒物学和流行病学的方法、工程学方法、经济学方法、心理学方法、风险的社会理论、风险的文化理论"② 等很多类。关于风险的界定,大致都归为两种:一是技术取向的,将风险看成一种概率,采用期望频数进行统计;二是"经济—社会—文化"取向的,将风险看成一种社会后果。在社会科学的风险研究中,大多采用后者。因此,"风险"本身就具有社会性含义。

自20世纪80年代末德国学者乌尔里希·贝克提出"风险社会"论题以后,"风

---

① 熊易寒. 文献综述与学术谱系[J]. 读书, 2007 (04): 82—84.
② 奥特温·伦内. 风险的概念:分类[A] //谢尔顿·克里姆斯基. 风险的社会理论学说[M]. 北京:北京出版社出版集团, 2005: 59.

险"才从一种局部领域的现象,上升为一个用来刻画整个当代社会根本特征的核心术语,在社会学中获得了同"后现代""全球化""共同体""平等"之类概念一样的关键观念(Key Ideas)地位。①"风险社会"理论专注于资本主义后工业社会、自反性现代化的转型和变迁,而不仅仅是针对具体风险现象提出的一种理论。"就其侧重点乃至理论冲击力而言,均不可与其他有关风险理论等量齐观。"②"9·11"事件之后,"风险社会"理论成为西方最热门的理论之一,"社会风险"问题也引发了各国社会科学的综合性探讨,成为一个重要的学术现象。

"风险社会"理论的代表人物除了乌尔里希·贝克外,还包括英国社会理论家安东尼·吉登斯(Anthony Giddens)、英国文化学者斯科特·拉什(Scott Lash)等一批理论家。贝克作为风险社会理论的开创者,主要从生态环境和技术的角度切入。他认为"风险可以被界定为系统地处理现代化引致的危险和不安全感的方式"。③吉登斯主要从现代性制度的角度考察风险社会,他区分了两种类型的风险:外部风险和被制造出来的风险。吉登斯认为现代性的四个制度支柱"世界民族国家体系、世界资本主义经济、国际劳动分工体系和军事极权主义"都可能带来严重的风险。拉什则批判道,我们不能仅仅从自然风险来判断我们所面临的风险是否有所增加,而主要应该看到社会结构所面临的风险。从个人主义消长的意义上来看,从国家所面临的威胁的意义上来看,我们所面临的风险都大大增加了。④

关于中国"社会风险"研究出现、弱化和再度复兴的过程及其原因,有学者作出了这样的精辟分析:

"早在上世纪80年代末期,已有学者对中国改革的风险进行了研究,提出了'社会改革控制论',至90年代中期,发展出了社会风险预警指标体系理论。然而,该项研究的应用价值被中国经济持续的高速增长和以'GDP'为核心的发展模式所遮盖,其理论价值也因未能与当时西方学界颇为主流的风险管理研究开展学术对话而无法彰显,以至于社会风险研究在中国逐渐'失语'。新世纪伊始,'9·11'和'非典'两起事件重新点燃了学界压抑已久的热情。在理论领域,风险社会、全球化、现代性三种理论体系互为印证,一跃成为当今社会科学界的主流话语;在实践领域,中国的社会转型走向深化,现代化进程中累积的系统风险开始显现,这也迫使经济语义让位于风险语义。"⑤

近年来,中国学界对"社会风险"的研究主要分为三大类。一是对国外风险理论,

---

① Deborah Lupton. *Risk*. London: Routledge, 1999. 转引自成伯清."风险社会"视角下的社会问题[J].南京大学学报:哲学·人文科学·社会科学,2007(2):129—135.
② 成伯清."风险社会"视角下的社会问题[J].南京大学学报:哲学·人文科学·社会科学,2007(2):129—135.
③ (德)乌尔里希·贝克.风险社会[M].何博闻,译.上海:译林出版社,2004:21.
④ (英)斯科特·拉什.风险社会与风险文化[J].王武龙,编译.马克思主义与现实,2002(4):52—63.
⑤ 张海波.社会风险研究的范式[J].南京大学学报:哲学·人文科学·社会科学,2007(2):136—144.

特别是"风险社会"理论的引介与述评。① 第二类是利用"风险社会"理论的视角，分析当前中国某一领域的风险状况。如社会保障、社会竞争、农地流转、食品安全、网络安全等。第三类是宏观性地分析中国"社会风险"的成因、表现与应对机制研究。②

1. 中外"社会风险"定义的比较辨析

关于什么是"社会风险"，国内一些代表性的定义可以总结如下：

（1）宋林飞、童星、张海波等人认为，社会风险可以从狭义和广义两个角度来理解。"狭义的社会风险是国家风险的一种重要形式。现代社会的国家风险，包括政治风险、社会风险与经济风险。"③ 广义的社会风险是指"可能引发社会动荡不安和社会冲突的不确定因素，这种不确定因素可能来源于社会的经济、金融、政治、文化、生态等各个领域。当社会风险处于生成、酝酿阶段时，它是隐性的；而一旦社会风险爆发，便是显性的，表现为社会危机和社会动荡，给社会带来损失，威胁社会的进步发展。"④

（2）尹建军：社会风险的内涵是对社会产生损害的不确定性。⑤

（3）夏玉珍：社会风险是由人类实践和社会性因素引起，人类社会和人们的社会生活在未来遇到危害的可能性以及对这种可能性的判断与认知。⑥

（4）熊光清：社会风险是一种导致社会冲突，危及社会稳定和社会秩序的可能性，更直接地说，社会风险意味着爆发社会危机的可能性。一旦这种可能性变成现实性，社会风险就转变成了社会危机，对社会稳定和社会秩序会造成灾难性的影响。⑦

（5）徐军：社会风险指的是由自然、经济、社会、文化和个体等诸多不确定性因素导致的，突然发生并造成或可能造成重大社会性后果的社会事件，它严重影响和威胁到社会的稳定及公众生命财产安全。⑧

（6）冯必扬：社会风险是由个人或团体反叛社会行为所引起的社会失序和社会混乱的可能性。⑨

---

① 书目方面，薛晓源和周战超主编的《全球化和风险社会》对当代西方社会风险社会理论进行了全面系统的梳理。该书以风险社会及其理论探究、风险社会与治理、风险社会与生态、风险社会安全及其风险社会未来为主题，编译了大量国外的经典文献。"现代风险管理译丛"中《风险的社会理论学说》《风险社会及其超越》《风险的感知》三本书从各个学科角度将国外20多年来风险研究的经典文献引入了国内。杨雪冬的《风险社会与秩序重建》主要考察了风险社会与复合治理、秩序重构的问题。

② 例如宋林飞进行了风险社会与和谐社会的研究，还主编了"社会风险系列丛书"，其中包括从风险社会的总体性问题、社会失范理论、社会竞争理论、社会保障问题等诸多角度进行的社会风险研究。

③ 宋林飞. 中国社会风险预警系统的设计与运行[J]. 东南大学学报：哲学社会科学版，1999（1）：69—76.

④ 童星，张海波，等. 中国转型期的社会风险及识别——理论探讨与经验研究[M]. 南京：南京大学出版社，2006：89.

⑤ 尹建军. 社会风险及其治理研究[D]. 北京：中共中央党校，2008：15.

⑥ 夏玉珍，吴娅丹. 中国正进入风险社会时代[J]. 甘肃社会科学，2007（1）：20—24.

⑦ 熊光清. 当前中国社会风险形成的原因及其基本对策[J]. 教学与研究，2006（7）：17—22.

⑧ 徐军. 当代中国社会风险问题及对策研究[J]. 时代人物，2008（9）：66—68.

⑨ 冯必扬. 社会风险与风险社会关系探析[J]. 江苏行政学院学报，2008（5）：76—81.

（7）黄芝晓：风险是指人类在生存和发展过程中可能遇到的威胁、危险和危机。它并非危险或危机本身，而是一种形成危险或危机的可能性。社会风险指的不是个体面临的风险，而是我国整个社会组织、群体或机构要面对的形成危险或危机的可能性。①

各位研究者的表述虽然有所差别，但都较为一致地强调了"社会风险"的如下要素：从社会风险的存在方式来看，它是一种潜藏的、能够形成危险和危机的可能性和不确定因素；从社会风险的来源看，它可能来自自然、经济、社会、文化和个体行为等多方面；从社会风险爆发的后果来看，它可能危及社会稳定，造成社会冲突、社会动荡、社会失序等；从社会风险的影响面来看，它具有公共性和社会性，与个体风险有所区别；从社会风险的演变规律来看，它与突发事件、公共危机紧密相连，可以从隐性的可能转变为显性的现实。

由上述定义可以初步比较出中外学者对风险认识的一些差异：

（1）国内研究者对社会风险的定义并没有特别强调其"时代特征"，社会风险的指向可以横跨前现代、现代至后现代的不同时空范围。而贝克等人特别强调"风险社会"与"工业社会""传统社会"的区别，以及"风险社会"中风险的新特点（如人为制造、难以测量、知识依赖等）。

（2）国内的社会风险研究特别注重非科技性的、广义的社会性因素对社会稳定的影响。而从西方风险理论家的研究对象来看，他们更聚焦于科技和知识因素对人类环境、健康和安全所带来的影响。

（3）国内的社会风险定义有着较为突出的现实主义取向，这表现在两个方面：一是定义大多特别强调弱实践性的"风险"向强实践性的社会"危机"的转化，有较强的现实指向；二是早期的定义中强调的多是物理性的危害和社会秩序等实体性的损失，最近几年才开始强调个体和群体的建构是风险的主要来源。而国外的社会风险研究则更偏重于理论逻辑的推演和社会政治性的批判，同时有较为明显的现实主义与建构主义相融合的取向。

本研究基本认同宋林飞等人对"社会风险"的定义，因为此定义中的"社会风险"具有广泛的包容性、动态性，把握了社会风险的"不确定性"和"社会危害"两个核心特征。此处力图通过对定义的列举和中外比较，初步描摹中国学者视野中社会风险的概貌与特点，呈现中国式的"高风险社会"图景。"社会风险""风险社会"在当前的学术研究和日常会话中，既是时髦话语，又是无所不包的"集装箱"。这不仅仅因为部分使用者对这些理论概念不明就里，或者简化运用，而且在于现实中国的社会风险的确是无所不包，类型复杂交错。特别进入网络时代之后，不同事件的蝴蝶效应、风险的社会放大过程随处可见。即使一张华南虎照都能引起一个省政府甚至国家的严重信任危

---

① 参见复旦大学新闻学院"教育部哲学社会科学研究重大课题攻关项目"《大众传媒与化解社会风险》，项目开题稿，未刊。

机,引起人们对司法公正的深刻怀疑。"社会风险"不仅仅是一个造成明确社会危害的"事件",更是一个演化和变异"过程",一种潜在的、可能随时导致危害的"状态"。因此本研究此处并不对"社会风险"给出一个完全封闭性的定义,而是试图在接下来的研究过程中,与现有的研究成果进行一种开放性的对话。

2. 中国"社会风险"的成因、表现与应对机制

国内学者们基本认同,"风险社会"的话语体系带有明显的西方中心主义色彩,是西方社会学家用来解释后工业时代面临的重大社会问题的工具。但是,"风险已成为一种社会形态,超越了任何国家和社会制度的约束和限制。"① 童星、李路路等学者指出,"中国正走在现代化的快车道上,几乎所有'风险社会'理论中所讨论到的、源于现代性的社会风险,在当今的中国社会不是症状明显,就是初露端倪。"② 同时,中国还正在经历着以计划经济为特征的总体性社会向以市场经济为特征的多元化社会的转变,急剧的体制转型也蕴涵着各种各样的风险。来自前现代、现代和后现代的社会风险在中国相互激荡、叠加共生,并直接表现为各种突发事件、公共危机的频频爆发。

在宏观上,中国的"双重社会转型"被诸多学者认为是中国"社会风险"的根源和基本成因。"社会风险"作为一种具有启蒙意义的新的研究思路和视角,对于解释中国社会转型期所面临的社会问题有其独特价值。"社会风险"研究相比之前以李培林、郑航生、孙立平等人为代表的"社会转型"研究,研究的对象并没有发生变化,仍是当代中国社会,但研究的视角有所区别。90年代初,李培林较早地提出了"社会转型"概念,一批社会学家、政治学家从不同侧面对这一理论工具和解释范式进行了发展和强化。代表性研究有李强的倒"丁"字社会结构与结构紧张研究;郑杭生、洪大对中国社会结构转型加速期的结构性断裂和群体共识、社会动员和社会控制的困境研究;陆学艺的社会分层及其问题研究;孙立平的断裂社会、社会失衡、社会利益博弈研究;王绍光、胡鞍钢、康晓光等人对社会不稳定因素的研究;等等。

本研究认为,如果说"社会转型"研究更关注"社会生活具体结构形式和发展形式的转变",落点在一个"变"字上,"社会风险"研究则更关注经济、政治、文化发展的负功能和双刃剑效应,落点在一个"险"字上。如果说"社会转型"研究在历史的大尺度上研究"过去到现在"的进程和指向,那么"社会风险"研究则是"从未来认识现在",强调考虑问题要从风险的角度反思今天的抉择。如果说"社会转型研究的基本理论预设是'从社会结构着眼去研究社会转型'的,而这种'社会结构'研究的着眼点是社会客体性"③,那么"社会风险"研究则明确地主张客观存在和主观认识的结合、现实主义和建构主义的结合。

---

① 齐美胜. 公共危机的成因及其治理路径 [EB/OL]. 中国社会学网, 2009 – 05 – 21.
② 童星, 张海波, 等. 中国转型期的社会风险及识别——理论探讨与经验研究 [M]. 南京: 南京大学出版社, 2006: 58.
③ 王雅琳. 中国社会转型研究的理论维度 [J]. 社会科学研究, 2003 (1): 89—73.

学者针对社会风险的不同类型、发生维度、来源成因展开了丰富的研究。丁元竹在《中国2010年风险与规避》一书中指出,"2010年前,我国将处在发展模式转型,体制深层转轨和全方位对外开放的关键时期。这使得经济社会的系统性风险加大,或者说使得经济社会的脆弱性加剧。"该书通过对98名政府和非政府专家的调查指出,"社会危机、经济危机、环境危机是最受关注的三类问题",而"信心危机"也得到极大关注。①胡鞍钢、王磊从社会紧张、社会脆弱和社会不安全三个维度界定中国正在经历的"社会转型风险",建构了衡量社会转型风险的指标体系。他们认为:"经济转型过程促使中国社会出现了流动性增强、开放度提高、分化程度加深以及社会成员的原子化等特征,一定程度上扩大了社会风险的来源、加剧了社会管理方面的信息不对称性、引发了社会不满,再加上风险应对和缓冲机制的缺失以及不同风险之间关联叠加的特性,促成了中国在转型期间社会风险的迅速上升。"② 熊光清认为,当前中国社会风险不断累积的主要原因来自三方面:一是中国现代化的快速推进在一定程度上导致了利益分配不均和利益分化加剧,二是社会转型与制度转轨导致成熟的利益分配与协调机制缺失,三是经济全球化背景下国际利益裂变的压力。需要通过树立科学发展观、推进政治发展、增强国家能力建设和公民社会能力建设等方面的工作来控制和化解社会风险。③李路路从社会变迁的角度,分析了风险与社会控制的关系。他指出,由于现代化和体制转型的双重过程,中国社会所面临的风险是叠加的。现代社会的"时空延伸"特征,以及中国体制转型所带来的多元化、市场化、非集中化、流动性特征,使得重建共享价值观体系、弹性社会结构、国家与社会的组织化体系、法治及社会信息沟通体系,成为当代中国社会控制体系所面临的巨大挑战。④

3. 中国"社会风险"与"公共危机"的整合研究

正是基于中外语境下差异化的风险状况,童星、薛澜、胡鞍钢、宋林飞、张成福等学者都关注到了中国社会的"高风险态势"。中国社会风险爆发的现实性、紧迫性和广泛性敦促学术研究不能仅仅停留于建构一种社会政治的批判性话语,更要为现实问题的解决提供一个明确、积极的行动方案。2003年以来的公共危机、应急管理研究也需要借用新的理论分析工具,从"应对"研究走向"预防"研究。实践和理论两方面都在客观上要求实现社会风险、公共危机、应急管理、公共安全管理等议题的整合研究。从2003年之后多个国家级课题的名称上也充分体现了这一整合的意向,比如,2005年国家社科基金项目"转型期中国社会风险预警及其干预机制研究",2006年国家社会科学基金重大招标攻关课题"建立健全社会预警机制和应急管理体系研究",2008年国家自

---

① 丁元竹,等. 中国2010年风险与规避 [M]. 北京:中国大百科全书出版社,2005:24,37.
② 胡鞍钢,王磊. 社会转型风险的衡量方法与经验研究(1993—2004年)[J]. 管理世界,2006 (6):46—54.
③ 熊光清. 当前中国社会风险形成的原因及其基本对策 [J]. 教学与研究,2006 (7):20—21.
④ 李路路. 社会变迁:风险与社会控制 [J]. 中国人民大学学报,2004 (2):10—16.

然科学基金项目"转型期中国政府应急管理体系中风险管理机制框架研究"。2008年之后的相关研究课题则更为集中。本书采用的也是对社会风险与公共危机进行整合研究的方式，因此需要用一定篇幅对相关研究作出综述。

在整合研究中，以南京大学社会风险和公共危机管理研究中心的相关成果最为系统和全面。童星、张海波等人指出，"风险社会"是公共危机频现的时代背景，"公共危机"则是风险社会无法回避的表现。他们深入分析了"危机""公共危机""风险""社会风险"的区别与联系，指出风险与危机之间存在着因果关系：风险是前期形态，危机是后期表现，风险与危机之间是一个"连续统"。风险的社会层面是社会风险，危机的社会层面是公共危机。一言以蔽之，"公共危机是社会风险的实践性后果"（如图1.1所示）。比如，群体性事件就是社会风险动态演化为公共危机过程中的触发事件。从社会风险到公共危机是一个连续的过程，至少包括社会风险识别、预警、消减、公共危机爆发、应急处理、情境恢复等六个阶段。

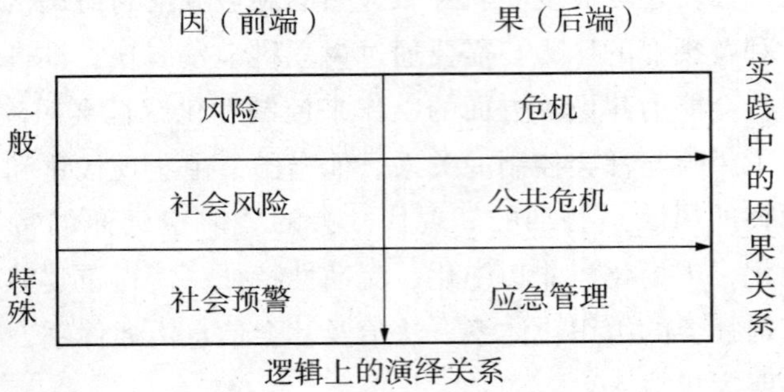

	因（前端）	果（后端）	
一般	风险	危机	实践中的因果关系
	社会风险	公共危机	
特殊	社会预警	应急管理	

逻辑上的演绎关系

图1.1　从社会风险到公共危机的概念整合框架①

同时，他们还认为从国际学术对话中看，关于风险的各类研究散落在从现实主义到建构主义的光谱上，社会风险其实既是现实主义的，也是建构主义的。社会风险在本质上是现实的，一旦嵌入社会结构之中就是建构的。现实主义与建构主义的合理分工就是，在社会风险阶段，更多地应该研究风险是如何形成和被社会放大的，关注的主要是"个体—社会"层面的反应和后果，建构主义优先；在公共危机阶段，更多地应该研究如何进行应急管理和善后恢复，关注的主要是"国家—社会"层面的反应和后果，现实主义优先。他们还总结了社会风险研究的四种范式，如表1.1所示。

---

① 童星. 社会学风险预警研究与行政学危机管理研究的整合［J］. 湖南师范大学社会科学学报，2008（2）：67.

表1.1 社会风险研究的四种范式①

范式	问题	假设	方法	理论	代表性研究
1."现实主义—社会风险"范式	前端的、可能的、社会的、宏观的	社会风险是客观的	制度的、计量的、系统的	描述的、解释的、预测的	社会风险预警指标体系研究、社会保障研究、社会控制研究
2."建构主义—社会风险"范式	前端的、可能的、个体的、微观的	社会风险是主观的	态度的、量表的、单一领域的	描述的、解释的、预测的	风险的社会放大理论和对感知风险的研究
3."建构主义—公共危机"范式	后端的、确定的、社区的、互动的	公共危机是主观的	过程重建的、制度认知的	规范的、对策的、结果的	治理理论
4."现实主义—公共危机"范式	后端的、确定的、国家的、结构的	公共危机是客观的	制度的、系统的、政策的	规范的、对策的、结果的	应急管理研究

丁烈云、何家伟、陆汉文运用突变理论为审视社会风险与控制公共危机提供了新的视角。他们认为，若想防止社会稳定出现波动，必须要建立健全社会预警机制，防范未来的社会风险和即将出现的公共危机。需要对社会采取演化过程控制，而非暂时的状态控制，演化过程控制才是高瞻远瞩的全过程控制。②薛澜、周玲、朱琴等指出，全过程的应急管理工作应当包括突发事件的事前、事发、事中、事后的整个管理过程，然而，其管理对象从本质上讲还是"突发事件"本身。为了从最基础的层面实现应急管理工作"关口前移"，就需要从"事件"管理往前进一步延伸到对"风险"的管理。由于危机同时兼顾了"风险"与"事件"的特性，因此危机管理应当被贯穿到风险管理和应急管理并重的整个过程中去。同时，成功的应急管理工作不能仅限于动员整个社会资源有效地应对"事件"和"风险"，而是要站在"治理"的战略高度，整合多方力量，从公共治理结构等更基础的层面改善和确保整个社会在常规和非常规状态下的稳定运行。③

---

① 本表由笔者根据张海波《社会风险研究的范式》一文相关内容制作。张海波. 社会风险研究的范式 [J]. 南京大学学报：哲学·人文科学·社会科学, 2007 (2): 136—144.
② 丁烈云, 何家伟, 陆汉文. 社会风险预警与公共危机防控: 基于突变理论的分析 [J]. 人文杂志, 2009 (6): 167.
③ 薛澜, 周玲, 朱琴. 风险治理: 完善与提升国家公共安全管理的基石 [J]. 江苏社会科学, 2008 (6): 7—11.

4. 治理理论与风险治理

无论中外古今,"治理"作为政治学词汇,都是围绕着公共权力展开的,反映着国家与社会之间一定的权力关系。它是通过对公共权力的配置和运用,对社会的统治(领导)、协调和控制,以达到一定目标。俞可平等人认为,英语中的治理(Governance,或译为治道)源于拉丁文和古希腊语,原意为操纵、引导和控制。长期以来,它与"统治"(Government)一词交叉使用,都可以指"The act, process, or power of governing"。它与统治、管理和政府活动联系在一起,主要用于与国家的公共事务相关的政治和管理活动。学者也指出,在不同历史时期,有不同的治理模式或统治方式,决定治理模式的则是公共权力资源的配置和运用。①

自 20 世纪 90 年代以来,西方政治学、行政学和管理学家赋予"治理"以新的含义,不仅其涵盖的范围远远超出了传统的行政意义,而且其含义也与"统治"相差甚远。治理理论的兴起拓展了国家与社会关系的分析架构,超越了自由主义与国家主义的传统对立,形成一种新型的国家与社会关系范式。治理除了政府机关和各种机构外,还包括市民社会的参与,各种利益集团以及部门间的协商,它有助于克服国家和市民社会各自能力的有限性,并试图建立国家与市民社会之间的互动网络。② 治理理论并没有一致认可的理论主张与实践模式,每个学者的概括又不尽一致,但这个理论的基本点是强调包括政府在内的不同治理主体为了共同目标,在解决公共事务时所进行的协商、互动与合作。

"全球治理委员会"(Commission on Global Governance)在 1995 年联合国成立 50 周年之际发表了题为《我们的全球之家》的行动纲领,这份纲领中对治理的界定被研究者广泛采信:"治理是各种公共的或私人的个人和机构管理其共同事务的诸多方式的总和。它是使相互冲突的或不同的利益得以调和并且采取联合行动的持续过程。它既包括有权迫使人们服从的正式制度和规则,也包括各种人们同意或符合其利益的非正式的制度安排。它有四个特征:治理不是一整套规则,也不是一种活动,而是一个过程;治理过程的基础不是控制,而是协调;治理既涉及公共部门,也包括私人部门;治理不是一种正式的制度,而是持续的互动。"③

治理是西方社会特定条件下的产物,在一定程度上适应了当代世界民主政治与公共行政发展的趋势。中国引入治理理念,进行治道变革,也正是进一步坚持和深化改革的需要。20 世纪 90 年代以来,中国学者从政府管理、社会公共管理、村民自治等角度运用治理理论,同时也在不断地对治理理论在中国的适用性和本土化问题展开讨论。俞可平较早将西方的治理理念译介到国内,他认为从政治学的角度看,治理是指政治管理的

---

① 徐勇. 治理转型与竞争—合作主义[J]. 开放时代,2001(7):25—33.
② 郁建兴,吕明再. 治理:国家与市民社会关系理论的再出发[J]. 求是学刊,2003(4):34—39.
③ 俞可平. 治理与善治[M]. 北京:社会科学文献出版社,2004:15.

过程，它包括政治权威的规范基础、处理政治事务的方式和对公共资源的管理。他的《治理与善治》《增量民主与善治》《全球化与全球治理》一书对治理理论的各个层面进行了介绍和讨论。

吴家庆、王毅认为中国"治理"兴起的背景与西方不一样，主要是由于市场经济发展、公民社会逐步兴起和社会转型时期的利益冲突和结构调整带来的。治理所强调的协调合作精神、多方协商解决问题的方式是适用于所有民主社会的。中国学者在引入治理理念时要注意"从价值理性向工具理性的回归，从多元治理向政府治理的回归，从传统型政治权威向现代型政治权威的转变，在竞争基础上实现合作共赢"①。臧志军在《"治理"：乌托邦还是现实》一文中指出在现阶段能够实施的至多是中国式的治理，即在一元化结构的框架内培植非政府公共组织和其他行为者，发挥其在社会公共事务管理中的作用。实施这种治理有助于降低统治成本、减轻核心统治结构的统治负荷、扩大统治的合法性基础以及增加统治的理性，从而大幅度地提高现存统治结构的统治绩效；同时，有助于形成多元主体，培养其治理能力，为实现典型意义上的"治理"准备条件。②

2003年以来，一批学者开始将治理理论运用到"社会风险"研究当中，虽然这方面的研究成果相对有限，但社会风险治理研究的价值不容忽视。杨雪冬在《风险社会与秩序重建》一书中通过理论述评和案例研究的方式，全面地分析了全球化、风险社会、复合治理和秩序建构之间的关系，对风险治理的三个环节（选择风险、分担风险、规避和减小风险）作出了具体阐释。他还撰文指出，风险社会和全球化带来的治理危机是全方位的。无论是国家、市场还是被许多人寄予厚望的公民社会都无法单独承担其应对风险的重任，因为它们本身也是风险的制造者。在这种风险环境下，中国的复合治理应该把重点放在加快现代治理机制的构建上，有效地应对全球性风险和制度转轨风险。具体包括以下四方面的建设：提高国家治理能力；提高市场和公民社会的自组织能力和自我规范能力；增强个人、组织的责任感、风险意识以及风险识别能力；扩大社会信任和培育共同体意识。③ 张康之、熊炎认为人类已经进入一个风险社会，但是，在人类所面对的风险中，绝大多数风险是由处于中心地带的人们生产出来的。由于工业社会所拥有的是一种中心—边缘结构，处于中心地带的人们在生产风险的同时也获得了一种风险分配的权力，他们总是能够成功地把自己所遇到的风险分配出去，让那些处于边缘地带的人们去承担更多的风险。为了改变这种状况，就必须打破社会的中心—边缘结构，唯有如此，才能建立起一个合作应对风险的社会。④ 张成福、陈占锋、谢一帆指出，"风险社会的根本选择在于风险治理。"风险治理不同于单向性、技术性、客观性的风险管理，

---

① 吴家庆，王毅. 中国与西方治理理论之比较[J]. 湖南师范大学社会科学学报，2007(2)：63—64.
② 臧志军. "治理"：乌托邦还是现实[J]. 探索与争鸣，2003(3)：9—10.
③ 杨雪冬. 全球化、风险社会与复合治理[J]. 马克思主义与现实，2004(4)：61—77.
④ 张康之，熊炎. 风险社会中的风险治理原理[J]. 南京工业大学学报：社会科学版，2009(6)：5—9.

它有其遵循的行为法则，即多元参与、开放透明、责任明确、公正合理、普世价值和广泛合作。进一步加强风险治理，实现风险善治，就要在政府和全社会培育和建立风险治理的思想观念、体制机制、方式方法和保障条件，形成风险治理的共识与合力，使风险治理成为遏制危机态势、缓解风险局面、保障社会运行、维护长治久安的有力武器。①

十八届三中全会提出了"推进国家治理体系和治理能力现代化"的新命题，而风险治理能力的现代化是其中应有之义。俞可平指出面对风险社会下社会风险的常态化存在，我国政府治理工具和手段均有了较大发展，以先进的知识和技术设备和中央政府强大的调控能力应对重大灾害和公共事件，达到治理效果，如2008年汶川地震和南方冰灾。但在地方政府层面却屡次失灵，如广州番禺反焚运动、厦门反PX事件。可见"技术应对"对环境类风险并不总是有用，而应呼唤政府风险治理的价值回归。其中，沟通的价值往往对化解风险争议起到关键作用。因为，治理不仅体现为解决治理问题的政治实践，同时还应体现民主、法治、公平和正义等政治价值，而一部分风险治理问题的出现正是由于上述政治价值的缺失。②

二、政府传播与风险治理研究

近几年来，国家对应急处置的重视程度仍然高于风险预防，各级政府虽然提倡"未雨绸缪、防重于控"，但更多的财政、人力和信息资源还是被放在了危机控制阶段。但如上所述，"公共危机是社会风险的实践性后果"，两者无法割裂开来。目前政府传播与社会风险应对的研究还是集中在突发事件、公共危机中政府的新闻发布、危机传播等方面。

另外，如前所述，在国外理论界，政府的"风险沟通"被认为是"风险治理"中的重要环节和关键因素，两者不能剥离。从西方国家管理模式转型的实践看，媒介技术和信息传播的发展也是促进多元治理形成的重要原因。日益发达的大众传播，成为公众参与公共政策制定、制约国家力量的重要渠道，使权力改变了自上而下的单向运用，开始进行自下而上的双向运行。因此这部分也将国内外"风险沟通"的研究作一述评，考量对我国政府而言可资借鉴的部分。

1. 政府传播的定义和特征

在我国理论界，对政府的定义通常有广义和狭义两种理解。广义政府概念在传统的政治学意义上等同于三权分设的立法、行政和司法机关的总称；狭义政府概念则是指国家权力的执行机关，即行政机关。这里采用广义的政府概念，具体是指在现代社会中行使公共权力，进行政治调控、社会管理和公共服务的国家组织机构及其专职人员的统称。此外，本书在对我国政府传播活动进行分析时，将从国情和现实的角度出发，本书

---

① 张成福，陈占锋，谢一帆. 风险社会与风险治理 [J]. 教学与研究，2009 (5)：5—11.
② 俞可平. 推进国家治理体系和治理能力现代化 [J]. 前线，2014 (1)：5—13.

中的政府是指通常意义上的"党和政府"。

"政府传播"一词的出现，与我国媒介体制改革的深入推进，以及"非典"以来危机事件的频频爆发密切相关。"在我们国家，由于体制方面的原因，政府传播的职能长期以来是由党的宣传部门统一（代为）行使的。党代表政府发言，政府机构没有相对独立的信息传播系统。"① 换言之，过去政府的信息传播行为就直接等同于"党的宣传"。在危机事件中，媒体和公众对于公共信息的需求不断提高，政府作为公共信息资源的掌握者，为了更好地履行其公共职能，必须明确其作为信息传播主体的责任和义务。"实践要求在先，理论研究在后"，随着国家各部委、各地方政府的新闻发布制度建立起来，"政府传播""政府新闻学"等研究领域的热度开始上升。毛湛文、刘小燕指出，政府传播主体可以分为顶层政府组织、基层政府组织、顶层政府个体和基层政府个体四个类别，他们开展政治传播时的出发点、动机与诉求，有着各自的特点。②

目前有关"政府传播"的含义众说纷纭，简单地说，"政府传播"指的是以政府为主体进行的信息传播活动。"政府传播"的定义基本分为广义和狭义两种。广义的"政府传播"既包括政府通过组织内部的正式和非正式渠道所进行的信息沟通，也包括政府组织及其成员通过各种媒介手段和沟通方式面向公众进行的信息传播活动。狭义的"政府传播"专指后者，本研究中也主要采用狭义的"政府传播"定义。

在科技迅猛发展的当今社会，传播媒介的更新换代使政府传播充满变革与创新。政府不仅可以借助传统四大媒体报纸、广播、期刊和电视进行传播，也开始利用自有的新媒体与民众加强互动沟通，新媒体技术正在迅速改变政府传播的格局。政府传播既包括了政府信息借助媒体进行的二次传播，也包括了由政务新媒体展开的、直接面向公众的双向互动式传播。政务新媒体已经成为我国政府传播的重要研究对象，其中以政务微博和政务微信最为典型。2010年全国"两会"期间人大代表将议案放上微博，开辟了政府网页之外的又一网络政治参与平台，受到网友的热烈响应。而政务微信自2013年推出以来，影响力日益提升。一方面，官微数量呈井喷式增长。据腾讯发布的《2015年度全国政务新媒体报告》称，目前我国政务微博账号近28万个，政务微信公众号已逾10万个。③"双微"正在加快推进着我国政府信息公开化的步伐。另一方面，政府传播与公民政治表达诉求之间仍存在差距。微博问政、微博反腐等公众自发行为为融通官方和民间这"两个舆论场"获得了契机，但政府仍有很多工作要做。部分"僵尸博"和形式化、过分宣传导向的政务新媒体形同虚设，反而造成了官民之间的沟通障碍。

综合田军、程曼丽、高波、张宁等人的研究成果，笔者认为"政府传播"具有如下三方面特征。

---

① 程曼丽. 新媒体对政府传播的挑战[J]. 对外大传播，2007（12）：38—41.
② 毛湛文，刘小燕. 新媒体环境下政府传播的新变化——基于传播主体视角的考察[J]. 当代传播，2015（2）：23—26.
③ 李丹. 政府网站和政务新媒体的融合发展[J]. 新闻战线，2015（7）：140—141.

第一，政府传播具有管理属性，它是政府公共管理和公共行政职能的延伸和外化。"政府传播的主体以具象化的公共权力作为传播支撑，其行为可以看成是具有传播学意义的行政行为，是实现社会控制、社会管理的重要方式。"① 政府传播应是现代社会中，政府为有效履行其职能而必须完成的使命和责任。

第二，政府传播具有控制性，这既包括政府对自我信息生成和输出的控制，也包括政府对传播渠道的控制。具体说来，现实中的政府传播包括两大部分：第一部分是政府在台前通过行动和话语进行的显性传播，第二部分是政府在幕后通过管理、引导和控制进行的隐性传播。第一部分既包括通过新闻发布等形式，以政府作为唯一或主要信息源进行的传播，也包括直播听证会、座谈会等形式，由政府搭建平台，由其他社会组织和个人来共同参与的传播形式。第二部分则包括下发宣传通知、引导关键媒体等行为。政府传播的控制性，来源于它对核心信息源的独占性，以及它对主要媒体渠道的行政强制力。

第三，政府传播是一种特别强调公共性的特殊组织传播行为。公共信息是现代政府向社会公众提供的最重要、最常见的公共品之一，政府传播应始终把公共利益作为其传播的核心价值。然而，这只是一种理想境界。现实中，不同层级、不同地方、不同部门的政府又是一个"理性的经济人"，在政府传播中必然考虑自身的组织利益，维护组织的声誉和形象，具有一定的自利倾向。如何在公共性和自利性之间谋求一个平衡点，是当下政府传播面对的一个关键问题。

2. 政府突发事件应对和危机传播

2003 年以来，政府突发事件应对方面的研究就如火如荼地展开。2006 年 1 月 8 日，国务院发布《国家突发公共事件总体应急预案》，预案对于突发公共事件的概念与分类作了界定。突发公共事件是指突然发生，造成或者可能造成重大人员伤亡、重大财产损失、重大生态环境破坏和对全国或者一个地区的经济社会稳定、政治安定构成重大威胁或损害，有重大社会影响的涉及公共安全的紧急事件。突发公共事件分为自然灾害、事故灾难、公共卫生事件、社会安全事件四类。童兵指出，我国已进入突发公共事件高发期，其原因同社会结构调整、腐败滋生、法律供给不足、改治体制改革滞后以及缺乏理论表达足够空间有关。② 相关研究所针对的事件，也主要围绕这几类，具体的议题包括突发事件信息公开、突发事件新闻发布和舆论引导、政府公共危机管理、政府危机形象管理、政府的媒体应对和媒体沟通等几方面。

如前所述，当前研究较多着眼于个案中的政府突发事件应对和公共危机管理，较少在中国社会转型期"社会风险"凸显这一大背景之下，考察突发事件和公共危机产生的深层次原因及其治理方案。相关研究有一部分深刻透析了中国政治传播规律和社会控

---

① 高波. 政府传播论 [M]. 北京：中国传媒大学出版社，2008：16.
② 童兵. 突发公共事件的信息公开与传媒的宣泄功能 [J]. 南京社会科学，2009 (8)：37—44.

制机制，但是数量上少于针对政府操作路径、策略选择的对策性研究。对于不同类型危机案例中政府传播表现的述评也占有一定比例。目前的研究总体上分为"操作指南型""个案总结型""原因剖析型""价值探讨型""综合分析型"五大方面。

从"操作指南型"的研究看，作为政府应对现实挑战的重要工作内容，政府在突发事件中的新闻发布机制与舆论引导策略是一个重要议题。各级政府都非常重视这一问题，积极联合学界开展此类研究。如国务院新闻办公室和复旦大学新闻学院的合作研究成果《政府新闻发布工作手册》2007年出版，2015年再次修订，其中专列"突发事件的新闻发布"一章，提出突发事件新闻发布应遵循及时、准确、以人为本、滚动发布、口径统一、适度恐慌六大新闻处置原则，还对其日常准备、操作程序和特殊要求作了说明。① 南京市委宣传部、南京大学新闻传播学院也合作提出建立"政府新闻学"，对突发事件舆论引导的理念、机制、方法专门著书研究并发表多篇论文。主要发起者叶皓指出，舆论引导是政府处置突发事件的重要内容，它有助于事件本身的尽快解决、防范新的事故连锁发生和此类危机再现。健全完善政府危机处置中的舆论引导机制，要搞好事故现场记者管理机制、第一时间新闻发布机制、事故处理中的滚动发布机制、突发事件中的网络管理机制和妥善处理负面报道机制。② 曹英指出突发事件与群体信息传播有莫大的干系，掌握其中的技巧与方法，如让"关键人物"及时现身、妥善处置有争议信息、处置事件核心人物应回应民众诉求等，有助于平和快速地处理群体性事件。③ 孙玮与张小林认为，我国国民对基础科学知识储备不足，容易在信息面前失去判断能力，突发性灾害事件的舆论引导必须求助于科学和专业人士，政府应该联合科研组织、专家进行权威知识普及。④

从"个案总结型"的研究来看，历次重大的突发事件发生之后，学界都有相关分析予以回应，这类研究的数量很大。对于汶川地震中，国家表现出来的空前公开、透明、开放，学界表示出了极大的肯定。曾光、陈靓认为，汶川地震后，中国政府的危机公关很好地体现了3T原则、公众至上原则和维护声誉原则，并且在信息传播过程中表现了空前的透明，与此同时，危机公关的风格也日趋多元化和新颖化。⑤ 学者们认为中国政府在汶川地震后表现出的危机公关能力的提升是与自"非典"以来，政府不断加强危机传播管理能力息息相关的。如曹君在分析中国政府在汶川地震后的传播策略中指出，危机传播体制的建立是保证信息发布畅通、透明、迅速的关键和保障，不断完善的危机传播管理体现在：成立危机公关传播小组；选择发布政府新闻发言人；制定危机信

---

① 国务院新闻办公室新闻局. 政府新闻发布工作手册［M］. 北京：五洲传播出版社，2007.
② 叶皓. 政府在突发事件处置中的舆论引导［J］. 现代传播，2007（4）：6—8.
③ 曹英. 群体性事件中信息处理的策略［J］. 东南传播，2010（1）：20—22.
④ 孙玮，张小林. 突发自然灾害事件中网络舆论的表达与引导——以东日本地震海啸事件为例［J］. 学术探索，2011（6）：115—118.
⑤ 曾光、陈靓. 从汶川地震看政府公关能力的提升［J］. 东南传播，2008（7）：23—24.

息发布原则。与此同时，中国政府也加强了媒体关系管理，强化媒体的权利和责任意识，积极与媒体合作，确保危机传播渠道的畅通。① 杜骏飞认为汶川地震中政府信息公开及新闻的开放管理改革产生了壮观的传播效用，由此，中国新闻的公开性亦成为可能，具有了改治文明的本质和里程碑意义。② 与中央政府近年来在危机公关中的卓越表现相比，地方政府在面对危机尤其是形象危机时则多少显得力不从心。学者们在分析地方危机事件时，往往是指出地方政府应对中的不足，并给出一定的建议。如鲁津、徐国娇在分析"躲猫猫"事件中指出，我国拥有独特的政治体制和庞大、复杂的公众，地方政府面对舆论压力，尤其是来自网络的舆论热议，应对的关键在于"既强调'政府主导论'（在危机公关过程中政府应该发挥主导作用），又坚持在此基础上的'多元论'（强调在发挥政府作用的基础上，要调动相关组织在危机公关中的积极性）"。③ 吴廷俊和夏长勇在分析"瓮安事件"时指出，政府应当把握好主流媒介，尤其是党报、机关报的社会角色，包括让新闻媒体及时、真实传递信息，让新闻媒体做好舆论导向工作，发挥新闻媒体缓释社会不满情绪的功能，以及利用新闻媒体进行社会反思。④ 孙帅和周毅通过观察"@北京发布"在"7·21"北京特大暴雨灾害事件期间发布的相关微博，发现利用政务微博进行突发事件网络舆情导控具有先天的技术优势，同时指出了进一步科学管理和运用政务微博的三个方向：与事态发展同步的时间响应，需求导向的内容响应和扩大官方微博的交互响应。⑤ 同时，突发事件中微博意见领袖的舆论引导作用得到经验事实的证明。王平和谢耕耘从信息时效性和影响力等方面考察温州动车事故中的微博舆论，指出在官员和传统媒体人中培养微博意见领袖的重要性。如在温州动车事故中，浙江省委组织部部长蔡奇、浙江省副省长郑继伟相继于23日当晚即通过微博部署指导救援工作，赢得广大民众的支持。⑥

"原因剖析型"研究也占有一定比重。针对目前突发事件中的新闻发布制度不能发挥实效的原因，研究者也提出了各种解释，比如：缺乏对新闻发布内容的明确规定；信息公开的责任不对称；新闻发布的时间和程序上缺少严格制约；知情权受到侵害时，公众缺乏有效的救济方式。⑦ 也有学者持一种批判性的态度，力图剖析公共危机中政府失

---

① 曹君. 从汶川地震看中国政府的危机公关传播策略［J］. 珠海市行政学院学报，2009（1）：55—57.
② 杜骏飞. 通往公开之路：汶川地震的传播学遗产［J］. 国际新闻界，2008（6）：34—38.
③ 鲁津，徐国娇. 论政府危机公关的效益——"躲猫猫"事件的媒介传播案例解析［J］. 现代传播，2009（3）：32—34.
④ 吴廷俊，夏长勇. 论公共危机传播中的主流媒介角色——以贵州"6·28瓮安事件"为例［J］. 现代传播，2009（2）：36—38.
⑤ 孙帅，周毅. 政务微博对突发事件的响应研究——以"7·21"北京特大暴雨灾害事件中的"北京发布"响应表现为个案［J］. 电子政务，2013（5）：30—40.
⑥ 王平，谢耕耘. 突发公共事件中微博意见领袖的实证研究——以"温州动车事故"为例［J］. 现代传播：中国传媒大学学报，2012（3）：82—88.
⑦ 曹青. 论突发事件中新闻发布制度如何发挥实效——从崇州事件谈起［J］. 齐齐哈尔大学学报：哲学社会科学版，2007（2）：77—79.

语失序、信息传播运转不良的原因。孙立平指出，在面对社会问题时，政府工作存在信息屏蔽机制。"这种机制具体表现在，能捂就捂的信息控制逻辑，'极个别现象'的信息解释逻辑，不危害稳定不反应的信息反应逻辑。"① 陈力丹以山西黑砖窑事件为例，认为政府在公共危机中普遍奉行一种"信息机会主义"，其实质是为了自我利益而进行的信息筛选与加工行为。这具体表现为：通过保护黑砖窑带来的政绩 GDP，维持靠罚款带来的地方收入而对中央政府报喜不报忧，漠视地方民生疾苦。②

"价值探讨型"的研究虽然数量有限，但一针见血地指出了政府传播的问题。胡百精指出，评判政府危机传播，需要回答一个到底是"路径偏差还是价值错位"的问题。他把各类培训班为政府危机管理提供的常规路径归纳为五条，即时间性、主体性、解释力、情感力、好运气。政府危机管理失败常因为对上述路径把握不够，但是更重要的根源是，政府部门在危机中的价值观建设及其价值排序出了问题。如何权衡当事政府部门的"得与失"、压力团体的"公与私"、媒体之中的"是与非"、网络舆论中的"善与恶"？③ 危机管理的最终尺度应是对四者进行合理排序、最大限度均衡的结果。正如美国公关学者 Heath 所强调的，风险传播的关键在于向社会传递价值④，即不但要让人们知道事实为何，更要通过传递价值来构建人们的认知体系和价值体系，从而加强公众对组织的认同。胡百精基于"事实—价值"模型提出了危机管理的对话范式。"危机管理实际上就是在常态秩序遭到破坏、颠覆的状态下，通过事实层面的应急救困、化解矛盾、补偿损害和革故鼎新，通过价值层面的理性协商、悲悯关爱、道德救赎和信念再造，重建利益互惠机制和意义分享机制。"⑤ 林爱珺认为，新媒体环境下政府传播的改变，使得受众具备了自我议程设置的能力，话语权和发布权的下放正在形成一个公共讨论的场域，体现着自由与启蒙的政治价值，给政府的风险沟通提出新的挑战，使得政府的危机管理必须在尊重网络民意的前提下才能有所作为。⑥

"综合分析型"的研究更偏重于从形态各异的事件中抽离出一些理论模式。滕朋引入"组织传播"与"大众传播"的概念，研究了新中国成立以来的突发事件报道模式。他将"组织传播"界定为"相关信息在政府组织内的传播"，而"大众传播"则是指"突发事件信息借助大众媒介向社会公众的公开传播"。滕朋认为，在突发事件传播中，组织传播与大众传播之间有替换、部分取代、渗透三种关系，形成了五种突发事件传播模式：第一种是"组织传播模式"（替换关系），第二种是"依次传播模式"（时间取代），第三种是"并行传播模式"（内容取代），第四种是"宣传主导模式"（渗透关

---

① 孙立平. 信息是如何被屏蔽的 [N]. 经济观察报，2007-07-24.
② 陈力丹. 信息机会主义：山西黑砖窑的隐身衣 [J]. 新闻记者，2007 (8)：15—17.
③ 胡百精. 政府网络危机三问 [J]. 国际公关，2009 (4)：19—20.
④ Michael J. Palenchar & Robert L. Heath. Strategic Risk Communication: Adding Value to Society [J]. *Public Relations Review*, 2007 (33): 120—129.
⑤ 胡百精. 公共关系学 [M]. 北京：中国人民大学出版社，2008：111.
⑥ 林爱珺，孙姣姣. 新媒体环境下的政府危机管理与舆论引导 [J]. 中国应急管理，2011 (3)：20—25.

系),第五种是"大众传播报道模式"。他主张政府改变封闭的传播模式,淡化政治框架,将突发事件的报道回归到应急处理的框架。加强政府与媒体、社会的互动,充分发挥媒体在突发事件中的正面功能。① 杜骏飞等著的《政府网络危机》一书从政府网络危机中的主体行为及其互动规律、网络事件的性质及影响、网络群体性事件的目的类型三大方面,全面系统地分析了危机事件背后的成因和网络传播规律。②

邵春霞运用多元治理理论,以"非典"事件、孙志刚事件、怒江大坝建设搁置等突发事件为例,分析了我国国家与媒体的四种关系模式。第一种是国家主导型"单向控制"模式,分析强政治控制条件下媒体在总体上的失语状态及其所导致的消极后果,探讨不均衡的国家与媒体关系模式的强控制和权力的单向性特点。第二种是国家主导型"行政化合作"模式,分析强控制条件下媒体所扮演的治理工具的角色,探讨不均衡的国家与媒体关系模式中,国家对于媒体积极功能的发现和主动利用,分析由国家主动发起的这种行政化合作模式的强控制和权力的合作性特点。第三种是国家与媒体互动型"半行政半社会化合作"模式,着重分析相对均衡的国家与媒体关系格局中双方的互动与合作策略,探讨满足国家与媒体双方所需的权力的双向性特点。第四种是媒体自主型"社会化合作"模式,分析相对均衡的国家与媒体关系格局中媒体的主动表达和政府的积极应对策略,探讨媒体报道对于政策过程的推动作用和社会权力对于政治权力的主动性影响方式。③

由上面的简述可以看到,滕和邵在进行政府传播模式分析的时候,是以政府与媒体关系(或称"国家与媒体"关系)作为考察重点的。滕侧重于由于政府对媒体控制程度的不同,造成的突发事件信息传播在时效、内容、框架上的区别,以及由此带来的传播效果和对突发事件应急处置效果的差异。其价值指向非常明显,即弱化政治控制,充分发挥媒体的社会功能。邵则致力于改变将国家控制和媒体报道相互对立的思路,摒弃国家和媒体之间非此即彼甚至相互对立的片面思维,尝试从新闻控制和公共治理的实际效果出发寻找突破口,构建国家与媒体的有效合作机制。她认为既要反思单向化的严格的国家控制,又要防止过度分散化的媒体自主性的泛滥。

何舟和陈先红等人的研究则认为,"基于中国双重转型社会特征、多元传播生态环境、中国媒体双重属性、新闻报道框架、新闻实践类型等诸多因素",中国形成了"双重话语空间"(如图 1.2 所示)。④ 所谓"双重话语空间",其一是以官方大众传播媒体、文件和会议为载体的"官方话语空间",从本书角度来看,这也就是由于政府传播的行为和过程而形成的一种话语空间;其二是以互联网、手机短信和各种人际传播渠道

---

① 滕朋. 从组织传播到大众传播 [D]. 武汉:华中科技大学,2007.
② 杜骏飞,等. 政府网络危机 [M]. 北京:中国发展出版社,2011.
③ 邵春霞. 控制与合作:当前我国国家与媒体四种关系模式的分析. 未刊稿.
④ 何舟,陈先红. 双重话语空间:公共危机传播中的中国官方与非官方话语互动模式研究 [A]. 2008 公关与广告国际学术论坛,香港城市大学,2008 年 12 月.

为载体的"民间话语空间"。他们总结出以下三种双重话语空间的互动模式：①公共危机传播的官方模式为封闭控制、单向宣教和双向互动三种模式。②公共危机传播的民间模式为揭露模式、抵触模式和肯定补充模式。③不同的互动模式呈现不同的政府危机公关效果，在"封闭控制 VS 揭露"互动模式中，政府危机公关呈现出散布、揭露、谴责、批评、愤怒等负面效果；在"单向宣教 VS 抵触"互动模式中，则呈现出混乱、反驳、不信、冷漠等负面效果；在"双向互动 VS 肯定补充"模式中，则呈现肯定、赞扬、补充、参与等正面效果。研究认为，新媒体为非官方话语空间提供更大的公共议题讨论空间与近用权，影响和改变了中国政府的危机公关应对模式。

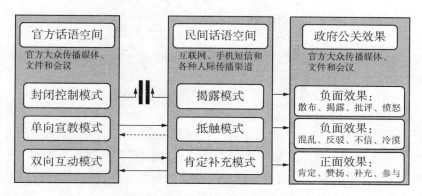

图1-2 何舟、陈先红：公共危机中的双重话语空间

相比滕和邵的研究，"双重话语空间"研究更注重由于新媒体的"赋权"（Empowerment）效果所带来的政府公关效果的差异。他们以话语空间互动所呈现出来的"政府—公众"之间的力量博弈为主线展开研究。

关于微博事件传播的研究也涌现出一些富有价值的成果。夏雨禾以"抚州爆炸案"和"增城聚众滋事事件"两起突发事件为背景，选取新浪微博中的三类微博，即事件关联的政务微博、媒体微博和相关领域的名人微博为研究对象，对突发事件中微博舆论的分布形态、构成要素、生成机制和模式等问题展开全方位探究。指出突发事件背景下的微博，是匿名主体的表现舞台，绝大多数实名主体不发言或少发言。得出认同模式、协调模式、质疑模式、情绪模式和游离模式等五种主要的突发事件微博舆论生成模式（如图1.3）。①这对何舟等人的结论也作出了某种经验意义上的补充。

---

① 夏雨禾. 突发事件中的微博舆论：基于新浪微博的实证研究 [J]. 新闻与传播研究，2011（5）：43—51.

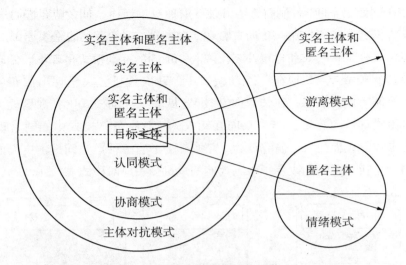

图 1.3　夏雨禾：突发事件中微博舆论的主要生成模式

上述"综合型研究"大大地提高了政府传播研究的理论深度，拓宽了研究视域。

祝华新、喻国明等专家学者多年来持续发表《中国互联网舆情分析报告》《中国社会舆情年度报告》，对政府面对的舆情形势，典型的危机案例进行综合分析和纵向比较，深入剖析了舆论表达与社会结构性风险之间的内在关联。①

总体来说，在政务新媒体出现以前，以政府为行动主体，以政府传播为分析对象的研究，还是在数量上少于以新闻媒体为行动者、以媒体报道为研究对象的文献。这一方面是因为，从事这类研究的多是新闻传播学的学者，他们更关注媒体及其从业者的行为及传播效果。政府对传播的控制力和国家—媒体关系常作为一种媒体报道状况的解释性因素出现。另一方面，政府与媒体的关系对危机传播，进而对危机处理效果的影响仍未得到足够重视，在某种程度上它是被模糊处理的。现有研究对由于政府外部因素引起的社会风险关注较多，对由于政府本身原因造成的社会风险（如群体性事件、次生舆论风险）的讨论也在逐步增加。2010 年之前对于政府与传统媒体的关系讨论较多，2011 年后也开始重视网络、手机等新媒体力量对政府传播带来的深刻影响。

很多研究在对"政府"的认识上，存在"同质化"和"简单化"处理的思维。现有研究多把"政府"作为一个整体性的概念，不能充分体现在当下的中国，政府作为一体多面的行为主体所具有的张力和矛盾。比如，政府与执政党两大系统之间的张力与冲突，政府内部系统部门之间的制衡与矛盾，还有地方政府与中央政府、不同层级政府之间的合作与利益冲突，等等。同时，还有作为个体官员和具体部门的"政府"，如何

---

① 喻国明. 中国社会舆情年度报告（2015 年）[M]. 北京：人民日报出版社，2015.

祝华新. 2015 年互联网舆情分析报告 [A]. //2015 年中国社会形势分析与预测. [M]. 北京：社会科学文献出版社，2015.

在危机传播中考虑自己的本位利益，与其他政府成员、媒体、社会博弈进而决定行动方案。这些差别和矛盾都是造成风险治理中政府传播绩效高低有别的重要原因。只有对这些问题作出准确的理解，才能深入认识政府传播的现有问题和改进之道。

3. 政府治理转型与风险沟通

在西方于20世纪70年代进入现代化高速发展的过程中，风险沟通研究的兴起也与风险治理的转型一起，经历了非常重要的发展转变，体现出风险研究强调权威控制，专家决策向关注公众认知、多元沟通的整体范式变迁，值得我们借鉴。

在1985年之前的美国也有一个简单忽视公众的阶段，它建立在这样的观念之上——"绝大部分人都是愚蠢、非理性的。必须保护公众的健康和环境，但绝不让他们参与风险政策制定，因为他们只会把事情搞砸"。① 1984年12月3日，美商联合碳化物化工厂在印度博帕尔（Bhopal）的农药厂发生爆炸，惨剧令世界震惊。美国政府于1986年设置相关立法，从此"知情权（Right to Know）构成了美国风险沟通的法律基础"②。

20世纪80年代中后期，为了调和政府、企业界、科学界和公众之间关于风险问题日益激化的矛盾，美国风险沟通研究逐步兴起。它以风险评估、心理学、传播学三大学科为支柱，希望通过各种沟通方式增进各主体间的相互了解，促进一种新的伙伴和对话关系形成。

由于公众对健康、安全环境议题的关注度和信息需求不断提高，社会知识不断增长和媒介的报道与动员，涉及风险管理"知情权"的法律研究和理念传播不断深入人心，风险沟通的必要性和重要性越来越为人们所认同。风险沟通成为风险研究中的必要组成部分和重要内容。

早期风险沟通研究存在于这样的传统线性关系模式（如图1.4）中，即风险评估（专家）→风险管理（政策制定者）→风险沟通（面向公众）。风险沟通是"由精英向普通公众传递科学和技术信息的过程"③，它强调专家向非专家的单向信息输送。

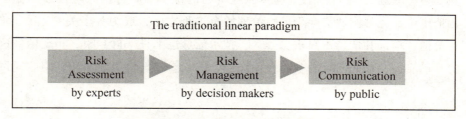

图1.4 风险沟通的传统线性模式④

---

① Vincent Covello & Peter M. Sandman. Risk Communication：Evolution and Revolution [C]. //Anthony Wolbarst (ed.). Solutions to an Environment in Peril [M]. Baltimore：John Hopkins University Press, 2001, pp. 164 – 178.
② 宋明哲. 现代风险管理 [M]. 北京：中国纺织出版社，2003：168.
③ Krimsky & Plough（1988），转引自 Dr. Stephen Hill. Risk Communication Literature Review：Summary Report，http：//www. tbs – sct. gc. ca/rm – gr/rc – cr/report – rapport_ e. asp#two.
④ 林宜平. 风险沟通概论 [EB/OL]. 台湾"行政院研究发展考核委员会"官方网站，2009 – 04 – 15.

这种模式下，风险沟通的功能是告知、说服和教育公众，使他们按照专家提供的方式理解风险问题或接受某种风险。这里更多地遵循一种 DAD 模式，即决定、宣布、辩护（Decide，Announce，Defend）。Grabill 和 Simmons 也将早期的风险沟通模式归纳为"技术统治论取向"（Technocratic Approach）。在决策过程中，所考虑的是风险的技术层面，而非目标公众的价值、关注、恐惧和意见，公众是被排除在决策过程之外的。在这一取向下的沟通内容，是产生于沟通过程之前，由科学界通过一系列固有原则和科学规范所得出的既定信息或知识。①

然而，由于风险评估本身的局限性，风险信息常常是前后不一致、不完整和充满不确定性的，这本身就造成了风险沟通的重要障碍。专家对风险的认定和公众对风险的感知往往大相径庭，陌生而烦琐的数据并不足以激发公众采取恰当的行动，很多时候，他们表现出疑惑、漠然或者过度恐慌。面对单一的、片面的、精心包装的风险信息，公众对风险管理权威产生了很大的不信任，他们不再满足于简单的"知情"，而要求更多地全程参与。

1986 年，Covello 等研究者们指出，一个良好的风险沟通除了启蒙功能、知情权功能、态度改变等功能之外，还应具有公共涉入和公共参与功能。② 1989 年，美国国家研究院出版《改善风险沟通》一书，指出风险沟通不应是聚焦于风险信息之上的单向传输，而是在个人、团体、机构间交换信息和意见的互动过程。"它不只与风险相关，还包括风险性质的多重信息和其它信息，这些信息表达了对风险信息或针对风险管理所进行的合法的机构性安排的关注、意见和反应。"③ 此定义强调各主体间的互动性和沟通内容的多样性，重新定位了风险沟通。之后的研究也更明确地强调风险沟通应是双向互动的，以构建多元共识和价值认同为目标。

如果说"单向告知"突出了技术专家和政治权威对风险沟通的管理和控制，"公共参与"则是以"风险治理"框架重构了风险沟通的价值与目标。风险被置于更广阔的社会文化情境中，风险沟通贯穿于风险治理的全过程之中，成为一个关键因素。"风险沟通中，价值、信仰和情感不只来自公众，技术信息也不只来自专家。相反地，这是一个信息的互动交换，在此所有的参与者均沟通、诉求、参与价值信仰和情感。通过这个

---

① J. T. Grabill & W. M. Simmons. Toward a Critical Rhetoric of Risk Communication: Producing Citizens and the Role of Technical Communicators [J]. *Technical Communication Quarterly*, 1998, 7 (4): 415 - 441.

② V. T. Covello, D. von Winterfeldt & P. Slovic. Communicating Scientific Information about Health and Environmental Risks: Problems and Opportunities from Social and Behavioral Perspective [C]. //Covello, Moghissi & Uppuluri. *Uncertainties in Risk Assessment and Risk Management* [M]. New York: Plenum Press, 1986.

③ 相关定义请参见 National Research Council (1989): Improving Risk Communication (Free Executive Summary) [EB/OL]. 美国国家研究院网站, 2009 - 04 - 11.

过程，公共政策决定被社会建构出来。"①

风险沟通的"公共参与"功能体现了其民主政治的思想内核。"风险沟通是民主程序的一种表现，只有建立双向的、开放式的沟通，才能符合民主政治的要求。"② "风险治理"中的公众不再被视为被动的、无知的信息接受者，公众对风险议题的关注和行动体现了他们参与社会决策的民主意愿，风险沟通的过程是对大众需求的政治回应。

风险沟通研究试图解释一个重要的现实问题，即为什么很多风险的实际损害很小却导致了公众的狂暴不安，而一些有致命可能的风险却没有引起人们的足够警觉？基于此，在风险感知（Risk Perception）研究的基础上，提出了"风险 = 危害 + 愤怒"这一重要命题（Risk = Hazard + Outrage，也有学者将其译为"不满情绪"。此处的 Outrage 是各种负面情绪的统称）。研究者认为，风险所造成的影响并不完全取决于风险的实际危害，一些特定的"风险因子"或"愤怒因素"（Outrage Factors）也在不同程度上影响着人们的风险感知。如果风险是非自愿的，处于他人控制之下，不熟悉的，不公平的，难于理解的，会引起恐惧的，具有不可逆的负面影响的，与个人利益直接相关的，对儿童和未来世代有负面影响的③，人们就会更不乐于接受风险，并倾向于把风险看得更为严重。由此产生的愤怒、焦虑、敌意、恐惧、悲观等负面情绪会明显地改变人们的态度和行为，进而影响公共风险管理措施的实施效果。这种对"风险"概念理解的转变是深刻而富有革命性的，它使政策制定者们在决策时开始全面关注风险主体的真实感知。"愤怒因素"不仅扭曲了人们对风险实际危害的感知，它本身也独立地成为风险的一个重要组成部分。在某种程度上说，"感知即现实"。对风险感知的强调，改变了传统的"风险评估→风险管理→风险沟通"的单向线性模式。风险沟通成为风险治理环状结构中不可或缺的部分。风险评估（RA）、风险管理（RM）和风险沟通（RC）的信息是在多方互动反馈中不断修正的（如图1.5所示）。这意味着风险治理并不是依靠管理者单向度的努力就可以解决的问题，而是需要关注风险主体的反应，建立起与所有利益相关者的实质性对话。

---

① C. Waddell. Saving the Great Lakes: Public Participation in Environmental Policy [C]. //C. Herndl & S. Brown. Green Culture: Environmental Rhetoric in Contemporary America [M]. Madison: U of Wisconsin P, 1996. 转引自郭小平. 风险传播研究的范式转化 [J]. 中国传媒报告, 2006 (3): 45.
② H. J. Otway & K. Thomas. Reflections on risk perception and policy [J]. Risk Analysis, 1982, 2 (2): 69 – 82.
③ 决定负面情绪的因素有：对于风险是否自愿接受，是否受个人自身控制，是否熟悉，是否公平，是否具有收益性，是否可能会灾难性后果，被理解程度的高低，不确定性的大小，造成的影响是长期的/延迟性的还是即时性的，对儿童的影响，对未来世代的影响，是否造成恐惧威胁或忧虑，对相关个人/机构/组织的信任程度，媒体的关注度，事故的历史，危害是否具有可逆转性，是否关乎个人的利益，伦理/道德本质，由人为还是自然造成。详细的因子分析可参见保罗·斯洛维奇编写的《风险的感知》一书第五、六、八章的论述。

图 1.5 风险沟通的环状模式①

风险沟通使风险成为公共议题，来自政府、企业、专家、媒体、公众的多元意见将补充原来科学上的盲点，增强风险评估与风险管理的合理性。风险沟通不是单向的自上而下的沟通，风险沟通的内容和方式也不再只是根据风险的技术内涵来设计。

此外，风险沟通研究还特别强调"信任"问题。从理论探讨方面，风险沟通研究主要是借鉴和运用了社会学和心理学对信任和可信度（Credibility）的研究成果。Renn 系统梳理了相关文献后指出，风险沟通中信任的构建应考虑"社会政治气氛、机构表现、对机构的感知、个人的吸引力、信息"五个层次。② 保罗·斯洛维奇（Paul Slovic）通过经验研究分析验证了信任所具有的易毁而难建的"不对称法则"。③ 研究者考察了不同组织、机构和群体的可信度等级，以及不同沟通渠道和不同场景对于构建信任的影响。风险沟通的效果往往取决于沟通双方信任关系的质量。到底如何建立起信任之桥？美国"风险沟通研究中心"的专家指出，决定信任的四组要素是"关心和同情、贡献与承诺、能力和专业、诚实和公开"④。

国内关于风险沟通的研究，较多地出现在 2006 年以后。从理论发展脉络看，2003 年被学术界公认为危机管理系统化学术话语构建的起始之年。从这一年开始，大量的危机传播研究的著作和论文出版，政府、企业和其他社会组织的危机应对、应急管理意识在加强。当"事后防控"机制不断完善之后，危机管理的研究领域也逐步向风险管理拓展。再加之 2003 年之后，贝克、吉登斯等人的"风险社会"理论迅速成为学术热点，

---

① 林宜平. 风险沟通概论［EB/OL］. 台湾"行政院研究发展考核委员会"官方网站，2009 – 04 – 15.
② O. Renn & D. Levine. Credibility and Trust in Risk Communication［C］.//Kasperson and Stallen, eds. *Communicating Risks to the Public*. Dordrecht, the Netherlands: Kluwer Academic Publishers, 1991.
③ 保罗·斯洛维奇. 感知的风险、信任与民主［A］//保罗·斯洛维奇. 风险的感知［M］. 北京：北京出版社，2007：359—365.
④ V. Covello, R. Peters, J. Wojtecki & R. Hyde. "Risk Communication, the West Nile Virus Epidemic, and Bioterrorism: Responding to the Communication Challenges Posed by the Intentional or Unintentional Release of a Pathogen in an Urban Setting". *Journal of Urban Health*. Bulletin of the New York Academy of Medicine, 2001, 78 (2) (June): 382 – 391.

国内新闻传播学界开始出现了直接以"风险传播""风险报道""风险沟通"为题的一系列研究。

相关研究主要是以下三类：一是对国外风险沟通理论研究的引介。如郭小平探讨了风险传播研究范式的转变，强月新等人分析了风险沟通的研究谱系与模型重构。黄河等人翻译了美国的《风险沟通：环境、安全和健康风险沟通指南》，这对国内学界系统了解这一理论及其操作实践将大有裨益。① 第二类是从学理层面探讨媒体在风险社会和风险传播中的责任、影响、功能定位等。比如，马凌的《新闻传媒在风险社会中的功能定位》，陈岳芬的《风险社会危机信息的传播博弈》，马锋的《现代风险报道中的传播悖论》，秦志希、夏冠英的《当代中国媒介风险报道透视》，等等。第三类运用"风险社会"理论，从具体事件出发，分析政府、媒体的信息传播和力量互动。如黄旦分析了多宝鱼事件中媒体对食品安全风险的报道。郭小平以怒江建坝之争的报道为例，研究了风险沟通中环境 NGO 的媒介呈现及其民主意涵。翁昌寿以政府对甲型 H1N1 流感疫情防控的风险沟通为例，提出作为传播者的政府公共卫生部门及相关专家，需要建构自身在公众心目中的形象：信誉和权威性是传播者可信度构建的基本维度；作为健康风险沟通中的传播者，需要视公众为合作伙伴，而不仅仅是病人；形象建构往往会经历构建、维护、挑战、修补、重建的反复过程。② 还有一部分学者从建构论视角出发，系统考察了风险社会的媒体传播，对媒体角色、风险建构的类型和方式、主要议题、制约因素等进行了全面探讨。③ 邱鸿峰采用"风险的社会放大框架"考察厦门 PX 事件，指出环境风险评估正在从传统的技术模式转向包容公众风险感知的文化—经验模式，不平衡的异地媒体和非理性的网民充当了风险放大的"社会站"，地方政府传播战略应作出调整以消解风险的放大。④ 曾繁旭、戴佳以信任困境及其重塑为核心问题，围绕核电项目、转基因、雾霾、PX 等近年来最突出的风险问题进行了多角度的研究，对公众风险感知、风险传播框架、沟通范式、新媒体扩散等关键概念都有很好的分析和反思。⑤

美国风险沟通研究的发展，与包括环保署（EPA）、疾病预防控制中心（CDC）、食品和药物管理局（FDA）等公共部门的支持与重视密切相关。考察我国风险沟通研究的情况，也需要关注相关政府部门的实践状况。"非典"以来，我国在公共卫生领域率先实践了这一理论成果。卫生部设立了专项研究课题并与美国专家交流频繁。广东、河北等地政府都邀请 WHO 的官员和美国学者对相关人员进行系统培训。食品安全部门也在

---

① 雷吉娜·E. 朗格林，安德莉亚·H. 麦克马金. 风险沟通：环境，安全和健康风险沟通指南（第五版）[M]. 黄河，蒲信行，刘琳琳，译. 北京：中国传媒大学出版社. 2016.
② 翁昌寿. 健康风险沟通中的传播者形象建构：以甲型 H1N1 流感为例 [J]. 国际新闻界，2012（6）：19—24.
③ 郭小平. 风险社会的媒体传播研究：社会建构论的视角 [M]. 北京：学习出版社，2013.
④ 邱鸿峰. 环境风险的社会放大与政府传播：再认识厦门 PX 事件 [J]. 新闻与传播研究，2013（8）：105—117.
⑤ 曾繁旭，戴佳. 风险传播：通往社会信任之路 [M]. 北京：清华大学出版社，2015.

风险沟通培训和操作上,进行了一些有益尝试。卫生部的官员和专家撰写了《我国政府风险沟通理念及实践——以卫生部应对甲型 H1N1 流感疫情为例》的文章,指出本次甲型 H1N1 流感应对中,风险沟通作为一项重要理念贯穿疫情处置始终,做到了初期对公众情绪的科学疏导,由恐慌到渐趋常态,再由平静到引起适当注意,实现了有利于疫情防控的有效管理。此次应对的信息发布中,将公众作为事件的共同应对者,使其掌握应对疫情必需的信息,作出有益于己的决定作为沟通目标。在信息发布上,制订预案,建立立体信息发布网络;采取赢得信任、双向对等沟通策略,进行愤怒管理与提前预警,在信息发布上注重信息突显策略等。① 这是风险沟通理论在我国实践运用的一个标志性事件。

需要说明的是,风险沟通和危机传播在以下三方面存在较为明显的区别。①从议题选择上看,风险沟通研究更多地讨论关于公众健康、环境和安全方面的议题,偏重于由科技引发的危机,如核能安全、传染病、水污染等。危机传播研究更关注组织危机(Organizational Crisis),各类危机可能涉及民生,也可能与民生无直接关系,如企业内部管理危机等。"包括政府、企业、非政府组织等在内的各种组织都是危机传播的潜在研究对象。"② ②从价值取向上看,风险沟通更强调保障公共利益,实现社会共识从而推动公共政策,而危机传播研究更聚焦于维护组织的利益和形象。③从学科支援上看,风险沟通吸收了心理学对"风险感知"(Risk Perception)研究的成果,更关心一般民众对风险的看法和认识,强调利益相关者(Stakeholder)之间的"对话"。危机传播脱胎于危机管理学,偏重于组织对危机的管理和控制,往往具有一种"组织—传者"中心主义思维。科学文献非常强调"互动性"是风险沟通和危机传播的最大区别。③ 这大概也是为什么"风险沟通"和"危机传播"的英文中都有"communication"一词,但前者多被译为"沟通",而后者则多用"传播"的主要原因。从两者的三方面区别来看,风险沟通理论强调公共参与、社会对话和信任构建,它对于政府等公共部门而言具有独特的借鉴意义。

但总体而言,我国对"风险沟通"的研究从数量上还是少于"危机传播"的研究。而且,以政府为主体的"风险沟通"研究相对有限,但近年来健康、环境、食品风险沟通的研究正在逐步增多。

---

① 我国政府风险沟通理念及实践——以卫生部应对甲型 H1N1 流感疫情为例 [N]. 科技日报, 2009 - 11 - 09.

② 史安斌. 危机传播研究的"西方范式"及其在中国语境下的"本土化"问题 [J]. 国际新闻界, 2008 (6): 22—27.

③ Isabelle Stevens. The Government as Risk Communicator: Good Communication Practices in the Context of Terrorism. Paper Presented at the Annual Meeting of the International Communication Association [EB/OL]. http://www.allacademic.com/meta/p232338_index.html.

三、风险治理中的政府传播：基于"问题—事件"整合认识

综上所述，社会学研究者偏重于运用"风险"范畴，从中西理论的结合点上、从宏观角度研究中国社会转型中遇到的各种"社会问题"（Social Problems）①，探讨社会发展与风险规避之间的关系；公共管理学研究者着眼于社会风险与公共危机的相关性，从国内危机频发的现实情境出发，提倡以政府为主导，利用社会多元力量共同进行风险治理和危机管理，强调研究的针对性和对策性；新闻传播学研究者聚焦于作为社会风险实践性后果的突发事件和公共危机，关注事件应对中政府、媒体、公众三者的互动关系，研究政府危机传播的原则、机制和影响因素，以应急管理为目标寻求提高传播效果的理想方案。21世纪初，特别是"非典"事件以来，上述三方面的研究在理论积累和经验贡献上都有所突破。

但是，各研究之间的交流、对话不够充分，缺乏对其他学科成果的有效借鉴。甚至可以说，社会风险治理与政府传播基本上还被视为两个相对独立的研究领域。虽然各学科的研究者都认同中国社会已进入"媒介化时代"，但在社会学、公共管理学的相关研究中，政府传播在社会风险治理中的地位、作用与机制仍是一个边缘话题。

进一步说，学界在面对社会风险问题时，存在两种取向。一种可简称为"社会问题"（Social Problems）取向，即把化解社会风险的过程视为解决社会问题的过程。它站在宏观的、现实主义的层面，致力于分析社会风险形成的根源，以及社会风险形成系统威胁之后的整体对策。这种取向重视调整社会结构、改变公共政策对社会风险的调控作用，并不把政府针对风险议题的公共传播作为最重要的手段。学者们承认传播的影响力，但对于这些影响的过程和机制并不做深入探讨。处于"高风险社会"的中国，其媒体生态和政府传播的互动关系如何？具体的政府传播过程如何放大、缩减、显化了社会风险？无论是宏观上还是微观上，这些议题都没有充分进入社会学、公共管理学者的视野。"对于社会风险的微观产生过程、从微观向宏观的传递与放大机制缺乏了解，这就削弱了研究的效度。"②

第二种取向，则是"公共事件"（Public Events）取向，它把化解社会风险的过程视为灾难管理、危机公关、突发事件应急管理的过程。它站在微观的、现实与建构主义相结合的层面，着眼于考察政府如何通过及时的行动和有效的沟通，降低事件造成的危害，并防止新型风险的形成。在这一取向中，"政府传播"作为一种"救急"的必要手段得到了充分重视。政府传播用于向社会传递政府应对危机的政策，获取社会反馈，同时在短期内修复政府的形象，维护公共利益。但是这一取向上，零散的个案研究、业务

---

① "社会问题是指在社会运行过程中，由于存在某些使社会结构和社会环境失调的障碍因素，影响社会全体成员或部分成员的共同生活，对社会正常秩序甚至社会运行安全构成一定威胁，需要动员社会力量进行干预的社会现象。"参见郑杭生. 社会学概论新修 [M]. 北京：中国人民大学出版社，1994：412.
② 张海波. 社会风险研究的范式 [J]. 南京大学学报：哲学·人文科学·社会科学，2007（2）：136—144.

经验总结较多。很多研究缺乏对宏观社会、政治背景的研究，容易造成短视和盲目。

分析这两种取向的特点并不是为了比较两者的优劣，而是试图寻找两者融合互补的可能。其实两者的联结点在于它们都指向了"公共政策"的调整。"社会问题"取向从宏观上、整体上为公共政策的良性调整指明了方向，而"公共事件"取向则强调了风险应对时，公共政策调整的紧迫性和即时效应。"社会问题"取向并没有回答政策制定者是怎样关注到某些风险议题并将其上升到议事日程的，"公共事件"取向却为这一问题提供了答案——"公共事件"的发生引起了社会的普遍关注，使利益群体、政府、传媒、公众等对现存的"社会问题"有更深切的认识，希望纠正明显的政策失误。

从这个意义上说，每次"公共事件"中的政府传播，不仅仅是要实现应急信息公开层面的"快、准、全"，更需要重视"事件—问题"的内在逻辑联系，通过政府传播和社会反馈寻求深层次"社会问题"的解决方案，只有如此，才能避免风险化解方案的表面化和短期化，促进政府传播公共管理职能的更好实现。

第二节 理论框架和研究问题

一、本研究中的"社会风险治理"

本研究以"政府传播"为研究对象，但研究重点不是常态下的政府传播，而是在风险治理情境中的"政府传播"。面对中国社会转型期"时空压缩""多症并发"的社会风险，任何单个治理主体都无法应对和化解社会风险，因此要建立新的治理机制，实现风险共担和共存的秩序。政府作为社会秩序最重要的管理者和公共资源最主要的掌握者，有义务适时调整国家治理模式，为社会风险的共担、共解、共治提供基础性的支持。政府传播是风险治理得以实现的基本条件和重要保障。政府通过各种媒介手段和沟通方式进行社会协调和力量整合，才可能实现多元主体的上下沟通、双向互动，形成以社会认同而非强制力为基础的风险治理。

风险治理不仅是本书研究政府传播的特定情境，也是展开政府传播研究的理论视角。在中国的语境下，社会风险治理的实质就是政府（起主导作用）和其他治理主体针对"社会问题"和"公共事件"，通过各种形式的互动行为来调整和改变公共政策，从而降低社会危害、维护公共秩序、保障公共利益的活动与过程。

理论上的风险治理包括社会风险识别、社会风险预警、社会风险消减、公共危机爆发、应急处理、情境恢复等六个阶段（前三个阶段风险以"社会问题"的状态表现出来，后三个阶段风险以"公共事件"的状态表现出来）。然而，现实中的上述六阶段并不是一种线性关系，而是一种环状关系，也就是说，任何一个阶段都可能成为风险治理的起点。很多时候，是由公共危机的爆发和处理才引发政府、媒体、公众等治理主体对社会风险的重新识别和预警的。从这个意义上说，风险治理中的政府传播不应止于应急管理的层面，更不应止于应对媒体的层面。政府需要从形态各异的事件中寻找和认识社会风险源，充分利用焦点事件所聚集起来的社会关注和公共资源，通过与媒体、公众的沟通对话，化解和规避社会风险。

这里需要说明两点。第一点是社会风险和公共危机的关系。笔者认为风险与危机之间不是一个简单的由一种风险演变为一个危机的线性关系，而是一种复杂多变的环状关系（参见图1.6）。在复杂的社会政治文化场景中，危机可能由多种风险酝酿而成，危机发生后又可能产生新的风险因素，并与其他风险变量相结合而导致新的危机。危机和风险构成了一条循环往复的链条，新风险、新危机的性质、规模、影响力都可能与原来的风险和危机不同。

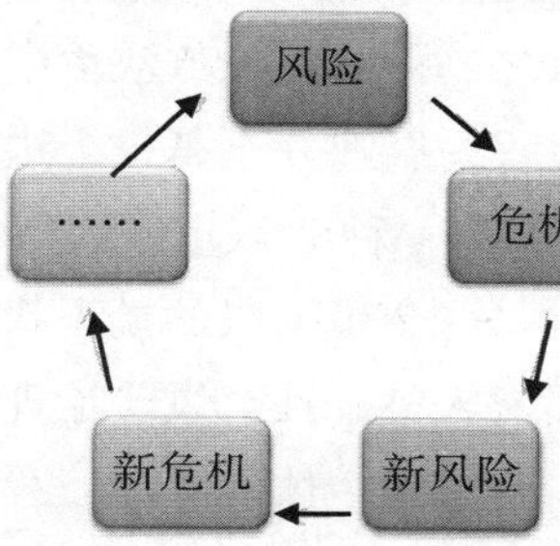

图1.6 风险与危机的环状结构

公共危机的爆发必然是一种或几种社会风险的显化，而公共危机爆发之后，又可能引发新的社会风险。比如杭州飙车案，其背后的社会风险是交通安全特别是酒驾问题。事件发生之初其公共性并不强，但是由于社会对"富二代"的痛斥，再加上"欺实马"事件引发的人们对警方诚信的质疑、"胡斌替身传闻"，它演变为一场公共危机。人们对这一事件的强烈反应，来自人们对公共安全问题、司法不公问题、社会信任问题（潜在社会风险）的担忧。杭州飙车案是一个典型的"风险事件"——"在社会风险语境中发生或产生的事件就是风险事件，它是一系列使得风险成为现实的离散事件流，是潜在的风险在现实物质世界中能量、信息的释放，其暴露的程度、产生的结果及其影响方式存在不确定性。"①

如果我们再追问："谁的危机，何种危机？"还会获得另一种认识。对于杭州警方、对于胡斌来说，此事已经发生了，这是危机。但是对于其他"一般公众"（General Public），酒驾仍是一种风险。社会风险治理的过程，就包括政府新闻发布、媒体报道，向其他社会公众发出风险预警的过程。综上所述，其实社会风险是复合性的、弥散性的、充满不确定性的，它包括了"事件"和"问题"两种状态。

---

① 张乐，童星. 加强与衰减：风险的社会放大机制探析——以安徽阜阳劣质奶粉事件为例[J]. 人文杂志，2008（5）：178—182.

因此在本研究中，把针对危机事件的应急处置过程也纳入社会风险治理所观察的区间，而且更强调前面风险隐藏和后面新风险生成的阶段。简言之，社会风险治理是一个"全过程"的概念。

本书在选取相关案例研究时，将注意两个方面：一是切入突发性事件的形成阶段，来解读其蕴涵的各种风险因素；二是考察政府对该事件、危机的处置可能带来的风险性后果，在此基础上寻求政府传播应有的改良之"道"。本研究强调风险与危机交合的不确定性，以及两者因果联系的"复线性"，同时把每一次个案的应急管理放到整体社会风险治理的大框架之下认识。由于本书的研究对象是政府传播，所以把多元治理主体分为政府、媒体和公众三大方面。

笔者还从李辉博士对"嵌入式腐败"的研究中获得很大启发。他指出腐败行为是多重线索交织在一起所形成的节点之一而已，地方政治中的公共权力与各种行动者的自我考虑充斥着整个地方政治经济过程，腐败并不是一个边界清晰的黑点，而是一个像星云一样的模糊状物质。① 本书的研究有一种"双重嵌入"的思路。首先，将公共危机事件嵌入社会风险。社会风险其实也是一个星云般的模糊状物质，危机可能是这一团星云中的一个凸点。其次，将政府传播嵌入整个社会风险治理过程，特别是政府对事件和问题处理的全过程，其中包括了政府与其他主体的互动，我们观察到的政府传播可能是在某一个凸点上明确显现出来的，但是它也是整个社会政治文化过程中的一部分。

第二点，本书所提的"治理"，是吸收了西方治理内核中，主体间合作、协商、互动等基本要素的中国化"治理"。它与西方经典意义上的治理存在区别，因为中国公共治理中的政府的主导性还非常明显，暂不具备西方在独立市民社会成熟以后所形成的"治理"。郁建兴曾指出，治理理论是一种国家与社会良性互动的模式，我们在运用它时需要抖落西方理论母体上的很多元素，从本土的范例出发，发起一种对话。② 治理是一种追求多元的、民主的、合作的、非意识形态化的行政模式，它抛弃了传统行政的垄断与强制性质，强调政府、企业和公民社会的共同作用，在相互依存的环境中分享公共权力，共同管理公共事务的过程。治理实质上是一种合作管理。③

中国社会的治理具有很强的过渡性特征，很多学者指出，治理理论在中国的引入，最大的意义不是促进了社会自组织的治理，而是促进了政府治理模式的变迁。中国语境下的强政府模式决定了政府在风险治理中的核心地位，社会组织、媒体、其他公众在治理实践中，是一个越来越重要的角色，但与政府角色比较起来，还很难企及。将政府作为风险治理的主轴，观察作为治理主体的政府和其他主体的互动和关系，更能清晰地发现治理机制运作的逻辑。在不同的风险事件中，可以看到治理方式和结构的差异性。正

---

① 李辉．嵌入性腐败与政绩驱动的地方国家——基于一个国有企业破产腐败案的研究［D］．上海：复旦大学，2009：12．
② 郁建兴，周俊．中国公民社会研究的新进展［J］．马克思主义与现实，2006（3）：36—40．
③ 聂平平．治理理论的语义阐释及其话语分析［J］．江西社会科学，2004（7）：124—127．

如格里·斯托克所言，治理理论并不为我们提供一种新的规范理论。它的价值在于，它是一种组织框架，可以据以求得对变化中的统治过程的了解。①

二、社会风险治理框架对政府传播的新解释

现有研究多把"非常态"的政府传播放在危机传播、危机公关的视角下研究，较多地运用了国外的危机传播、公关理论、博弈论等为政府的风险管理、危机处置提供改良意见。但是部分研究者在出谋划策的过程中，经常忽视了企业组织和政府组织的区别，过分强调政府的利益和形象，不利于维护公共利益；同时，也在一定程度上忽视了中国的特殊国情，低估了中性的公关技术和理想化的传播对策在现实中生效的阻力和可能带来的问题。

风险治理的视角带有一种维护公共利益的取向，不以政府作为危机处理的单一中心。这一视角把政府放在多元风险治理主体中，考察主体之间的互动和抗衡。现有的政府危机传播研究更多的是一种路径研究，认为政府传播效果不佳源于路径偏差，解决方案在于路径的优化。比如，政府要提高与媒体打交道的能力，凡事要公开、透明，简言之，要说得快、说得早、说得好。但笔者认为，不管从政府传播的表现，还是从它的效果来看，都直接取决于政府在风险治理中对自身的角色定位。具体而言，有什么样的工作思路，有什么样的价值取向，就有什么样的政府传播形式。政府传播的失语、失当，是它力图掌控全局、拒绝权力分享、抵制公共监督的表现，而并非只因为政府应对媒体的水平和技巧不佳。政府信息的选择性公开，政府在某些问题上的妥协，都是内外合力的结果。

如果只强调政府传播的路径优化而忽略公共利益的基本价值取向，只会带来更多巧妙而隐蔽的新闻控制，从根本上削弱政府的合法性，使政府传播成为公共讨论的敌人。只有从内部决策角度关照风险治理全局，才能解释政府传播行为的实质，才能解释产生不同传播效果的原因。

政府传播应该向公共传播回归。在当前社会利益冲突的前提下，不仅要提倡作为公民社会表达的公共传播，同时也要强调政府以公共利益协调者的身份出现来进行公共传播。我们从当前中国社会大背景下利益诉求的冲突切入分析公共传播的本质。② 在西方，除了政府公关或企业公关者之外，还有一个公共信息官（Public Information Officer, PIO）。PIO 是指某一政府组织（如城市、国家、学区、州政府和警察局、消防队）的传播协调者或发言人，他们不介入市场推广，但是按照法律的要求和他们的专业标准向公众和媒体提供信息。③

---

① （英）格里·斯托克. 作为理论的治理：五个论点［J］. 华夏风，译. 国际社会科学杂志：中文版, 1999 (1)：19—29.
② 参见 2010 年 3 月 20 日胡舒立在中山大学公共关系专业创办十五周年庆典礼上的讲话。
③ Public Information Officer［EB/OL］. 维基百科, 2010-03-02.

公共传播意味着政府应当理性地面对公众的知情权、表达权、参与权和监督权。政府传播不仅仅是一个信息公开的问题，它更是一个国家如何进行社会对话、如何面对社会参与的问题。中国从一个"高经济投入，低政治参与"① 的时代，迈向一个权力分享、决策民主的时代，培育公民社会的同时，提升政府传播的公共性也是很重要的一环。因为只有多次累积"对话—回应"的经验，才能促进社会和国家的共同成长。

三、研究问题

本书属于传播学与公共管理学的交叉领域，以"政府传播"为研究对象，以社会风险治理为研究的特定现实情境和理论视角，综合运用危机传播和风险沟通、公共治理等相关理论，围绕10余年来我国政府传播的变迁、差异与革新，对以下核心问题展开研究：

第一，在转型社会、媒介化和全球化等结构性因素影响下，我国政府传播的原有模式是否受到了冲击？政府自"非典"事件以来在宏观上作出了怎样的制度性调整，这些调整在实践中还面临哪些体制性瓶颈？

第二，理论层面上，政府传播与风险治理基本要素（治理主体、治理对象、治理工具）的关系是什么？即分析政府在治理主体结构中所扮演的角色，厘清社会风险的性质、类型，从而定位政府传播目标，理解作为"沟通性工具"的政府传播。

第三，从现实出发，基于"政府责任"维度划分不同风险类型，考察政府在治理"内源型""诱发型""关联型"风险时采用了何种不同的传播观念与行为策略？政府传播受到哪些内外部因素的影响？政府与社会的互动产生了怎样的治理效果？

这部分包含三个基本假设：

（1）当政府责任程度较高时，其传播策略的控制性程度较高；责任程度较低时，传播策略的控制性程度较低，政府倾向于主动、及时发布信息。

（2）社会风险治理进程中，政府、媒体和公众对风险的责任归因存在明显的动态变化和认知差异，政府未能有效回应这些变化和差异，是政府传播效果不佳的主要原因。

（3）媒体报道和公众的表达和行动，给政府带来了很大压力，但维护社会稳定和政府形象仍是政府传播的主要目标。

第四，总体上，如何整合分析不同社会风险类型中政府传播的策略及其效果，政府存在怎样的角色困境？如何理解现有政府传播转型的动力结构和演化路径，进而探讨国家治理现代化体系下的公共传播机制构建？

---

① 萧功秦．从发展政治学看中国转型体制［J］．浙江学刊，2005（5）：100—107．

第三节 研究方法及其他说明

一、研究方法

由于作为社会风险实践性后果的突发事件、公共危机频频爆发，研究对象的不断更新和研究问题的层出不穷，使这一领域的研究容易呈现出"经验总结"和"浮光掠影"的倾向。再加之政府内部文件、资料的难以获得性以及危机事件主管官员的难以接近性，目前很多相关研究只能从公开的媒体报道来反推政府传播的策略和思路，或者把重点放在政府传播的优化原则和改进路径上。在某种程度上说，不少研究者对于"实然"和"应然"的探究处于隔靴搔痒的状态，这是造成学界研究与政府操作"两张皮"现象的重要原因。"两张皮"现象所带来的实际后果就是，学界所作出的理想方案无法为现实中的政府工作提供有效的指导，而来自政府实际工作中的问题、难点和成功经验难以得到系统的理论提炼和剖析。理论研究和实践应用的关联度亟待提高。

单纯从政府传播的外在表现出发，是无法认识政府传播的全貌的。政府传播嵌入在社会风险应对的过程之中。如果按照某种定义把政府传播从具体的风险情境中分离出来，再用各种理论加以描述，提出各种完善的解决方案，其意义是有限的。因为这样的做法从描述和解释的层面上，既无法对特定情境下政府传播作出深刻贴切的解读，更无法充分地从国家治理模式转型的高度认识到政府传播的变化。即使是在操作层面上，由于各种限制条件的变化，大而化之的成功经验、原则也很难在更大范围内得到有效的推广和运用。因此必须把政府传播放在一个大的事件与历史背景之中，才能看到政府传播活动的真正本质。

基于此，本研究试图在实证分析（Empirical Analysis）和规范分析（Normative Analysis）的结合点上来展开。实证分析主要回答"是什么"的问题，是一种抛开价值判断，基于问题或现象进行解释和预测的研究方法。规范分析则主要回答"应该如何"的问题，即以一定的价值判断为基础，寻求应该采取什么样的措施解决存在的问题。① 而连接这两者的结合点就是对"为什么"的追问。本研究试图回到当下政府传播发生演变的外在情境和内在结构中，进入政府通过传播手段应对社会风险的"现场"中，运用多学科的研究成果对政府传播的现状和模式作出揭示和解读，并作出一定的理论提升。

研究方法的选择和运用主要根据三个标准：一是根据要研究的具体问题，二是符合研究论文的整体逻辑，三是考虑笔者可能获得的研究资料和资源。本书具体采用的主要方法包括文献研究法、深度访谈和案例研究。

---

① 赵路平. 公共危机传播中的政府、媒体、公众关系研究 [D]. 上海：复旦大学，2007：31.

1. 文献研究法

文献研究法（Documentary Analysis）是"对于文献（用文字、图形、符号、声频、视频等手段记录的人类知识）进行查阅、分析、整理，从而找出事物本质属性的研究方法"①。本书对国内外关于社会风险、风险治理、公共部门的风险沟通、政府危机传播、政府突发事件舆论引导等方面的各类文献进行了系统梳理。这一系列文献既有期刊论文、学术著作、学位论文，也有相关的新闻报道、综合评论、政府的总结性文章等。从中对比、归纳、分析出来自学术界和媒体、政府业界研究的热点、重点和薄弱环节，确立本书的研究起点和主攻方向。对各级政府的相关法律法规、政策、文件、重要领导人讲话及其解读性文章进行了分析，从中解读政府进行新闻发布、媒体管理、社会沟通时的基本理念、机制的变化，以及这种变化与社会政治大环境之间的关联。

2. 深度访谈

深度访谈又称无结构访谈（Unstructured Interview），"它的主要作用在于通过深入细致的访谈，获得丰富生动的定性资料，并通过研究者主观地、洞察性地分析，从中归纳和概括出某种结论"②。作者近年来对来自中央和地方新闻宣传部门的领导和工作人员、知名学者、新闻发言人培训资深讲师、重要的编辑记者和其他核心当事人等三十余人进行了深度访谈。访谈主要了解以下几方面问题：一是考察政府实践工作中的具体流程、所遇到的困境、问题和对相关案例处理的经验；二是政府与媒体记者互动的心态、方式，编辑记者对政府工作的评价与建议；三是研究者对目前学术研究、政府人员培训和政府实践工作中存在的问题的理解和判断；四是具体案例中的政府传播工作情况和经验教训。深度访谈通过有针对性的调查，为作者理解上述文献研究的内容提供了一种感性和鲜活的背景，为案例研究提供多元理解角度，有利于在研究中探寻表象背后的事实真相和运作逻辑。

3. 案例研究

案例研究（Case Study）"以事件为研究对象的个案研究，关键是多重资料占有，能够从多维度将事件全貌还原与定位，有助于研究者厘清事件发展逻辑、说明事件发生原因"。本书在湘西非法集资案例、上海倒楼事件、×二代交通肇事事件中采用了案例研究方法。案例研究中，在资料收集上将政府内部文件、新闻报道、记者访谈、公众舆情做整合分析。

案例研究中包括多种资料搜集和分析方式。比如，本书在湘西非法集资事件中，用内容分析方法研究了湘西州委机关报《团结报》对处理非法集资工作的报道内容。从报道数量与时间走势、版面特征、体裁、主题、主角和信源等几个角度分析，结合多次访谈的内容，透视政府传播的表现和内在思路。试图通过对政府传播内容进行客观、系

---

① 王焕勋. 实用教育大词典 [M]. 北京：北京师范大学出版社，1995：476.
② 风笑天. 社会学研究方法 [M]. 北京：中国人民大学出版社，2001：254.

统、定量的描述，揭示表面内容背后隐含的"系统性""结构性"的秘密。

总之，通过对事件过程的展开，案例研究方法强调揭示出社会现象的复杂性与丰富性，强调站在行动者的视角来"移情"式地看待问题。本研究主要关注的不只是"结构—制度"本身，而是政府传播的"结构—制度"在实践中的运作过程与效应的问题。当然，这一研究方法受到资料来源与研究者问题意识的限制，只有获取多方的、细节性的实证资料才可能完成。

二、创新点及研究不足

1. 学术创新

（1）研究框架上，将政府传播"应急管理"思路拓展到"风险治理"的全流程中加以考察。

提出目前政府传播存在的问题首先是对风险认知的局限，只强调危机应对，没有从更开阔、更全面的视野来关注风险的整体性和复杂性。

（2）研究思路上，在宏观社会风险变迁的历史语境中把握政府传播行为和制度的变化。

本书从社会语境和制度变迁分析、理论推导和实证案例检验三个层面，来综合性地考察政府传播的外在表现和影响因素，能更为深入和切实地回答"是什么""为什么"的问题，并为提出有针对性的对策方案提供基础。

（3）研究视角上，通过大量一手调研，从内部视角还原政府的决策演变和社会互动过程，分析政府传播的影响因素。

试图打破政府传播研究领域常见的研究与实践"两张皮"现象。以上海倒楼事件为例，笔者经过长达三个多月的跟踪调研，获取了十余万字的政府文件报告，针对当事官员进行了多次、近二十小时的深度访谈，相对完整地了解政府的运作思路。

（4）研究方法上，提出"政府责任"这一具有现实针对性的风险分类方法，抓住了影响政府传播行为的关键因素。

通过多案例比较研究，强调责任归因差异的影响，揭示复杂社会情境中的政府传播规律，并指出应对软性风险是政府传播的薄弱环节。

2. 学术价值

（1）将政府传播置于国家和地方社会风险治理的大框架下进行考察，探索政府传播的具体行为与地方政治经济文化脉络之间的关系，促进新闻传播学与公共管理、社会学等学科的理论交融和学科对话。

（2）通过系统研究，寻找政府传播理论规范和现实问题的对接点，树立政府传播的公共价值体系。

（3）在国家治理能力现代化的背景下，为提高地方政府风险治理素质，促进政府传播方式、方法科学化，提高风险治理有效性，提供一系列对策建议。

3. 存在问题和需要改进之处

（1）对案例的描述性分析偏多，仍需要进一步提高对实证材料的理论抽象和框架提升程度。

（2）将跨学科理论工作和方法整合成一个统一解释框架的难度较大，本书的理论探索只是提出了初步性的尝试，在理论上还有待进一步完善。

第二章 中国社会风险语境与政府传播制度的变迁

中国社会风险语境具有"时空压缩""多症并发"的特点,它是与中国的社会转型过程紧密相连的。从最宏观的角度来讲,整个改革开放过程就是政府应对社会转型期各种社会风险的过程。有学者指出,中国的转型并不是决策层根据某一预设的蓝图规划设计的结果,而是一种探索、试错与实践的产物。改革开放的过程并没有明确的目标和方向,而是针对具体问题、矛盾与困境,尝试提出各种解决方案,调整、修正决策,并在试错中进行制度创设,形成新的体制的过程。很多改革措施都是对迫在眉睫的危机作出的应急性反应,但政府会通过危机学习过程,建立起一套行之有效的应付危机的方法和制度。[①]

作为政府履行风险应对职能的重要治理工具,政府传播也经历了种种变迁。这既是国家以人为本、依法治国、科学发展的执政理念在政府传播中主动贯彻的结果;也是原有政府传播模式遭到现实挑战,出现传播管制失灵之后,作出逐步调整的结果。自2003年以来,宏观上,政府传播制度体现出从中央主控型发布到地方责任型新闻发布、从局部类别化到全局广泛性的信息公开、从政府内部信息通报到面向社会大众传播、从管理传统媒体到积极利用和规范新媒体、从政府单向把关到多元互动沟通、从惩处泄密者到保障舆论监督这六大方面的变化趋势。这标志着政府对治理范围、主体责任、互动机制等方面问题进行的理性考量和探索。但同时,制度操作性有限和制度效应递减、协调机制欠缺和传播主体关系失衡、传播团队权责利不明确且专业水平不足等,仍是政府传播面临的主要体制性瓶颈。

第一节 转型社会、媒介化、全球化风险中的政府传播管制失灵

"非典"事件无疑是中国进入新世纪以来遭遇的最为严峻的社会风险,由此也开

---

① 参见萧功秦和康晓光等人的研究。萧功秦. 中国的大转型 [M]. 北京:新星出版社,2008:94;康晓光. 中国特殊论——对中国大陆25年改革经验的反思 [J]. 战略与管理,2003(4):56—62.

启了国家风险治理模式变革的进程。公共管理专家毛寿龙在《SARS危机与治道变革》一文中指出："SARS危机对正处于治道变革中的我国政府提出了严峻的挑战，暴露了变革中我国政府在公共管理与公共政策方面的缺陷。但与此同时，在我国政府成功应对SARS危机的过程中也促进了政府的治道变革。"①"非典"事件暴露了20余年所累积下来的一系列问题，并以生命、健康和社会集体的安全感为代价唤起了民众和政府的反思。② 众多反思之中一个不可忽视的警示，就是复杂社会风险语境下的政府传播管制失灵。

"从广东地方领导，到中央宣传部、国务院卫生部，4月20日前都竭力对外封锁关于非典疫情的真实消息，具体的领导人当然负有责任，但这也是制度本身造成的。"③在中国，风险情境中的传播管制是一种制度，更是一种惯习。以政府为主体的传播管制包括两方面的含义：一是政府对传播渠道、内容、方式等要素的管理和控制，二是政府通过信息管制实现对社会（人）和风险（事）的管控。

这种制度和惯习在"非典"事件中难以为继。由于全国性乃至全球性致命疫情的迅速蔓延，政府在内外压力的巨大冲击下，只能由最高领导人打破信息控制的僵局，并严格处罚谎报瞒报疫情的高级官员。"在全球化环境下，中国政府在面对全球性危机时，要贯彻其信息监控政策必然受到一定压力：在国内，国民在缺乏可靠信息下受到谣言和非理性集体行动的冲击，而国内专业社群和媒体也不断挑战监控的底线，此等行为构成了内部压力；外在压力则来自香港和西方的媒体、专业社群、全球机构及其他国家。"④

传播管制失灵也包括两方面：其一是失控，就是政府无法有力地控制传播的内容、速度、过程等。"非典"时期在传统媒体失语的情况下，4000万条"广州发生致命流感"的短信在全国各地的疯狂收发便是明证。二是失效，就是原有政府传播控制所希望达到的目标没有有效地实现。以保障中国经济社会稳定、维护中国形象为目标的信息严控制度，不仅带来了国内形势的一片混乱，还直接导致全世界127个国家宣布抵制中国的人流和物流，引发了国际社会对中国严厉的"变相制裁"。

"非典"事件其实并不是政府传播管制失灵的起点，更不是一个终点。这个事件给国人带来的伤害至今仍在现实中以各种形式不断重演。针对政府传播管制失灵的根源，

---

① 毛寿龙. SARS危机与治道变革［A］//迟福林. 警钟：中国SARS危机与制度变革［M］. 北京：民主与建设出版社，2003：37—54. 毛寿龙认为governance应译为"治道"。他认为治道学既涉及政治问题，同时也涉及纯粹的管理问题，它是介于政治统治与公共管理之间，同时又与政治统治和公共管理研究相交叉的领域。他指出中国20多年来的治道变革，总起来可以看到五个方面的潮流：从无限的政府走向有限的政府，从人治的政府走向法治的政府，从专政的政府走向民主的政府，从高度集权的单中心政府走向高度分散的多中心政府，从封闭的政府走向信息公开的政府。

② 汪凯. 转型中国：媒体、民意与公共政策［M］. 上海：复旦大学出版社，2005：1.

③ 陈力丹. 信息公开制度——危机传播实施的政策前提［A］//武汉大学"公共危机与跨文化传播国际论坛"论文集［C］，2007年12月.

④ 陈韬文. 全球与本土传播的同态化：传媒、个人、国家与全球机构在中国非典疫症中的互动［A］//武汉大学"公共危机与跨文化传播国际论坛"论文集［C］，2007年12月.

学界有过丰富的讨论，其中三个清晰可见的关键词，就是"转型社会""媒介化"和"全球化"。

在过去的"总体性社会"① 中，社会处于以权威—依附—遵从为特征的"统治型社会治理模式"② 之下，政府是唯一的治理主体。由于资源和权力的国家垄断，政府在应对社会风险的过程中依靠其强大的政治控制力和政治动员能力，来实现其社会管理职能。新闻媒体只是党组织的一部分，在风险应对中作为党的"耳目喉舌"，承担起"宣传者、组织者、鼓动者"的责任。政府通过对党的新闻事业的管制来实现对负面信息的管制。政府部门的普遍观点是，在信息封闭的情况下，或者当媒体和公众所获得的信息完全在政府掌控范围之内时，才更有利于政府迅速解决问题。这种信息管制既有维护"全能政府"合法性的需要，又包含了"关起门来搞建设"的"冷战"思维；既体现了视公众为"臣民""愚民"的思想，又反映了"家丑不可外扬""执政唯上"的观念。信息管制的实际结果是，政府人为地将风险应对中的信息传播环节和其他工作环节分割开来，把政府工作和政府之外其他主体可能采取的应对工作分割开来，在风险应对中一切依赖于政府行为并随之一切都归咎于政府权力。

从传播学理论的角度考察，政府传播要想获得良好的效果，必须满足以下四个条件：一是传播者完全控制信息，没有任何可替代的信息来源；二是有一批缺乏知识、辨识力弱的受众；三是传播者有相当高的信誉；四是传播者适当地兑现其承诺。③ 在"总体性社会"中，上述条件可能会得到相当程度的满足，而使政府严控信息的工作模式得以维持。但是随着中国逐步迈入利益多元化、诉求多样化的"分化性社会"，政府管制型传播模式的弊端日益明显。

随着我国新闻改革的不断深入，传媒商业化、产业化进程迅速推进，我国媒体的数量和种类大幅提高，而都市类媒体和各类专业媒体的异军突起，更冲破了我国长期以来党报一统天下的传媒格局。媒体的发展打破了属地管理的格局，行政隶属关系的复杂化、媒体共生共存的多元化，使地方政府难以再用行政领导方式控制媒体。为在市场竞争中占据优势地位，媒体更重视受众兴趣，记者对"独家新闻""独家视点"的追求，使新闻来源和报道框架日益多元。网络、手机、博客、微博、微信等新型传播渠道不断涌现，更开辟了公民社会参与的新渠道。人们利用这些新媒体开放、平等、互动以及低成本的特性，积极地参与到公共事务中来。中国社会"媒介化"的程度日益加深。媒介化从其本质上讲，意味着人的媒介化，不仅人们对于世界的想象主要由媒介来构建，

---

① 张涛甫. 当代社会转型与中国传媒业改革［J］. 复旦学报：社会科学版，2005（1）：90—95. 文中指出，"总体性社会"主要是指新中国成立后到20世纪70年代末这一特定历史时期的社会形态。这是一个一元化社会形态。在这种社会形态里，社会结构十分单一，国家政权威力无处不在，各级社会组织高度政治化。从中央到地方，从单位到个人，无不处在国家政权的控制之下。各种社会资源被牢固地控制在国家政权手中，政治、经济及文化资源全在国家掌控之下。

② 张康之. 公共管理伦理学［M］北京：中国人民大学出版社，2003：38.
③ 何舟在凤凰卫视的演讲《多重话语空间的表述及其传播效应》中对传播效果实现条件的归纳。

其思维方式、个体意识也烙上了媒介化的烙印。① 在这种多元的媒体格局下，采取简单而粗暴的封锁手法对信息进行控制已经越来越困难，过往由政府主宰的信息及舆论控制模式必然受到挑战。"现代信息传媒技术的发展增加了权力运行的透明度，加深了社会多主体参与管理的结合紧密度。现代信息技术的发展一方面使信息的收集、处理和传播更为便利，缩短了政府、组织和公民个人之间的相对距离，密切了管理主体和客体之间的沟通、反馈，从而加强了彼此之间的回应性和依赖性；另一方面，信息技术也增强了公民和社会在信息和知识方面的占有量，从而削弱了传统政府的优势地位，对传统垂直型单向度的权力运作方式提出了挑战，公民要求更多地参与管理，实现政府、企业、社会组织、公民个人共同管理，民主管理就成为一种需求和可能。"②

除了国内环境变化对政府传播管制提出的巨大挑战之外，还有全球化对中国政府传播的影响。随着开放进程的推进，中国的发展与世界的关联度大大加强。特别是中国"入世"之后，意味着它已全面加入世界经济一体化的潮流。中国政府必须遵循大环境的变化要求，对内增强信息的公开性与透明度，对外扩大国际交往，在政府传播活动中与国际惯例接轨。中国不能再"独善其身"，而必须在解决"全球性问题"的过程中承担责任、履行义务。所谓"全球性问题"，就是决定人类的共同命运，而且因规模巨大只能靠全人类的共同努力才能解决的当今世界的一些重要问题，如温室效应、环境恶化、病毒瘟疫、恐怖活动等。③参与全球风险治理的前提，就是与其他国家和国际组织实现信息交流和共享，否则必然招致国际社会的严厉谴责。同时，由国际媒体、国际组织、跨国企业等组成的跨国监督网也成为一种强大的威慑力。当中国内部风险处置不力，造成负面信息"出口转内销"时，国家将陷入极大的被动。"为了捍卫国家利益，在全球的传媒平台上正在形成一个激烈的攻防战，这场争斗关键是对话语权的争夺，是对议程设置话语权的争夺。"④ 传播中西强我弱的局面一直没有改变，中国无法继续在国际舞台上保持沉默或严控信息尺度，而必须采取主动。

第二节 风险治理中政府传播制度的宏观调整（2003—2016 年）

作为一个特例，"非典"事件后期政府传播达到前所未有的开放。而这个特例也同时成为政府传播模式改变的分水岭⑤。这种改变的重要标志和基本保障，就是 2003 年

---

① 孟建，赵元珂. 媒介融合：粘聚并造就新型的媒介化社会 [J]. 国际新闻界，2006（7）：27.
② 吴家庆，王毅. 中国与西方治理理论之比较 [J]. 湖南师范大学社会科学学报，2007（2）：59.
③ 程光泉. 全球化事业中的风险治理 [J]. 社会主义研究，2006（5）：101—103.
④ 李良荣. 中国新闻业新的传播生态 [J]. 新闻前哨，2009（3）：14.
⑤ 当然，此处的分水岭不意味着"非典"前后在全国范围内、在各个社会风险领域中的政府传播有了截然不同的变化，但是信息公开透明在"非典"以后已经作为一种主流和趋势存在着。

以来相关制度的不断建立和完善。为了有效运用媒体化解社会风险，党中央、国务院高度重视突发公共事件中的新闻发布、舆论引导和媒体管理工作，这已经成为加强党的执政能力建设和构建社会主义和谐社会的重要要求。早在2004年，中共中央十六届四中全会文件《中共中央关于加强党的执政能力建设的决定》中指出，要"完善新闻发布制度和重大突发事件新闻报道快速反应机制"，要建立健全社会预警体系，形成统一指挥、功能齐全、反应灵敏、运转高效的应急机制，提高保障公共安全和处置突发事件的能力。2006年，中共中央十六届六中全会文件《中共中央关于构建社会主义和谐社会若干重大问题的决定》中明确要求："健全突发事件新闻报道机制，及时发布准确信息。"随着网络舆论场的蓬勃发展，2013年，中共中央十八届三中全会文件《中共中央关于全面深化改革若干重大问题的决定》中强调："健全网络突发事件处置机制，形成正面引导和依法管理相结合的网络舆论工作格局。整合新闻媒体资源，推动传统媒体和新兴媒体融合发展。推动新闻发布制度化。严格新闻工作者职业资格制度，重视新型媒介运用和管理，规范传播秩序。"2016年初，中共中央办公厅下发了《关于全面推进政务公开工作的意见》的文件，提出要加强突发事件、公共安全、重大疫情等信息发布，负责处置的地方和部门是信息发布第一责任人，要快速反应、及时发声，根据处置进展动态发布信息。① 习近平总书记在2016年2月份召开党的新闻舆论工作座谈会时也提到，要直面工作中存在的问题，新闻媒体发表批评性报道要事实准确、分析客观。他强调，党的新闻舆论工作要适应分众化、差异化传播趋势，加快构建舆论引导新格局。要推动融合发展，主动借助新媒体传播优势。② 国务院办公厅《关于在政务公开工作中进一步做好政务舆情回应的通知》（国办发〔2016〕61号）指出，"加强政务公开，做好舆情回应日益成为政府提升治理能力的内在要求。"政务舆情回应是政府传播工作的组成部分，告别封堵救急、文过饰非的舆情"应对"陋习，坚持积极主动、快速高效、科学专业地"回应"各类社会舆情，解释政策，化解冲突，获取认同，体现着现代政府的公共治理能力，是政府治理社会风险的重要方式。

在党和政府的重视下，近年来，我国构建突发事件应急处理机制、风险预防管理机制的工作逐步加快，相关的各类政策文件、法律法规不断出台。政府传播在整个"危机—风险"治理体系中已经居于非常重要的位置。表2.1所示是其中的一些关键文本。

---

① 国务院办公厅关于印发2016年政务公开工作要点的通知［EB/OL］．新华网，2016年4月18日．
② 习近平在党的新闻舆论工作座谈会上强调　坚持正确方向创新方法手段　提高新闻舆论传播力引导力［EB/OL］．人民网，2016–02–20．

表2.1　2003年以来有关社会风险治理和政府传播的重要条例、法律、文件

序号	颁布机构颁布/执行时间	条例、法律、文件等的名称
1	国务院2003年5月7日公布并实施	《突发公共卫生事件应急条例》（以下简称《卫生事件条例》）
2	中共中央办公厅、国务院办公厅2003年8月发布	《中共中央办公厅、国务院办公厅关于进一步改进和加强国内突发事件新闻报道工作的通知》（中办发〔2003〕22号）（以下简称"03年文件"）
3	国务院办公厅2004年2月27日印发	《关于改进和加强国内突发事件新闻发布工作的实施意见》
4	国家民政部和国家保密局2005年8月8日联合发布	《关于因自然灾害导致的死亡人员总数及相关资料解密的通知》
5	国务院2006年1月8日发布	《国家突发公共事件总体应急预案》（以下简称《总体预案》）
6	全国人大常委会2007年8月30日通过，2007年11月1日起施行	《中华人民共和国突发事件应对法》（以下简称《应对法》）
7	国务院2007年1月17日通过，2008年5月1日起执行	《中华人民共和国政府信息公开条例》（以下简称《信息公开条例》）
8	中共中央办公厅、国务院办公厅2008年4月发布	《突发公共事件新闻报道应急办法》（以下简称"08年文件"）
9	中共中央办公厅、国务院办公厅2011年6月8日印发	《关于深化政务公开　加强政务服务的意见》
10	2010年12月13日由最高人民法院审判委员会通过，2011年8月13日起施行	《最高人民法院关于审理政府信息公开行政案件若干问题的规定》
11	国务院办公厅2013年7月发布	《当前政府信息公开重点工作安排》
12	国家互联网信息办公室2013年8月	国信办主任鲁炜与微博"大V"座谈"七条底线"不可触碰
13	最高人民法院于2013年9月9日发布	《最高人民法院、最高人民检察院关于办理利用信息网络实施诽谤等刑事案件适用法律若干问题的解释》（简称《诽谤信息解释》）
14	国务院办公厅2013年10月1日发布	《关于进一步加强政府信息公开回应社会关切提升政府公信力的意见》（以下简称"国办100号文件"）
15	国务院办公厅2014年3月17日发布	《2014年政府信息公开工作要点》

续上表

序号	颁布机构颁布/执行时间	条例、法律、文件等的名称
16	国家新闻出版广电总局2014年6月30日发布	《新闻从业人员职务行为信息管理办法》
17	国家互联网信息办公室2015年2月4日发布，2015年3月1日起施行	《互联网用户账号名称管理规定》（以下简称《账号十条》）
18	国务院办公厅2015年4月3日	《2015年政府信息公开工作要点》
19	第十二届全国人民代表大会常务委员会第十四次会议于2015年4月24日修订通过，2015年10月1日起施行	《中华人民共和国食品安全法》修订案（以下简称《新食品安全法》）
20	2015年4月28日，国家互联网信息办公室发布，2015年6月1日起实施	《互联网新闻信息服务单位约谈工作规定》（以下简称"约谈十条"）
20	2015年11月1日起正式实施	《中华人民共和国刑法修正案（九）》第二百九十一条中增加相关规定，微信、微博造谣传谣，最高可获刑七年。
21	国务院办公厅2016年4月2日印发	《2016年政务公开工作要点》
22	国务院办公厅2016年7月30日公开发布	《关于在政务公开工作中进一步做好舆情回应的通知》（国办发〔2016〕61号）下文简称"舆情回应通知"

相比改革开放初期和20世纪90年代以来，我国政府关于突发事件的一系列条例法案和内部宣传通知，2003年以后出台的这些关于突发事件报道和政府信息公开、新闻发布的文本，呈现出六个基本的变化趋势。

一、传播主体：从中央主控型发布到地方责任型发布

从20世纪80年代末、90年代初历次的中央级内部宣传通知等来看，突发事件的信息发布基本上都需要报国务院和中央外宣办，由新华社等媒体统一播发。在2003年的《卫生事件条例》中，地方政府在未获得国务院卫生部门的授权之前，也是不能发布相关信息的。中央部门掌握了信息发布的主控权，信息源非常单一。换句话说，事发当地的政府是无权第一时间发布信息的。"如果地方领导瞒报或缓报，中央不知道或知道了也不重视，在每一个环节都可能进一步把事情再次延误下来。一切依赖各地领导人个人的开明，没有监督机制。"① 从另一个角度讲，中央主控型的发布模式，也为地方政府的缓报瞒报、推卸责任提供了合理化的理由。

---

① 陈力丹. 信息公开制度——危机传播实施的政策前提［A］//见武汉大学"公共危机与跨文化传播国际论坛"论文集［C］，2007年12月.

但是 2003 年以后的相关规定，逐步把信息发布的责任下放到省市县等各级政府，开始强调"分级负责、属地管理为主"。除了中央四大媒体①以外，省级党委机关报、电台和电视台记者的采访报道权也逐步得到了保证。这为媒体多角度了解信息，尽快深入现场提供了制度保障。各地方、部门进行信息公开、新闻发布、社会管理的职责范围、工作内容等也被进一步规范化。如 2015 年 2 月 4 日国家互联网信息办公室发布的《互联网用户账号名称管理规定》中就提到，国家互联网信息办公室负责对全国互联网用户账号名称的注册、使用实施监督管理，各省、自治区、直辖市互联网信息内容主管部门负责对本行政区域内互联网用户账号名称的注册、使用实施监督管理。② 同时，"谎报瞒报"已成"高压线"，绝不可触，严厉问责制已纳入法制化轨道。自 2007 年第十届全国人大常委会第二十九次会议表决通过《突发事件应对法》以来，几大条例和法律都明确规定了政府不得迟报、谎报、瞒报、漏报有关突发事件的信息，或者通报、报送、公布虚假信息，如果因此造成严重后果的，可以对责任人员追究不同层次的行政或刑事责任。《2016 年政务公开工作要点》中强调，遇有重大突发事件时，负责处置的地方和部门是信息发布的第一责任人，主要负责人要当好"第一新闻发言人"，快速反应、及时发声。针对涉及突发事件的各种虚假不实信息，要迅速澄清事实，消除不良影响。特别重大、重大突发事件发生后，应在 24 小时内举行新闻发布会。总体而言，这强化了不同层级政府在突发事件信息公开上的责任和义务，并凸现了信息公开的主动性、时效性和针对性。

二、传播内容：从局部类别化到全局广泛性的信息公开

2003 年的《卫生事件条例》作为我国行政应急法律制度的一个重要突破口，其出台使我国走上了一条从突发公共卫生事件信息公开到各类突发事件信息公开的道路。在 2005 年逐步建立的突发公共事件应急预案中，涉及了四大类 25 件专项预案。各省市、地区也陆续建立应急预案和政府信息公开制度，其中都有关于政府发布预测预警、应急处置等相关信息的规定。2008 年实行的《信息公开条例》确立了"以公开为原则，不公开为例外"的原则，明确规定"突发公共事件的应急预案、预警信息及应对情况"是政府应该重点公开的信息内容之一。这就意味着除了涉及国家秘密、商业秘密和个人隐私的信息之外，原则上其他信息都可以公开。突发事件信息公开的范围得到了大大拓展。2014 年 3 月，国务院下发的《2014 年政府信息公开工作要点》中就有提到，应该加强事故调查处理信息公开，除依法应当保密的内容外，主动全面公开特别重大、重大事故调查报告全文，逐步提高较大事故调查报告和调查处理信息的公开比例；建立预警

---

① 在"03 年文件"中具体是指新华社、人民日报、中央人民广播电台、中央电视台。
② 互联网用户账号名称管理规定 [EB/OL]. 中国网信网，2015 – 02 – 04.

预防信息发布和事故应急处置救援信息公开机制，扩大预警预报受众范围。①

我国突发事件中政府信息的开放度历来有着不均衡的现象，根据事件自然性原因的大小、政治敏感度的高低、事件影响的时间长短、涉外影响的大小等，政府对突发事件信息开放的"速度、尺度、广度、态度"差别很大。但总体而言，根据2003年到近期的宣传文件和法律文本，特别是比较"08年文件"与"03年文件"的内容可以看到，政府对各类事件报道的范围有了很大的放宽。从传播目的上看，政府非常重视通过报道维护人民群众利益、保障事件妥善处理、维护稳定和人心安定的社会效果，而不是像80年代末的宣传通知中那样较多地强调与国外媒介"争雄"，一味注重报道的政治效应。（"突发事件凡外电可能报道或可能在群众中广泛流传的，应及时做公开连续报道，并力争赶在外电、外台之前。"）

三、传播对象：从政府内部信息通报到面向社会大众传播

在上述列表中，相对早期的条例、法律中，用了相当大的篇幅规定不同级别政府针对突发事件信息纵向上报和横向通报的时限、方式等。这些规定强调的是政府组织内部的信息通报，可视为强化组织传播和提高地方、部门协作能力的重要手段。虽然在《卫生事件条例》中也提到了相关部门应"向社会发布"，"信息发布应当及时、准确、全面"，但这类叙述还比较模糊，可操作性不高。

近几年来，除在政府组织内部传播之外，相关文本更加注重说明政府如何通过新闻媒体、面向公众进行信息发布。相关规定中，突发事件的新闻发布既有时限上的量化规定，又有内容上的具体要求，还规定了明确的发布程序和渠道以及专门的监督和保障程序。比如，《总体预案》中要求"突发公共事件的信息发布应当及时、准确、客观、全面"，对政府如何在事件发生的第一时间发布、如何进行信息核实和后续发布都作出了具体规定。《2014年政府信息公开工作要点》中更是对信息公开进行了分时段、有步骤的细致安排。对一些涉及面广、社会关注度高或专业性比较强的政策性信息及相关重要信息，公开前要同步考虑相应解读事宜，准备解读预案及通俗易懂的解读材料；公开时同步配发解读材料，及时组织专家进行科学解读、阐释，增进公众对政府工作的了解和理解。切实做好社会关切事项回应工作，建立健全政务舆情收集、研判、处置和回应机制，密切关注涉及党和政府重要工作部署、关系经济社会发展的重要政务舆情，及早发现、研判需要回应的相关舆情和热点问题，及时发布权威信息，消除不实传言，正面引导舆论。《2016年政务公开工作要点》中也提到，对涉及本地区本部门的重要政务舆情、媒体关切等热点问题，要认真研判处置，及时借助媒体、网站等渠道发布准确权威信息，讲清事实真相、有关政策措施、处置结果等。《总体预案》还列出了新闻发布的五种形式，全部涉及大众媒体。《应对法》也强调应通过媒体进行公益宣传、信息发布

---

① 国务院办公厅发布2014年政府信息公开工作要点［EB/OL］．人民网，2014-04-01.

和搜集。《信息公开条例》中也有非常全面、具体的规定。2016年7月的《舆情回应通知》强调，回应内容应围绕舆论关注的焦点、热点和关键问题，实事求是、言之有据、有的放矢，避免自说自话，力求表达准确、亲切、自然。突发事件信息"从组织传播到大众传播"①，体现了国家危机管理思路的"去政治化"和"以人为本"。通过信息在全社会的广泛共享，力图实践"一种以公开性和民主化为基调的政治理念和公共文化"②。

四、传播渠道：从管理传统媒体到积极利用和规范新媒体

在互联网传播技术和应用的冲击下，"社会舆论的形成和传播渠道更加复杂多元，媒体格局和舆论生态正在重塑调整，新兴舆论阵地已经成为舆论斗争的主战场，在新闻宣传整体格局中的地位和重要性日益凸显。"③ 具体而言，一方面，互联网为网民的信息获取、民意表达、情绪发泄、利益诉求等提供了前所未有的方便，论坛、博客、微博、微信等互联网新媒体相继成为民意的集散地和舆论的扩大器；另一方面，改革所累积的许多社会问题使得一部分老百姓对政府等公权力机构有一种普遍的不信任甚至结构性的怨恨，长久以来被压抑堵塞的民意在微博平台找到宣泄的出口。④ 在这样的双重社会语境下，层出不穷的突发公共事件舆情以网络作为引爆和扩散平台，网络舆论场的"口诛笔伐"和"谣言四起"给政府治理带来前所未有的危机感和压力感。

面对新形势，国家主席习近平发表重要讲话，国务院办公厅、国家互联网信息办公室（以下简称"国信办"）纷纷出台政策，为突发事件中的新闻发布和舆论引导提供新的路径。

一是发展政务微博、微信和国家新型主流媒体，抢占互联网舆论新阵地。2013年10月，国务院办公厅下发了《关于进一步加强政府信息公开回应社会关切提升政府公信力的意见》，文件明确指出："各地区各部门应积极探索利用政务微博、微信等新媒体及时发布各类权威政务信息。"2014年8月，原国信办副主任彭波透露，"下半年，国信办将通过下发文件和指标等形式，全面推动政务微信公共账号的设立，争取2014年底在全国范围内开通6万个政务微信公共账号"。2014年8月18日，中央全面深化改革领导小组第四次会议审议通过了《关于推动传统媒体和新兴媒体融合发展的指导意见》，习近平总书记强调，"要着力打造一批形态多样、手段先进、具有竞争力的新型主流媒体，建成几家拥有强大实力和传播力、公信力、影响力的新型媒体集团。"在2016年2月19日与国家媒体的主管和新闻工作者举行的会议上，习总书记重申，要求

---

① "从组织传播到大众传播"是滕朋在博士论文中对我国突发事件报道模式的基本归纳。滕朋. 从组织传播到大众传播[D]. 武汉：华中科技大学，2007.
② 王锡锌. 靠什么持续推动信息公开？[N]. 新京报，2009-05-23.
③ 李从军. 人民日报：牢牢掌握舆论工作主动权[EB/OL]. 人民网，2013-09-04.
④ 张志安，曹艳辉.《政务微博微信使用手册》[M]. 广州：南方日报出版社，2014.

新闻工作者坚持党的领导,坚持正确的政治方向,坚持以人民为中心的工作导向,尊重新闻传播规律,创新方法手段,切实提高党的新闻舆论的传播力、引导力、影响力、公信力。

二是坚决打击网络谣言。网络传播主体鱼龙混杂,尤其是在议题关系公共利益、权威信息缺失不明的公共突发事件中,网络谣言更是猖獗,给政府的舆论引导和危机管理带来困难。最高人民法院于2013年9月9日下午召开新闻发布会,发布《诽谤信息解释》,规定"编造虚假信息,或者明知是编造的虚假信息,在信息网络上散布,或者组织、指使人员在信息网络上散布,起哄闹事,造成公共秩序严重混乱的,依照刑法第二百九十三条第一款第(四)项的规定,以寻衅滋事罪定罪处罚。"被认定为诽谤信息的实际被点击、浏览次数达到五千次以上,或者被转发次数达到五百次以上的可定罪。这部司法解释于2013年9月10日起施行。2015年4月,《互联网用户账号名称管理规定》中强调,任何机构或个人注册和使用互联网用户账号名称时,散布谣言,扰乱社会秩序,破坏社会稳定的,由有关部门依照相关法律规定处理。2015年11月1日起正式实施的《中华人民共和国刑法修正案(九)》第二百九十一条中增加规定:编造虚假险情、疫情、灾情、警情,在信息网络或其他媒体上传播,或明知是上述虚假信息,故意在信息网络或其他媒体上传播,严重扰乱社会秩序的,处三年以下有期徒刑、拘役或者管制;造成严重后果的,处三年以上七年以下有期徒刑。

三是加强对网络意见领袖和新闻从业者的规制。网络意见领袖、新闻从业人员在信息传播和观念引导上具有举足轻重的地位,因此也是政府部门在网络危机管理中重点关注的对象。2013年8月10日,国信办主任鲁炜与纪连海、廖玒、陈里、潘石屹、薛蛮子等十多位网络名人举行座谈交流。在论坛上,微博"大V"们达成共识,网络名人应坚守"七条底线",即法律法规底线、社会主义制度底线、国家利益底线、公民合法权益底线、社会公共秩序底线、道德风尚底线和信息真实性底线。2014年6月30日,国家新闻出版广电总局发布《新闻从业人员职务行为信息管理办法》,规定:"新闻从业人员不得违反保密协议的约定,通过博客、微博、微信公众账号或个人账号等任何渠道,以及论坛、讲座等任何场所,透露、发布职务行为信息。"在2016年2月19日举行的党的新闻舆论工作座谈会上,习近平总书记也指出:"在新的时代条件下,新闻舆论工作者要增强政治家办报意识,在围绕中心、服务大局中找准坐标定位,牢记社会责任,不断解决好'为了谁、依靠谁、我是谁'这个根本问题。"

五、传播过程:从政府单向把关到多元互动沟通

由于原有法律条例的不完善,再加之各种形式的"地方保护主义""部门保护主义",导致不同机关与地区之间的协调机制非常薄弱,信息收集、报告机制不健全。在这种情况下,政府所获得的信息也并不是全面和完整的,单向把关式的信息发布将带来很多负面效果。

2003年以后，相关条文中开始出现"突发事件举报制度"①，要求"获悉突发事件信息的公民、法人或者其他组织""专业机构、监测网点和信息报告员"向政府报告相关信息②。政府则应负有多方收集、分析核实、澄清管理信息的责任。来自多方的信息汇集、沟通机制"是国家动员和利用社会力量和信息，防止和弥补政府信息报告失灵和迟缓的有力手段。既有利于上级人民政府直至中央政府在最短的时间内了解和掌握突发事件发生的信息，也有利于督促地方各级政府及有关部门恪尽职守，严格履行法定的报告和应急处置职责，以最大限度地防止和减轻突发事件造成的影响和危害"③。相关条文通过各种形式强调"联动协调""社会动员""公众参与"。政府不再是"客观、唯一的公益代表者，而是将政府信息公开及其内含的公众参与，作为公共行政的新型结构与技术，将公益的追求和行政目的的达成，智慧地融化在新的行政过程之中"④。以食品安全风险治理为例，多元主体之间的"风险交流"（即风险沟通）也首次作为正式的法律条文被列入基本法。2015年4月通过的新《食品安全法》就明确规定："县级以上人民政府食品药品监督管理部门和其他有关部门、食品安全风险评估专家委员会及其技术机构，应当按照科学、客观、及时、公开的原则，组织食品生产经营者、食品检验机构、认证机构、食品行业协会、消费者协会以及新闻媒体等，就食品安全风险评估信息和食品安全监督管理信息进行交流沟通。"在《2016年政务公开工作要点》中，也改变了以往各部门"单打独斗"的状况。如推进环境保护信息公开的工作中，明确提出由环境保护部牵头，会同住房城乡建设部、水利部、国家卫生计生委落实。这种多元利益相关者之间的对话沟通，有助于弥合不同主体之间的认知差异，提高风险治理的协作程度。

六、传播规制：从惩处泄密者到保障舆论监督

过去我国在突发事件的信息管理中，非常明确地体现出在革命和国家专政时期以保密为导向的政治理念。党政相关部门对媒体报道有非常严格的控制。"中国20世纪80年代就制定了《保密法》来惩处泄密者，但是没有任何法律、法规对向人民隐瞒不该隐瞒的信息的政府，以及政府官员的行为治罪。"⑤

但是近几年来，相关条例明确地将政府作为增强突发事件信息透明度的主要责任人，信息公开不再是政府单方面的"恩赐"，不再是可以随意处置的。除了上述对谎报瞒报的问责之外，还明确规定了解突发事件的相关信息是公众（包括新闻媒体）的权

---

① 详见《突发公共卫生事件应急条例》第二十四条。
② 详见《突发事件应对法》第三十七条。
③ 吴坤. 非常时期的"非常"法规——解读"突发公共卫生事件应急条例" [J]. 吉林人大, 2003 (6): 39.
④ 王锡锌. 靠什么持续推动信息公开？[N]. 新京报, 2009 - 05 - 23.
⑤ 陈力丹. 信息公开制度——危机传播实施的政策前提 [A] //见武汉大学"公共危机与跨文化传播国际论坛"论文集 [C], 2007年12月.

利，公众可以主动向政府提出信息公开的申请，政府必须在规定时间内予以回复。

《信息公开条例》和《应对法》是"与新闻媒体最基本的采访报道权利有关的法律性文件，这在中国立法和行政部门制订的众多法律法规中是罕有的"①。《应对法》草案在二审时，删除了"新闻媒体不得擅自发布突发事件信息"的条款。有学者指出，"这一删改可视为政治理念新走向的象征，这个象征传达出在行政机构对信息控制权与信息公开原则的权衡中，最高立法机构最终倾向对'信息公开'原则的捍卫，'信息公开'原则在国家理念中得到更广泛的承认和最高立法层次的肯定"②。同时，这也体现了最高权力机关对民间意见和公民权利的高度重视，表明法律明确反对政府对媒体采取各种形式的"封口"行为，希望推进政府主动公开与媒体舆论监督的良性互动。同时，政府的"事前控制"将更多地转化为一种"事后追惩"，公民由政府行政活动的外在受体，转变为参与公共事务的内在主体。新闻媒体和公民将作为政府自律之外的一种他律力量，监督和帮助公共权力进行社会管理。

为进一步推进政府信息公开范围，加强行政法规的约束力，2009年11月，最高人民法院公布《关于审理政府信息公开行政案件若干问题的规定（征求意见稿）》，明确了政府信息公开案件的受案范围；确定了政府信息公开行政诉讼的原告和被告范围；对政府信息做了区分，协调了《政府信息公开条例》与《档案法》的关系等。2013年，国务院公布的《当前政府信息公开重点工作安排》中要求，重点推进行政审批信息公开、推进财政预算决算和"三公"经费公开、推进保障性住房信息公开等9个方面的政府信息公开。③2015年，在继续做好安全生产、就业、财政审计、科技管理和项目经费、价格和收费、信用等领域信息公开的基础上，进一步扩大公开范围，细化公开内容。④2016年，在国务院下发的《2016年政务公开工作要点》中继续深化信息公开，围绕深化改革、促进经济发展、民生改善、助力政府建设等四个要点推进公开，并围绕扩大政务参与加强解读回应，围绕增强公开实效加强能力建设。2016年，习近平总书记在"4·19"讲话中也再次重申，要让互联网成为我们同群众交流沟通的新平台，成为了解群众、贴近群众、为群众排忧解难的新途径，成为发扬人民民主、接受人民监督的新渠道。

综合上述规章制度，我们可以看到在应对社会风险的过程中，政府传播变化的总体趋势，那就是在越来越广的范围内，吸纳媒体、公众的共同参与治理；进一步明确了政府传播的主体和责任范围，把对风险的行政管理过程扩大为社会的公共治理过程。

---

① 展江. 以新闻立法促进社会进步——第八个记者节感言 [J]. 青年记者，2007 (21)：35.
② 陈力丹，孙江波. 从"违规擅自发布"受罚到信息公开——关于〈突发事件应对法草案〉两条款的删改引发的思考 [J]. 民主与科学，2007 (4)：15.
③ 国务院公布2013年《当前政府信息公开重点工作安排》[EB/OL]. 人民网，2013-07-10.
④ 国务院办公厅关于印发2015年政府信息公开工作要点的通知 [EB/OL]. 中国政府网，2015年04月21日.

第三节　风险治理中政府传播的体制性瓶颈

上面简述了政府传播制度的六大变化趋势，这些制度调整在很大程度上推动了我国由政府一元的风险管制向多元的社会风险治理的转变，同时，有利于从宏观上、体制上保障风险治理的正常运转。但是应对社会风险时，政府传播制度本身尚不够完善，在制度执行过程中受到内外因素的影响，政府传播的效果仍然不尽如人意。除了对个体官员道德不良、地方保护主义盛行等原因的探寻之外，我们也要思考目前政府传播存在的一些体制性瓶颈。① 第一是政府传播主要制度载体（政府新闻发布制度和政府信息公开制度）的操作性问题和制度效应递减问题。第二是传播协调机制的欠缺和传播主体关系失衡导致的政府传播运转不畅。第三是传播团队权责利不明确和专业水平不足带来的问题。

一、制度操作性有限和制度效应递减

由于我国《总体预案》《应对法》《信息公开条例》等偏重于宏观性和原则性的指导，各地区、各部门的传播预案还需要时间来协调统一，因此在实践中可能会出现法令操作性欠佳，各相关方对法令理解和运用有所偏差的状况。专家指出，地方政府在制定相关制度的时候雷同度高，多流于形式而缺乏针对性。而且各类传播制度的公开程度较低，非常不利于社会参与机制的建设和开展。这种状况在思想意识上可归因于相关部门对公众的不信任心理。②

中央政府通过制度规范为各部门、各地方提供了一个信息公开的原动力，但是并没有对各部门、各地方政府在政策执行过程中的具体职责作出非常明确的规定。制度本身的模糊性以及缺乏来自中央政府的明确指导，大大削弱了制度在地方层面的施行力度。"针对信息公开方法的培训还远远不够，政府官员对信息公开的程序和施行缺乏了解。"③ 可以说，上述制度所传达的理念和做法在中央和省部级层次获得了较大的共识与推动力，但在许多基层却没有获得充分重视。"这种基层制度梗阻，既有基层政府不适应新型行政文化的原因，也有基层政府任务复杂化的原因——其中，政府信息公开的重要性与必要性，都被低估。这种制度传导的递减效应，仅仅依靠自上而下的政府动员

---

① 笔者自 2004 年以来，一直参加国务院新闻办公室的相关课题研究，多次参加由国新办领导、中央部委新闻发言人、新闻传播学专家召开的专题座谈会，同时对地方政府新闻发布工作进行了深入调研，访谈了多位新闻官员。以下很多观点来自访谈和调研的结果。
② 此处观点来自复旦大学发展与政策研究中心第四届学术年会（2009），"危机治理与中国发展"上的专家讨论。
③ 李聆群.《政府信息公开条例》实施中遭遇的挑战 [EB/OL]. http：//www.chinaelections.org/NewsInfo.asp? NewsID = 155376，2009 - 08 - 24.

模式，不可能得到有效改观。"①

张宁针对我国19个省市政府应急预案对突发事件信息传播的内容设置比较分析发现，并不是所有省市的危机预案都重视政府的危机传播职能，重点放在危机管理具体操作上的还是占大多数；模仿、照搬国家危机预案条文的比较多，结合本行政区域的具体情况设置有特点的危机预案的省市还不多。而多数的突发事件或者危机事件都与地方行政区域的具体情况有密切关系，如果都以国家原来的宏观标准来设置地方的危机预案，就会出现具体指导意义不强的情况。②

二、协调机制欠缺和传播主体关系失衡

面对"牵一发而动全身"的突发状况，现有政府传播的高效协调机制尚不到位。虽然目前的制度设置正在试图打破过去"以部门为主，综合协调不足"的模式，推动传播机构向常设性、综合性和专业性方向发展，但是结构性问题还是没有得到有效解决。这首先体现在执行具体新闻发布任务的新闻宣传部门与掌握决策信息的政府主管部门体制分属，各司其主，沟通往往不力。

三种常见的问题是：第一，作为发布主体的宣传部门与事件处置主体的行政层级不同，且往往后者较高，发布主体常会出现由于授权不够而导致信息传达不畅的情况；第二，作为发布主体的宣传部门与事件处置主体的行政级别虽然一致，但是仍然不能够达到有效沟通，发布主体掌握的信息不足以支撑新闻发布的内容；第三，由于问题所涉及的职责分属多个部门，部门职责存在交叉或空白地带，难以确定谁来作为主要发布主体，部门之间掌握的信息也未能充分交流，导致对外传播的低效。

在国务院新闻办组织的专题座谈中，各部委的发言人纷纷指出，除了意识跟不上之外，体制是一个制约信息有效传递的重要力量。政府部门之间缺乏信息沟通、共享机制，有时候会被淹没在信息的海洋里，信息重叠、信息遗漏的情况很常见。由于从"信息首获者"到"传播决策者"之间的程序很长，造成了信息失真与信息延误。出了事情谁牵头说不定，缺乏高效灵活的总体平台。③ 事发地的政府主管部门，该部门隶属的本级政府和上级政府主管部门，作为政府传播的三大主体，关系很难平衡。危机暴露出政府危机管理体制存在政府权力部门化、部门权力利益化、获利途径审批化、审批方式复杂化和条块分割的弊端，造成了危机处理中的"三足鼎立"的利益僵局。④

同时，目前政府新闻发布的层级在迅速纵向下移（纵向到地市、县，甚至到了乡镇）和横向扩张（横向到事业、企业、非政府组织等诸多部门），由于缺乏协调机制，

---

① 王锡锌．靠什么持续推动信息公开？[N]．新京报，2009-05-23．
② 张宁．政府传播：公共管理视野中的传播课题[M]．吉林：吉林人民出版社，2007：338．
③ 国务院新闻办从2004年开始，每年召开新闻发布工作座谈会，邀请专家、政府新闻发言人共同探讨相关问题。此处观点结合了座谈会上的讨论内容。
④ 陶学荣，朱旺力．当代中国政府危机管理的困境与构建[J]．江西社会科学，2005（1）：117．

地区和部门之间各自为政、互相推诿的现象时有发生，政府传播的整体水平和质量难以得到有效保证。

三、传播团队权责利不明确且专业水准不足

从具体执行政府传播工作的新闻发言人本身来看，目前大部分的新闻发言人都是兼职的，日常需要承担大量的行政事务。"平时不能集中精力，没时间抓新闻点，出了事只好疲于应付。"① 新闻发言人及其团队的权责利不够明晰，新闻发布机构和发言人所获授权不甚明确，对发布效果所应承担的责任难以界定，导致发布工作中往往左右为难。再加之新闻发言人行政层级不够高等原因，以他们对核心信息有限的掌握程度，很难满足媒体和公众的需要。一些基层新闻发言人和新闻助理常提到这样一句话："做了没人说好，错了就要负责任。"由于主管领导的保守作风和对新闻传播规律的认识不够，新闻发布中常出现"外行指导内行"的情况。② 定位不清、级别不高、授权不大，是现在中国新闻发言人制度面临的最大问题。有区县政府的某位新闻发言人曾形容自己的工作"是政府和媒体之间的一个保护层"，最好"两头都不得罪"。③

虽然近年来，各级新闻发言人培训工作如火如荼地展开，但是新闻发言人的专业化水平依然非常有限。新闻宣传部门在地方政府常被视为一种辅助性、过渡性部门。新闻发言人调动频繁，无法相对稳定地潜心从事工作。国务院首批新闻发布培训主讲董关鹏指出，地方新闻发言人三四个月就转岗的情况很常见。刚通过培训熟悉了情况的新闻发言人，不久就调离了岗位。反复培训实际上是一种低水平的重复。根据笔者与许多地方政府的新闻发言人和发布机构的接触发现，现在大部分地方政府的新闻发言人尚处于学习阶段，缺乏实战经验。县市一级的政府，除了某些"新闻热点城市"外，大部分县市新闻发言人在实际工作上，尚没有真正面对过记者的挑战。即使在同一地方政府内部，不同部门面对记者、组织新闻发布的机会也差异甚大。卫生、公安、劳动保障、药监、环保、教育等部门所受关注度相对要高，其新闻发布处于"时刻准备着"的状态；此外的大部分政府部门，虽然从思想上已经充分认识到新闻发布工作的重要性，但从实际操作看，真正进行发布的机会尚少。同时值得注意的是，大多数的新闻发言人对日常发布的流程已经比较了解，能力也在提高，但他们对突发事件的发布水平仍然堪忧。

原国务院新闻办副主任王国庆此前曾指出，还有很多地区的新闻发布制度不够规范，发言人发布信息还存在着不想说、不敢说和不会说的情况。他分析，新闻发言人"不想说"，说明有些地区虽然设立了发言人一职，但还没有明确其具体的权力和责任；"不敢说"，说明发言人还没有机会了解政策决策过程；而"不会说"则说明发言人发

---

① 此处观点来自国新办新闻发布工作座谈会上，中央部委发言人的讨论。
② 此处观点综合了笔者对数名地方新闻宣传官员的访谈内容。
③ 邓媛，陈璟贝．中国发言人制度改革仍须攻坚 [N]．国际先驱导报，2009-06-11．

布信息的能力还不足，有待进一步的培训提高。

从政务新媒体的运营状况看，传播团队也同样存在人力短缺、资源不足、专业水平有限的情况。政务微信、微博既被认为是必要工作，但又未受到主要领导的充分重视。部门主管希望提高微博、微信的粉丝量、转发和评论量，但相关执行人员只能兼职管理，又没有足够资金借助外界帮助，或者在内容上受到较大限制，不能完全遵照新媒体传播的规律来运营。在涉及政府暂时解决不了的社会问题、网民质疑和突发事件的时候，尽管有部分政府的"微博、微信"敢于积极发声和回应，但仍有很多政务新媒体处于一种"无作为"和"少作为"的状态。

综上所述，风险治理情境下，政府传播制度在过去的10余年里进行了一系列有益的调整，在执行中也很好地促进了政府和媒体的传播行为的规范化，保障了公众的知情权、参与权、表达权和监督权。但是相关体制性瓶颈依然值得我们重视，并在具体实践过程中，根据各地的情况以及不断变化的风险形势进行相应的调整和完善。

第三章 政府传播与风险治理的基本要素分析

如导论中所述,社会风险治理的实质就是政府和其他治理主体针对"社会问题"和"公共事件",通过各种形式的互动行为来调整和改变公共政策,从而降低社会危害、维护公共秩序、保障公共利益的活动与过程。风险治理的三个基本要素是治理主体、治理客体(或称治理对象)、治理工具(Governance Instruments)[①]。这三个要素本身的结构以及三要素的相互关系共同构成了不同的风险治理模式。

以风险治理的视角认识政府传播,需要厘清政府传播与风险治理基本要素之间的关系。只有这样,才能认识政府传播在风险治理中应当发挥的地位与作用,才能把握政府传播在风险治理中产生影响的基本机制。需要说明的是,根据本书研究的核心问题,以下论述将侧重于围绕信息传播环节来分析风险治理的三个要素。

第一节 风险治理主体分析:政府、媒体、公众关系的再认识

分析社会风险治理主体的目的,是根据社会现实的状况来确认哪些社会行动者能够成为、正在成为风险治理主体;同时,还需要判断不同治理主体的职责和功能。把政府作为危机处理的单一中心,还是把政府视为风险治理中的主体之一,会产生对政府传播角色功能的不同理解。认识到风险治理主体也可能成为风险制造主体,意味着关注到治理主体的"有限理性"(Bounded Rationality),需要在一种制衡与互补的关系中寻求风险化解之道。

一、风险治理主体结构的改变

1. 政府风险治道变革

改革开放以来,政府逐步由"全能政府"开始向"有限政府"(Limited Government)转变。"有限政府",指在政治权力、政府职能和政府规模等方面受到宪法和法律限制的政府。它相对于"事无巨细、包揽一切"的"全能政府"而言,在政治权力、

[①] 也有研究者将 Governance Instruments 译为治理方式、治理手段、治理方法等。

政府职能和政府规模等方面都是有限的。虽然有限政府具有有限性，但并没有改变政府的性质和功能。有限政府的起点仍然是公民权利保障，其核心是以宪政制度来制约政府的权力、规模、职能及行为方式，实现政府与市场、公民和社会的合理、良性互动，从而使得政府权力的运作获得合法性。① 政府作为公权力的代表，仍然需要承担起控制由危机事件引起的连锁反应的责任。在社会原有秩序状态遭到破坏、社会处于失衡的危机状态时，政府必须履行其整合社会资源、进行社会动员、有效行使危机管理的合法性职能。全球化时代要求政府治理模式从以政府为主体的单中心治理模式转向多元主体的合作治理模式。基于此，郭蕊、麻宝斌认为地方政府的合作治理能力是一项综合性的能力体系，具体包括系统思考能力、制度创新能力、公共服务能力、电子治理能力、沟通协调能力和危机应对能力六个方面。②

在中国社会风险治理结构中，不论从正面功能的角度，还是从负面功能的角度看，政府都是风险治理的关键角色。从正面功能角度看，在中国风险语境下，政府具有很大的社会动员能力，在风险应对，尤其是危机应对中，政府的能量是其他主体难以企及的。至少在现有的媒体制度、社会制度框架中，即使有新媒体提供的赋权平台，从整体看，从长期影响看，风险相关的其他主体的能量还是相对分散和弱小。只要政府能够从公共利益出发，合理使用政府能力，在风险治理中是具有很大优势的。只有解决好政府在风险治理中的角色、功能以及制度安排问题，把政府轴心解决好，才能实现中国风险治理的良性运行。

同时，政府需要，也开始有了主动的意愿和良好的沟通能力，来与社会合作治理风险。一个成功的案例是，在2009年抗击"甲流"疫情的过程中，卫生部在公开通报疫情、宣传预防知识的同时，特别注意塑造公众信任、疏导公众心理。他们在传播中树立"我们一起面对"的价值立场，试图跟公众建立一种"伙伴"关系，避免了过去只强调"我们替你解决问题"所带来的公众自主性不足。他们既注重公开透明的信息传递，又通过对单次发布信息量和信息发布频率的适度把握，防止出现信息过载现象，调节公众的心理压力，减少不必要的紧张感。③

2. 媒体参与风险治理的基本方式

与政府治道变革同时进行的，还有来自媒体和公众的社会力量的增长。"媒体"，即指通常意义上的大众传媒。媒体可以分两个层面来理解。

一个层面是作为传播渠道的媒体，报纸、网络、手机等是形式不同的传播渠道。媒体是政府传播的重要渠道。参与风险治理的各个主体也可以运用这些媒体渠道，作为自己参与治理的传播工具。孙旭培等人以厦门 PX 事件为例分析新媒体在地方治理中的作

---

① 颜海林，张秀. 论有限政府的基本特质 [J]. 湖南大学学报：社会科学版，2010（1）：54—56.
② 郭蕊，麻宝斌. 全球化时代地方政府治理能力分析 [J]. 长白学刊，2009（4）：67—70.
③ 李杰，钱玲，马煜，葛红. 我国政府风险沟通理念及实践——以卫生部应对甲型 H1N1 流感疫情为例 [C]. //第四届中国健康传播大会优秀论文集，2009.

用，认为以网络论坛、QQ 群组和手机短信等为代表的新媒体既为民意表达创建了平台，又为利益群体参与博弈提供了可能性，促使公众、专家、企业和地方政府在公共决策方面形成良好的互动关系，从而推动地方治理趋于善治。① 治理主体对传播渠道运用的限度，取决于治理主体本身的能力，同时也取决于政府的"放行"和"淘汰"。在社会学者看来，大众传媒只是传播过程中的一个环节，"特定的社会集团"才是整个传播链条上的出发点。据此可以认为，包括政府在内的所有社会组织都可以成为大众传播的传播者。②

另一个层面的"媒体"，是指媒体机构及其专职从业人员。随着中国传媒改革的深入，"以党的喉舌的新闻媒体和非党的喉舌的新闻媒体形成的两大阵营就构成了中国媒体的双轨制"③。中国传媒市场化和新闻专业主义文化的生成，使中国出现了"局部性的传媒公共领域"。一种来自民间社会和新闻专业主义理念所推动的作为"社会表达"的批评报道，开始逐步引起社会关注和政府重视，并最终导致制度变更。"这类批评报道不以传达中央或各级党政部门的意图为己任，而是按着传播市场、新闻价值甚至社会责任的基本要求来暴露问题、表达民意。"④ 传统意义上的媒体更多是作为一种宣传工具，现在在承担政府媒体功能的同时也希冀实现媒体的公共传播功能，这是一个比较明显的变化。"这种对公共品质的追求在中国媒体，包括纸媒、网络，已经是一种全面生长的态势。"⑤ 从这个意义上说，媒体开始逐步成为社会治理的主体之一。

谢进川指出，传媒参与社会风险治理的三大机制是传媒吸纳、传媒评论和传媒动员。传媒参与风险治理有助于构建弹性的社会结构，"政府、社会组织、企业、公众等社会主体间存在及时而热烈的互动，关系结构保持着开放性（吸纳性），从而不断地通过某种方式将相应的主体纳入到治理关系中，形成新的构架来组织社会生活，以谋求有效的风险治理过程和共担相应的后果。"⑥

笔者认为，媒体参与社会风险治理的方式主要有三种。一是风险意识培养。媒体通过传播风险意识、风险和危机应对的基本知识，使公众增强对社会风险的忧患意识，提高对社会风险的承受能力。二是风险问题引爆。即媒体通过对一些社会问题进行关注和挖掘，引起公众和政府对此的关注，使风险由隐性变为显性，发挥风险预警的功能。"新闻媒体在将一般的社会问题转变为政府政策议题的过程中扮演着重要作用，通过对

---

① 卢家银，孙旭培. 新媒体在地方治理中的作用——以厦门 PX 事件为例 [J]. 湖南大众传媒职业技术学院学报，2008（5）：10—14.
② 田中初. 当代中国灾难新闻研究——以新闻实践中的政治控制为视角 [D]. 上海：复旦大学，2005：8.
③ 李良荣. 论中国新闻媒体的双轨制——再论中国新闻媒体的双重性 [J]. 现代传播：中国传媒大学学报，2003（4）：1—4.
④ 邵春霞. 局部性传媒公共领域的呈现——以报纸的批评性报道为分析对象 [J]. 中共浙江省委党校学报，2006（3）：66—70.
⑤ 张洁. 转型期的媒体诉求 [J]. 新闻大学，2009（4）：45—51.
⑥ 谢进川. 媒治理论：社会风险治理视角下的传播功能研究 [M]. 北京：中国传媒大学出版社，2009：23—42.

有新闻价值的事件或问题的连贯性和持续性关注,新闻媒体发现问题并及时提请政府注意政策问题、建构政策议程。"① 三是风险消减,即在危机和突发事件爆发之后,从应急的层面妥善化解冲突,减少社会混乱。更重要的是通过反思性的报道,揭示事件背后的社会风险,推动政策的修正。

3. 大众的意识觉醒和双重参与

与此同时,社会公众作为社会风险治理的主体之一,其在风险治理各阶段中的参与程度和影响力不断提高并得到彰显,他们通过舆论表达和直接行动两种形式,构成当前我国社会风险治理的越来越重要的结构性因素。随着社会结构向"国家—经济领域—公民社会"三元模式的转变,由于强调社会公众及其自组织在社会生活和经济发展中的作用,一些国家权力主导下的政治社会所缺乏的积极因素,如多元性、开放性、公平性以及与政府的合作态度等,正逐渐成为社会风险治理的重要影响因素。② 当前我国互联网空间正出现新的社会阶层和"新意见阶层",意见领袖与体制之间既有合作性、建设性,又有一定的对抗性。③ 在我国社会风险治理的实践中,社会公众的主体性与日俱增,尤其在由环境问题引发的风险议题中表现得更为突出。比如,2007 年以来北京六里屯垃圾发电项目被叫停,厦门 PX 项目迁建,番禺垃圾焚烧发电厂选址事件等等。正如 2006 年绿色新闻人物颁奖大会上,时任国家环保总局副局长的潘岳指出:"解决中国严峻环境问题的最终动力来自公众。"④

公众对公共事务的关注度提高,责任意识和权利意识逐步增强,与 10 余年来新媒体平台和技术的发展密不可分。新媒体给公众提供了突破原有地域、时间和人群阶层限制的话语表达空间和行动组织能力,特别是 2010 年后微博等社交媒体兴起后,各种社会主体前所未有地获得了自由关联和对话的机会,很多社会隐形风险也得以浮出水面,并引起充分关注。例如在"微博第一案"宜黄拆迁事件中,当事人钟如九被截访的经历通过微博直播,使案件被重新调查;于建嵘 2011 年 1 月收到失踪儿童家长的信之后,在微博发起"随手拍解救乞讨儿童活动",得到数万网友关注和帮助,通过民间公益参与社会救助问题的解决。这种自下而上的力量将和媒体一起形成改变中国的巨大合力,正如媒体人笑蜀评论所言:"中国太大,中国太复杂,无论历史问题的累积,还是现实政治幅员的广阔以及政治变数的无穷组合与升级,都是举世无双。这样大而复杂的实体,在今天已经没有任何单一的力量能够一下改变。惟有用亿万人的围观,用亿万人的目光聚焦,来聚成世界上最大规模的探照灯,才能一点点穿透特殊利益的高墙,一点点

---

① 陈堂发. 新闻媒体与微观政治——传媒在政府政策过程中的作用研究 [M]. 上海:复旦大学出版社,2008:40.

② 刘靖华,姜宪利,张胜军,罗振兴,张帆. 中国政府管理创新——施政卷(第三册)[M]. 北京:社会科学文献出版社,2007:411—416.

③ 祝华新. 网络社群:政治引领与政治吸纳 [EB/OL]. 财新网,2014 - 10 - 09.

④ 贾广惠,戴毅. 论大众传媒与环保公共参与议题的构建 [J]. 新闻爱好者,2008(12·下半月):83—84.

地照亮我们的现实，一点点地照出我们的未来。别无选择。"①

当然，公众的微博围观并不一定指向风险的顺利化解，基于法治原则，建立多方利益的长效协调机制，才能真正避免盲点，走向正途。

二、政府传播在风险治理中的角色功能

在治理主体多元化的背景之下，政府需要放下权力的傲慢和封闭的惯性，重新审视政府传播的角色功能。

1. 尽快提供权威准确的公共信息

公共信息是现代服务型政府向社会提供的最重要的公共物品之一。面对社会危害发生的可能性和不确定性，政府有义务根据自身的服务职能，汇总和提炼来自行政体系内部和其他相关组织机构上报的各种信息，为个人和组织提供决策依据。同时，通过信息发布进行社会动员和力量整合。政府传播既是政府的法定责任，也是保障公民知情权、参与权、表达权、监督权的必然要求。政府只有传播权威、及时、真实、充分的信息，才能提高多元主体参与风险治理的能力。这具体又包括"参与者对特定利益的认知能力、参与过程的学习能力、根据目标而选择手段的行动能力以及参与者根据利益诉求而进行有效组织化的能力"②。

在一系列重大公共事件发生后，研究者经常批判媒体漠视社会责任，未能完成其"社会守望"的职责。其背后更严重的问题恐怕是政府失语和政府管制。政府的少传播、不传播、晚传播，才是造成风险爆发时出现信息真空和信息混乱的根本原因。2009年6月7日，河南开封杞县利民辐照厂在利用钴-60对农作物进行辐照时，突发"卡源"事件，即钴-60无法恢复至原来的安全储存位置。当地政府封锁消息，不通报情况，不接受采访，不允许报道，听任事件经过月余的发酵，直到7月12日，杞县县政府才第一次发布公告。7月17日，杞县流传钴-60将爆炸的谣言，引发群众大规模逃离家乡，一度造成交通堵塞。当地政府后来称封闭消息是为了避免社会恐慌，害怕民众不懂高科技，"一直在做内部工作"。但政府的行为却正是导致民众难以正确认知、理性学习和科学行动的直接原因。事后媒体的评论切中要害——"政府隐瞒风险，等于主动离弃急迫想了解真相的民众。日常生活的经验强调了不安全感，也强化了对当地政府的不信任。既然认为当地政府不准备保护他们，那只能靠自己，出逃就成了最理性的自保办法。"③

2. 回应媒体和社会的信息需求

政府回应，就是政府在公共管理中，对公众的需求和所提出的问题作出及时有效的

---

① 笑蜀. 关注就是力量，围观改变中国 [EB/OL]. 笑蜀个人博客，2010-03-20.
② 王锡锌. 公众参与和行政过程：一个理念和制度分析的框架 [M]. 北京：中国民主法治出版社，2007：113.
③ 南都社论. 现代版杞人忧天是不能忽视的警示 [N]. 南方都市报，2009-07-20.

反应和处置的过程。政府不再是领导权威的唯一拥有者,而是多中心治理模式下的参与者和公共服务需求呼声的回应者,其职责的履行就是对公共问题诉求具备灵敏感知和快速反应的能力。① 虽然政府掌握了大量公共信息资源,但不一定能一次性满足媒体和社会的需求。政府不仅应该主动发布信息、设置议程,还应该提高自身的回应能力。

通过政府传播完成的政府回应可以包括两部分。一是将外界信息诉求输入政府组织内部,汇集相应信息予以回复。降低公众与政府之间存在的信息不对称程度是政府传播的重要目标。通过回应来自民间的诉求,政府可以了解真实的社情民意,还原社会真实的矛盾构成,更好地运用外部监督的力量防止权力膨胀与滥用无度的巨大风险。2009年国庆长假末期,天涯社区出现举报新疆兵团"最牛太太"在甘肃敦煌掌掴女导游的行径,帖子开始在网上热传;10 月 10 日新疆建设兵团表示已对此事进行调查,并于 10 月 12 日晚,通过天涯社区宣布兵团农十二师党委决定,免去 221 团副团长陈伟、221 团医院党支部书记于富琴夫妇两人职务,得到了媒体和网民的赞赏。二是主动观测舆论动向,对多元渠道中的信息进行整合、解释与澄清。风险情境往往引发公众对信息的极度饥渴和各类媒体的信息爆炸,新媒体的兴起更促使了新闻信息在迅疾传播同时的发酵、放大、变形。查明真相,发布"澄清性新闻"也是政府的重要职责。《政府信息公开条例》第 6 条明确规定:"行政机关发现影响或者可能影响社会稳定、扰乱社会管理秩序的虚假或者不完整信息的,应当在其职责范围内发布准确的政府信息予以澄清。"《关于进一步改进和加强政府新闻发布制度建设的意见》(国办发〔2006〕19 号)指出:"针对境内外的舆情动向,及时发布权威信息,解疑释惑,消除不实或歪曲报道的影响。"要尽到澄清之责,需要掌握方法,新华社总编辑南振中同志对此提出三大原则,即"权威、超脱、可信"。他认为"澄清性新闻"做好了,有可能成为"权威发布"的一个重要补充。2016 年 7 月 30 日国务院办公厅发布的《关于在政务公开工作中进一步做好政务舆情回应的通知》,被认为是促使政府舆情回应彻底告别"倒逼"模式,积极主动的舆情回应将成为一种制度化的常态。它"在时间上紧逼政府回应;明确责任让部门无法推诿;不要什么事都推给宣传部门;逼着一把手去站台;用宽容失误给发言人减压。"② 该通知非常切近现实问题,具有极强的指导性,从主体责任、回应范围和重点内容、回应时效和方式、督察培训和约束激励五个方面界定了政府传播的舆情回应职能。

3. 搭建社会协商沟通平台

在风险治理的视角下审视政府传播,除了看到政府作为独立传播主体的功能之外,还应该重视政府作为沟通平台搭建者和协调者的角色。政府传播的目的不只在于达成"说服",也在于实现"协商"。风险治理的过程是一个不同利益主体间对抗与合作的过程。这些不同利益诉求的存在都有其合理的因素,但不同利益取向间的理解、对话、交

---

① 徐智晨. 论政府回应的理论依据、现状以及改进思路 [J]. 理论界,2008(7):31—32.
② 曹林. 舆情回应将告别倒逼模式,开启国务院直逼模式 [EB/OL]. 搜狐网,2016 – 08 – 13.

流、折中尤为重要。政府传播作为公共传播的一种，需要促成"信息完整有效传播，并协助信息在不同利益群体中的转换，达成共识"①。2007年厦门PX事件后期，政府在报纸上全部公布624名自愿报名参加环境评估座谈会的市民名单，并选在黄金时段通过电视直播抽取座谈会市民代表的实况。最后，106名市民代表、近百名人大代表和政协委员在三台摄像机的直播下进行了热烈讨论。主持人朱子鹭副秘书长会后对《南方周末》记者称，这是厦门市有史以来，第一次大规模且大张旗鼓的公众座谈会，也是政府与民众互动新模式的初体验。

4. 提供制度和规范保障信息和观点的有序流动

政府治理公共事务的首要责任在于提供制度安排，规定社会各个组成部分的责任、权利和义务。② 风险治理中如果不能实现多元主体间的信息共享，很可能会带来对风险的误判和社会的盲动。"如果信息泛滥、信息没有意义、信息失去控制机制，同样会产生风险。"③ 比如，在关于汶川大地震的报道中，新闻记者发挥了积极的信息沟通与社会动员功能。但是，媒介对灾难的赤裸呈现或不当的报道，也可能强化那些不想要的视觉影像与挥之不去的创伤记忆，即媒介对幸存者造成"二度创伤"。同时，记者对灾难幸存者的反复采访，对难以言语的伤害或创伤体验的不断激发也是一种心理折磨。正因如此，教育部在5月26日例行新闻发布会上特别提出，希望媒体尽可能杜绝对灾区同一位学生进行多次采访。④

在一些具有较强技术性、专业性的领域，更需要政府通过官方媒体发布操作指南、加强媒体沟通等方式来为信息传播提供系统、规范的指导。2007年，新华社总编室发布《防汛抗洪报道指南》，公开防汛报道稿件审核发稿程序，并对"汛期""涝灾与洪灾""管涌""散浸"等专业词汇作出释义，供媒体报道时参考。同时，该指南还提出了为体现人文关怀的一系列用语规范，如涉及水灾死难者时，发稿中宜使用"遗体"而不要使用"尸体"等。变意识形态化的传播管制为规范化、制度化的管理，是政府传播理念进步的一个标志。

三、风险治理主体也可能是风险制造主体

能够在多大程度上有效地规避风险和减少风险的现实破坏力，是检验治理主体能力的基本标准。然而，任何一种治理主体本身的风险治理行为，也可能同时产生新的风险，或称伴随性后果。指出政府传播在风险治理中扮演的重要角色，并不意味着政府出于化解风险主观意愿进行的传播活动就必然能达到目的，也不代表着政府传播具有单方

---

① 胡舒立在中山大学公共关系学专业创办十五周年庆祝典礼上的讲话，2010年3月20日。
② 唐娟. 政府治理论 [M]. 北京：中国社会科学出版社，2006：417.
③ 马凌. 媒介化社会与风险社会 [J]. 中国传媒报告，2008（5）：38—44.
④ 张昆，郭小平. 危机传播中的创伤记忆与媒体的"心理危机干预" [A]. 香港：香港城市大学公关与广告国际论坛，2008.

面化解风险的巨大能力。"应然"与"实然"之间总是存在着差距。对任何一个治理主体的"能量崇拜"和"道义假定",都只能带来整体的治理失效。媒体和公众在风险治理中的传播行为,同样可能带来新型的风险。

从政府一方看,政府传播中"善意的谎言"常造成了传播目标与传播效果极端背离的局面。2005年11月吉林石化公司车间发生爆炸后,成百吨苯流入松花江造成严重污染。爆炸事故后,哈尔滨市政府发出了三个前后不一的公告,致使谣言四起,市民疯狂抢购矿泉水、搬家躲避,引起群众恐慌和社会动荡。事后黑龙江省省长张左己解释说:"我们以'管道维修'为由发布的停水公告,对此我们是颇费斟酌的:我们顾及别人的感受,不希望产生'你污染,我治理'的压力;还顾及群众对突如其来的灾难承受不了;也顾及涉外问题,担心给国与国之间的关系造成影响。"可见在多种"顾及"之下,政府对传播效果产生了错误的预期,付出了沉重的代价。非常明显,黑龙江省政府仍以一种"大家长"的思维来处理多层次的风险,因此腹背受敌。"传统政府治理中,风险散布于社会的各个角落和各个层面,但风险治理的权力却收归于国家手里。风险治理手段的集中性与风险分布的分散性之间的矛盾使得政府充当'救火员'四处救火。"①

另外,政府传播的总目标和子目标之间的不相匹配,也造成了传播内容的畸变。"由于自利性和狭隘性的限制,有些政府所属的职能部门或其下级政府往往会将本部门或本地的利益融入其政策目标中,甚至以追求其利益最大化作为自己的政策目标。"②国家在《应对法》和《信息公开条例》中对信息公开的要求,是为了保障公众知情权,让人民监督政府。但在某些地方政府信息发布的过程中,信息公开却成了为自己开脱责任的工具。一些政府在群体事件中对事件超前定性,把群众利益诉求"泛政治化",要么认定"一小撮别有用心的人挑唆煽动",要么认定为"有黑恶势力操纵"。这样做的目的是为了给自己动用警力、采取高压手段解决问题寻找理由。"有些基层官员滥用权力,只要发生冲突就说老百姓反对执政党,以此获得中央政府承认其使用暴力的合法性。他们轻易动用武力,自己获得利益,却让执政党付出成本。这会导致更多社会冲突。"③

从媒体一方看,媒体在识别风险、预警风险、报告风险之外,也可能制造风险、误置风险和转嫁风险。对于处在舆论场中的单个媒体而言,其报道行为可能是理性的。但媒体在报道一个舆论事件时,时常会发生共振、扎堆现象,在激烈的媒体竞争中,就难免会出现一些非理性的现象。④传媒对风险和危机事件有根深蒂固的偏好,这会导致传

---

① 马光选.《风险治理悖论》与风险治理转型——基于风险政治学的考察[J]. 云南行政学院学报,2015(3):17—21.
② 童星,高铈翔. 公共政策的公共性衰减:风险分析及其治理[J]. 社会科学,2009(5):70—75.
③ 南方周末编辑部. 化解民怨:司法应替政治划出"缓冲带"[N]. 南方周末,2008-11-12.
④ 张涛甫. 风险社会中的环境污染问题及舆论风险[J]. 西南民族大学学报:人文社科版,2008(4):97—101.

媒报道"风险泛滥"的情况：一是导致大众对风险预警和风险传播的麻木不仁；二是掩盖了真正具有迫切威胁性的风险；三是使大众形成悲观的"风险世界图景"，既做不到对客观现实的全面认识，又降低了改变现状、化解风险的信心。①

风险沟通研究表明，新闻媒体的选择性报道是影响风险沟通有效性的重要障碍之一。记者报道风险时具有高度的选择性，特别倾向于报道使人卷入非常态的、戏剧性的、引发争论的、负面的和耸人听闻等情境的新闻。很多媒介关于风险的报道存在实质上的省略，或者提供了过于简化、曲解的、不准确的信息。这些问题，有的来源于媒介的特性和限制，也受制于易于接近的信息源。"记者们常常不具备科学的和技术的背景和专业，因此也难以评估有关风险争论的不同意见和复杂信息。"② "三鹿"事件发生后，卫生部发言人毛群安曾指出，媒体的报道让食品添加剂完全被"污名化"（Stigmatization）了，其实添加剂本身并没有那么大的危害，合理使用添加剂是不影响人们健康的。事实上，可以说没有食品添加剂，就没有现代食品工业。

从公众一方看，公众在风险情境中的非理性反应也可能带来一系列负面影响，导致风险治理效果的降低，甚至造成"次生风险"。社会风险治理的过程，是各相关主体间利益的博弈过程。我国正处在社会转型时期，较低的法制建设水平，以及处于快速变化中的社会道德规范，使得处于社会风险中的公众较难以正常途径实现其利益诉求，并且较易在风险漩涡的复杂压力下产生失范行为。在对社会风险的认知和处置过程中，公众的消极被动或过激反应，会带来"风险的社会放大"。中国进入网络时代之后，公众对网络信息的错误理解、失实加工、再次传播，都对风险治理带来重大挑战。网络在成为理性的社会监督力量的同时，也容易产生"多数人的暴政"。

由此可见，风险治理中对公共利益的维护，不能依赖任何一个主体单方面的发声，而是要在多次的社会对话中纠偏、互补、矫正，从而消减社会危害。正如潘忠党所言："没有独立于个体利益而天然存在的公共善（或公共利益，the common good），而只有在具体历史场景下保障个体利益的正当性和自由表达的必要条件，以及在这样的条件下形成的共享利益之表达及其准则。形成过程是界定公共善的经验和历史的基础。简单地说，这个形成的过程是自由人及其自主群体之间的理性交往，由此构成公共领域，并在其中形成公众的意愿（public will）。也就是说，公共善只有在理性交往中才得以界定并维护。因此，首先，任何个人、党派或群体都不具备单方面界定公共善的正当性；其次，公共善是历史的，也就是说具体在历史的时空场景内的，具有暂时性，不可假设任何个人、党派或群体天然具备永久代表公共善或公共利益的资格。"③

---

① 马凌. 新闻传媒在风险社会中的功能定位 [J]. 新闻与传播研究，2007 (4)：42—46.
② Vincent Covello & Peter M. Sandman. Risk Communication: Evolution and Revolution [C].//Anthony Wolbarst (ed.). *Solutions to an Environment in Peril*. Baltimore: John Hopkins University Press, 2001, pp. 164 - 178
③ 潘忠党. 序言：传媒的公共性与中国传媒改革的再起步 [J]. 传播与社会学刊，2008 (6)：1—16.

第二节　风险治理对象分析：政府传播目标的重新定位

毫无疑问，风险治理的对象是"社会风险"，这一点是不变的。但是，任何一个社会的资源都是有限的，这些资源包括财政资源、人力资源、信息资源、注意力资源等等。一个社会在某一阶段进行风险治理时，包括政府在内的各个社会主体必须对优先处理哪类风险有所取舍。什么是最亟待处理的"社会风险"？为什么有些社会问题或公共事件被认为是"社会风险"，有些却没有？应该引起重视的是，对"社会风险"的指认不仅是一个明确风险治理对象的问题，也在很大程度上影响着治理主体和治理工具的结构和关系。换言之，它关涉整体治理模式的选择。

只有认识社会风险的内在本质，才能明确政府传播目标的不同层次。只有在复杂多变的"事件流"中识别其背后的社会风险，才能适时调整政府传播的重点。政府传播的根本目的在于促进社会矛盾和社会问题的化解，而不在于短期内"浇灭"舆论中的愤怒和压制持有异议的民众诉求。

一、社会风险的现实性与建构性

针对风险、危机的分类分级处理，是学术研究和实践工作的一个共同思路，目标是为了更好地认识和理解社会风险，并有针对性地确定沟通目标，实现有效传播。从我国现有政策文件中看，政府更关注突发公共事件所反映和诱发的，物理性的、实体性的社会风险。国家突发公共事件应急预案中把事件分为自然灾害、事故灾难、公共卫生事件、社会安全事件四类，而且都是根据人员伤亡、财产损失等风险现实破坏力的状况来划定应急处置级别的。这种划分对于政府开展实际的抢险救援善后工作具有较好的操作性，但容易造成政府仅仅从实体性损害的信息公开层面，来理解风险治理中的政府传播，可能会使传播目标不够全面。

除了《突发事件应对法》中的四分法，关于风险、危机的类型，学术界还有很多常用的划分标准，如表 3.1 所示。

表 3.1　风险、危机的常用划分标准及其类型

划分标准	危机类型
成因性质	自然危机、人为危机
波及范围	区域危机、国内危机、国际危机、组织危机
发生领域	政治危机、经济危机、宗教危机、民族危机等
危机中主体的态度	一致性危机、冲突性危机
发展和终结的速度	龙卷风型危机，腹泻型危机，长投影型危机，文火型危机

上述分类方法，对风险、危机所造成的人员冲击、物质破坏、文化冲突有不同程度的体现。社会风险本身有很强的现实性，一旦嵌入社会结构中，它又同时具有很强的建构性。西方风险研究和中国的众多风险事件都已经证明了这一点。

不仅从短期性的突发事件角度看是如此，从更长期的社会风险预测、预警来看，非实体性的风险也与实体性风险一样，值得被高度关注。非实体性风险的增长，被认为会明显提高实体性的风险。2003年4—7月，国家发展与改革委员会课题组对98名中外著名专家①进行了调查，旨在确认2010年前可能影响我国经济社会持续发展的风险因素、可能发生风险的领域以及可能发生的风险对国民经济和社会发展的冲击程度。结果发现，专家们对某项并不在最初调查框架之内的风险展示出极高的关注度，那就是"信心危机"。它与"经济危机""社会危机""环境危机""政治危机"一起成为专家最关注的五大风险领域。具体的统计结果如图3.1所示。

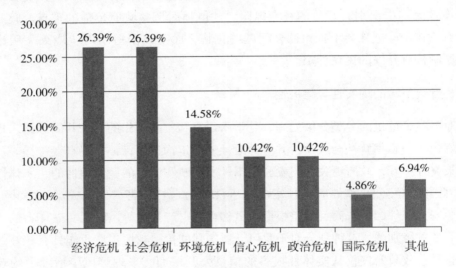

图 3.1 专家对危机的关注分布

专家认为信心危机是一个值得关注的领域。"人们对政府治理缺乏信心、对企业信用和个人信用缺乏信心，对政府信用和政府政策效率与透明度缺乏信心，对企业虚假浮夸担心，以及对某些个人品质、素质问题的担心是潜在的社会危机。信心危机不仅会对经济发展有直接影响，而且会对改革措施的实施产生影响，尤其在市场化向深度发展的形势下，公众信心危机是十分危险的。"②

这个调查结果也表明，社会风险不仅仅是一种看得到、摸得着的实体性社会危害，如明显的经济衰退、社会失序和环境破坏等；它也可能是一种非实体性的社会危害，如

---

① 专家来自国务院各部委、重点科研院校、主要民间组织以及国外大学、驻华国际组织等。
② 丁元竹等. 中国2010年风险与规避［M］. 北京：中国大百科全书出版社，2005：47.

对社会价值观和行为准则的强烈威胁。风险沟通理论通过大量的经验研究证实：风险＝危害＋愤怒。即风险等于可能造成的实际危害加上由此引起的公众的各种负面心理和情绪。这些情绪会明显地改变人们的态度和行为，进而影响公共风险管理措施的实施效果。

从社会风险的这种内在构成出发，就意味着政府传播目标不应该仅仅是为了实现单纯的、事实层面的信息公开，也应该包括"价值层面的理性协商、悲悯关爱、道德救赎和信念再造，重建利益互惠机制和意义分享机制"①。

社会风险的实体性危害和非实体性危害之间有着复杂的关系。一般而言，某一造成巨大实体性危害的事件必然带来影响全社会的非实体性危害，比如汶川地震造成重大人员伤亡的同时也给全国人民带来了巨大的心理创伤。然而，事件的非实体性危害程度与其实体性危害程度并不一定成正比关系。

2009年3月，手足口病疫情在全国30个省份爆发，继"非典"、禽流感之后再次引发了社会对公共卫生问题的高度关注。因瞒报疫情而成为舆论焦点的河南民权县，更是将防控手足口病视为政府工作的"重中之重"，发动全县人"群防群控"。当地的医生说："觉得这样做有点过了。这个比流感还低一等的传染病，完全属于可防可治。没有必要将此病神秘化，这样人们会无所适从。"② 从全国范围来看，其实手足口病造成的实际危害并不大，死亡率大大低于常见的肺结核和狂犬病。据卫生部数据显示，同期全国肺结核发病人数约为手足口病的2.6倍，死亡人数则是手足口病的13倍有余，而同期狂犬病患者的死亡率更是高达89%。3月手足口病的死亡人数则是31人，死亡率不足0.057%。③ 专家一再强调手足口病"可防可控"，却难以改变全国人民矫枉过正的紧张情绪。

观察近年来出现的很多公共事件，一系列看来实体性危害较小的事件却造成了越来越巨大的非实体性危害。而且非实体性危害造成了比实体性危害更为深刻、广泛而持久的影响。目前我国政府在传播过程中经常还是遵循决策权威主义、技术主义思路，在价值与情感的对话层面重视度不足，经验薄弱。

美国风险沟通专家Peter Sandman针对风险中实际发生的危害程度高低和引发的焦虑、恐慌、愤怒等公众负面情绪的高低，将风险沟通分为四种类型：

---

① 胡百精. 危机传播管理——流派、范式和路径［M］. 北京：中国人民大学出版社，2009：111.
② 山东河南手足口病扩散：疫情上报遭行政干预［N］. 新京报，2009-04-08.
③ 该数据根据卫生部官方网站公布的"2009年3月全国法定报告传染病疫情"计算得出。参见 http：//www.moh.gov.cn/publicfiles/business/htmlfiles/mohbgt/s3582/200904/40072.htm.

表3.2 风险沟通类型及目标分类①

危害（Hazard）vs 愤怒（Outrage）	沟通类型	目标	关键语
危害高、愤怒低	"预防提倡"（Precaution Advocacy）	向缺乏警惕的/漠不关心的人们预警严重的风险	小心！（Watch out!）
危害低、愤怒高	"愤怒管理"（Outrage Management）	针对小的风险，安慰过于不安的人们	冷静！（Calm down!）
危害高、愤怒高	"危机沟通"（Crisis Communication）	恰当地帮助人们应对严重的风险	我们将会共渡难关！（We'll get through this together!）
危害和愤怒都居于中等水平	"利益相关者关系"（Stakeholder Relations）	与感兴趣的人们讨论一个重要而并不紧急的风险	您是怎么想的？（What do you think?）

从以上分类来看，我国政府在风险治理过程中，运用"预防提倡"和"利益相关者关系"两种沟通类型的能力较弱，针对"愤怒"进行公众情绪管理和政府形象修复的观念和做法仍不成熟。

国内学者也指出，当下舆论"软风险"正在急剧上升。"硬风险"是一种物理性、实体性风险，指向前述的危害（Hazard），像战争、自然灾害、群体性事件等，比较显见，人们对它也比较敏感、重视；而"软风险"则是一种弹性风险，多是由人和社会系统中的主观性因素造成的，诸如社会认同、文化观念、舆论等方面的威胁、危险，是虚拟化、观念化、符号化的风险。当然，有不少风险现象是"硬风险"与"软风险"交织互动的产物。②

本书将"危害实体性程度"作为一个重要维度，来考察社会风险的性质。借鉴上述"硬风险"和"软风险"的界定，本书中的危害实体性程度是指实际损害（包括人员伤亡、财产损失、环境破坏等）的严重程度。当事件中危害实体性程度高时，我们将此类风险称为"硬风险"；当事件中实际损害不严重，而主要产生了一定的社会认同、文化冲突时，此类风险被称为"软风险"。"软风险"的演变和化解，关乎整体的社会信任和运转秩序，它会超出个案范围，影响到政府在公共治理中的能力发挥。不可否认，"软风险"和"硬风险"两者相伴相生，并无绝对的界限。

---

① 该表由笔者根据美国著名风险沟通专家 Peter M. Sandman 的风险沟通网站相关内容编制，http://www.psandman.com/。同时还参考了世界卫生组织驻华办事处新闻发言人 Roy Wadia 的相关讲义。

② 张涛甫. 再论媒介化社会语境下的舆论风险［J］. 新闻大学，2011（3）：38—43. 张涛甫. 舆论"软风险"正急剧上升［J］. 人民论坛，2014（9）：7.

在风险治理中，政府传播不仅可以通过信息分享和社会动员，调动社会各个主体的力量共同应对，同时还应该发起一场价值与情感的对话，致力于消解风险爆发带来的人心不稳和信念迷失。温家宝在"非典"和汶川地震中，多次讲到"一个民族在灾难中失去的必在进步中获补偿"，这样的话语就成为鼓励人们面对生活、重建信心的旗帜，完成了政府传播价值重塑的目标。

二、基于"政府责任"维度的社会风险分类

上文从风险现实性和建构性的关系出发，对社会风险的性质进行了探讨，并初步分析了政府在面对"硬风险"和"软风险"时的基本表现。"硬风险"和"软风险"的划分，既指向了初始风险事件的类型，又强调了两者之间的相互关联，同时指出在评估风险治理效果时应高度重视非实体性的危害。换句话说，风险的非实体性危害程度，作为一个危机情境（Crisis Situation）指标，需要获得政府的全面考量。

另外，基于前人文献和现实案例，我们还会发现，"政府责任"也是在实际风险治理场域中影响政府传播思路和行为策略选择的关键因素之一。例如，我们可以观察到，在因为自然或者外部人为因素造成的危机中，政府会进行更为主动、迅速、开放的传播，一个很重要的原因就是政府对事件发生的责任程度较低。

然而，风险类型与"政府责任"的相互关系并未得到充分探讨，政府责任状况对政府传播策略及效果的影响仍需要更为细致和深入的研究。下文将引入公共管理学对"政府责任"的论述，结合风险沟通理论和风险、危机类型研究来进一步作出分析，并提出本书在三、四、五章进行多案例比较研究的思路。

1. 风险治理中"政府责任"多重维度

公共管理学家张成福认为，从最广义上讲，"政府责任"是指政府能够积极地对社会民众的需求作出回应，并采取积极的措施，公正、有效率地实现公众的需求和利益。这包括政府要正确地做事（To Do Thing Rightly），不做法律禁止做的事情；也意味着政府做正确的事情（To Do Right Thing），促使社会更好。① 政府责任体系包括宪法责任、政治责任、行政责任、道德责任等几部分。② 依此看来，治理社会风险，即针对"社会问题"和"公共事件"，与其他社会主体一起，通过各种形式的互动行为来调整和改变公共政策，从而降低社会危害、维护公共秩序、保障公共利益，当然是政府的基本职责之一。

然而，风险治理中的"政府责任"比常态下具有更多的复杂多变性，至少需要从以下四个方面加以厘清。

---

① 张成福. 责任政府论 [J]. 中国人民大学学报，2000（2）：75—82.
② 蔡放波. 论政府责任体系的构建 [J]. 中国行政管理，2004（4）：48—51.

（1）"风险—危机"的动态变化。如本书之前所述，风险（潜在社会问题）与危机（突发公共事件）不是一种简单的线性关系，而是一个复杂多变的环状关系。在复杂的社会政治文化场景中，危机可能是由多种风险酝酿而成的，危机发生后又可能产生新的风险因素，并与其他风险变量相结合而导致新的危机。危机和风险构成了一条循环往复的链条，新风险、新危机的性质、规模、影响力都可能与原来的风险和危机不同。在这种动态变化中，谁是危机的主体，谁被认为造成了危机，应该对危机负责，这几个关键问题，也是一直处于动态变化之中。因此，在本书的案例研究中，首先讨论初始性事件中的政府责任，即政府对于造成该危机事件的发生，应承担多大责任。然后，随着风险事件链条的变化，来看政府责任的演变过程，以及相应的政府传播策略及效果的变化。

（2）原因型责任和解决型责任。B. Weiner 在发展归因理论时，提出了一个富有启发性的分类方法，即责任归因可以划分为两个维度，一是原因责任归因（Attribution of Causal Responsibility），二是解决责任归因（Attribution of Treatment Responsibility）。原因责任归因是指"已经过去的事件的发源责任，明显关涉到过失的评价"；解决责任归因是指"解决未来事件的责任，牵涉到对谁应当控制事态的评价"。他指出，尽管确定原因的方式会在一定程度上影响到解决方案的选择，但对一个问题的原因责任并不总是与解决这个问题责任关联在一起，"原因责任归因与解决责任归因可能被分配给不同的机构"。①而政府责任也包括两部分，一是政府在其行为活动中对公民或社会应尽的职责，二是政府因没能履行相应的职责而必须承担的后果。②

将 B. Weiner 这个归因分类运用到风险治理中的政府身上，就可以发现，政府可能是原因责任方（未能保障人民的权利和增进人民的福利，甚至造成社会危害），也可能是解决责任方（必须参与化解社会风险），两者之间还会发生关联和转化。如某地私人煤矿发生爆炸，当地部门负责抢险救援，政府以解决责任方的身份出现，因为保障公共安全是政府应尽之职责；在调查矿难原因的时候，若发现存在安监部门疏于管理或官商勾结偷工减料造成煤矿建筑安全隐患的时候，政府又成了矿难的原因责任方之一；如果政府在抢险过程中处置不力，未能有效营救人员，甚至造成次生灾害，政府便在解决危机的过程中，在扮演解决责任方的过程中，成为新危机的原因责任方。

由于中国的政治体制、政企关系、社会心理和新媒体舆论演化等多种因素，政府在风险治理中，作为原因责任方和解决责任方的角色发生着微妙的变化，这也是下文的案例分析中需要着重探讨的。

（3）主观责任和客观责任。政府责任分为主客观两个层次，"所谓主观责任（Subjective Responsibility），意指忠诚（Loyalty）、良心（Conscienee）以及认同（Identifica-

---

① 温琼娟. 组织—公众关系视角下的情境危机传播理论研究［D］. 武汉：华中科技大学，2014：63.
② 李蔬君. 当代中国政府责任问题研究［D］. 北京：中共中央党校，2006：1.

tion)，它是行政者自己本身对责任的感受（Feeling of Responsibility）。主观责任强调行政人员之所以去做某事，乃是源于内在趋力（Inner Drive）。所谓客观责任，是指法令规章以及上级交付的客观应尽的义务责任，是另一种责任（Accountability）和义务（Obligation）。"① 从这个意义上说，风险治理中的政府责任，从客观层面上讲，是指依据法律、法规和事实而形成的相对统一的责任判定；从主观层面讲，则是包括政府在内的社会主体，对于风险演化中原因责任方、解决责任方的一种预期、判断和表达。两者对政府行为都有一定的激励或约束作用。

2003年"非典"事件以来，中央和各级地方政府开始推行公共危机中的问责制，即"因为公共危机的发生、扩大或应对不利，由负有职责的官员通过公开道歉、停职检查、引咎辞职、责令辞职、免职等职务身份或职务声誉受损的方式承担个人责任的制度"②。由此可见，问责制主要是从客观责任层面来进行制度建设和强化执行，同时试图提升政府组织和官员在危机管理中的主观责任感。公共危机管理中的问责制，具有一种双刃剑的作用：一方面，它可以形成良好的激励和警示效应，强化政府主管的责任感，降低官员违规和不作为的概率，有助于社会风险的高效处理；另一方面，也可能因为问责制度本身及其执行过程中存在问题（如问责主客体不清、问责方式不规范、问责结果不落地等）而造成问责低效，或者由于官员畏惧高压问责而产生机会主义行为等。

（4）风险责任的归因和感知差异（Perception Gap）。延续上述的逻辑，由于对责任的归因存在主观性和建构性，那么不同社会主体基于自己的社会身份、立场、经验、思维方式，对事实的了解，因事件和议题激发的情绪来进行风险责任归因时，就会存在一定归因和感知上的差异。他们对政府责任的判定也不一致。以食品安全风险管理为例，2007年一项在欧洲四个国家（英国、德国、丹麦、希腊）针对专家和消费者的调查表明，在满意度上，专家基本认同了政府当局的食品风险管理行为，但大部分的消费者认为政府尚未作出令人满意的努力。在政府进行食品风险管理的第一要务选择上，消费者认为是保护健康，而专家则认为经济利益也同样值得当局重视。③这项研究也体现出，在风险治理中，利益相关者的相互沟通和理解非常重要，否则会出现风险管理的社会协作不足和评价不佳等问题。情境危机传播理论也通过大量实证研究验证，风险归因的差异会影响利益相关者的态度和行为。如果公众认为危机是组织自身的原因引发的，就有可能产生负面情绪及反对行为；反之，如果公众认为企业是无辜的，或企业也是危机的受害者，就有可能产生同情情绪及支持性行为。④

---

① 张成福. 责任政府论［J］. 中国人民大学学报，2000（2）：75—82.
② 林鸿潮. 公共危机管理问责制中的归责原则［J］. 中国法学，2014（4）：267—285.
③ Athanasios Krystallis, Lynn Frewer, Gene Rowe, Julie Houghton, Olga Kehagia & Toula Perrea. A Perceptual Divide? Consumer and Expert Attitudes to Food Risk Management in Europe［J］. Health, Risk & Society, December, 2007, 9（4）：407–424.
④ 汪臻真，褚建勋. 情境危机传播理论：危机传播研究的新视角. 华东经济管理，2012（2）：98—101.

2. 风险分类及多案例选择

根据上述风险治理中政府责任特征的论述，本书参考了两个重要理论观点来进行风险分类和案例选择。

第一个是西方危机传播研究之集大成者 W. T. Coombs 的情境危机传播理论（SCCT）。该理论的基本思想是，危机是利益攸关者对组织危机责任的感知，这种感知就是组织所处的危机情境，危机情境会损害组织声誉，并进而影响到公众对组织的行为倾向。因此，组织必须根据自身所处的危机情境，使用不同的危机回应策略与利益攸关者进行沟通，承担与利益攸关者感知相符的危机责任，从而达到保护组织声誉的目的。①

组织的危机责任程度是危机情境中最重要的维度，它既包括客观层面上危机的来源是人为还是自然，是内部因素还是外部因素，也包括了主观上危机的发生是蓄意造成的还是非蓄意的，同时也很强调利益相关者对组织进行责任归因的主观层面。Coombs 不断完善其危机分类，最后根据组织危机责任由低到高的程度，将危机分为受害者危机（极少的危机责任）、意外危机（较低危机责任）和可预防危机（较高的危机责任）三大类型（如表3.3所示）。

表3.3 SCCT危机类型群集②

危机群集	危机责任程度	危机类型	解 释
受害者危机（Victim Crises）	极少的危机责任	自然灾难（Natural Disaster）	自然原因导致的灾难，如飓风与地震
		谣言（Rumor）	广为流传的有关组织的错误的伤害性信息
		工作场所暴力（Workplace Violence）	在工作地点，现任雇员之间或者前任雇员与现任雇员之间互相攻击
		产品篡改（Product Taimpering/Malevolence）	外部原因对组织产品造成损害，如在饮料里投毒
意外危机（Accident Crisis）	较低危机责任	质疑（Challenge）	利益攸关者声称组织违规操作，如组织因为使用动物实验而遭到批评
		技术过失事故（Technical Error Accident）	技术或者设备原因导致的工业事故，如厂房爆炸、硫酸泄漏等
		技术过失产品伤害（Technical Error Product Harm）	技术或设备原因导致产品有缺陷或存在潜在伤害，如汽车变速箱有问题

---

① 汪臻真，褚建勋. 情境危机传播理论：危机传播研究的新视角. 华东经济管理，2012（2）：98—101.
② W. Timothy Coombs. Crisis Management and Communications [EB/OL]. http：//www.instituteforpr.org/crisis-management-and-communications/，2007-10-30.

续上表

危机群集	危机责任程度	危机类型	解　释
可预防危机（Preventable risis）	较高危机责任	人为过失事故（Human Error Accident）	人为过失导致的工业意外，如工人忘记检修阀门
		人为过失产品伤害（Human Error Product Harm）	人为原因导致产品有缺陷，或者具有潜在伤害，如工人疏忽过滤环节导致纯净水含铅超标
		组织错误行为（Organization Misdeed）	组织管理层将利益攸关者置于危险境地或者侵犯法律法规，如组织使用低劣原材料

本书参考 Coombs 对危机责任的高中低程度来进行危机划分，但 Coombs 的分类方法运用于分析政府及公共危机和风险时还需进一步发展。第一，他的危机分类主要针对企业，不能涵盖各类公共危机，存在一定局限性，特别是在中国特定的政企关系和低社会信任的文化语境下；第二，他侧重于分析造成实体性危害（Hazard/Damage）的危机，对"软风险"的重视程度不够；第三，分类中有关意外、过失、人为蓄意错误（Misdeed）之间的界限模糊，需要通过内部访谈或司法调查才能判断，因此分类之间容易交叉或断层；第四，"风险—危机"链条中不同类型事件的动态变化应被充分重视。

本书参考的第二个理论观点，是张海波和童星依据政府责任和危机来源对我国政府所面临的公共危机所作出的分类：一是"诱发型"危机，是指政府在突发事件的处理中行政不作为或行政失当，从而诱发公众对政府的质疑，如 2003 年的"非典"和 2008 年的南方冰灾等；二是"原发型"危机，是指政府行政不作为或行政失当导致突发事件，政府成为危机的一部分，如 2008 年的贵州"瓮安事件"、2009 年的陕西凤翔"血铅事件"等；三是"关联型"危机，是指政府并无直接导致危机的行为，但政府官员言行失当引发公众的质疑和联想，也可以使政府面临危机，如官员抽天价烟等。①

这个分类很有价值，但还需要基于风险变化的动态性、政府责任的主客观性等条件，作进一步细化和调整。本书的分类名称与张海波和童星的研究相似，但具体界定有所区别。

参考上述两种分类方法，本书依据政府对风险初始性事件的原因型责任的高中低程度，依据相对客观的标准（法律法规和事实报道），将风险分为三类：

一是内源型风险，政府原因型责任程度最高。初始事件由政府内部组织、个人的决策错误、管理不当或违法失职等造成，政府应承担主要的、直接的责任，如官员贪腐造成重大安全事故、经济问题等。

---

① 张海波，童星. 公共危机治理与问责制 [J]. 政治学研究，2010（2）：50—55.

二是诱发型风险，政府原因型责任程度中等。初始事件的肇因主要归属于政府外部的组织、个人，政府也应承担部分监管、领导或制度设计责任，如在企业事故发生后，也发现存在政府日常检查不力的问题。

三是关联型风险，政府原因型责任程度极低。初始事件完全由外部组织、个人或自然因素造成，政府并无直接导致危机的行为。事件发生后，在不断演变中造成了新的实际损害和社会认同问题，或在事件处置过程中存在政府行政不当造成风险扩大、政府信任危机等。如谣言造成社会冲突、经济下滑，部分牵连政府的网络舆情事件等。根据以上三种类型的风险所选择的三组案例见表3.4。

表3.4 本书选择的三组案例及其性质说明

政府责任程度	风险类型	案例选择	初始事件及首要肇因方
高	内源型风险	湘西非法集资事件	地方经济违规发展引发群体性事件（政府和集资企业）
中	诱发型风险	上海倒楼事件	新建商品房意外倒塌（开发商）
低	关联型风险	"×二代"交通肇事事件	"×二代"交通肇事造成人员伤亡（个人）

诱发型和关联型风险的共同点在于，政府对初始事件的原因型责任，都比内源型风险要低，但诱发型风险更强调事件发生前端（风险酝酿期）政府的部分过失责任，关联型风险侧重于事件发生后（风险扩散期），政府在解决问题时造成的新风险。这种划分只是作为一种理想类型（Ideal Type），在动态变化的现实风险治理场景中，三种类型会在不同风险阶段发展转化。而且，在不同主体的建构中，经常产生出一种变化和融合的效果。比如，在事件调查、信息未明的时期，由于政府权威信息的缺失，公众会将诱发型风险视为一种高政府责任的内源型风险。

案例比较的基本假设是，在政府责任程度不同的案例中，政府的策略选择会有所不同。原因型责任程度越高，政府传播越倾向于采用控制型的手段。在解决问题的过程中，政府的传播策略选择是一个动态过程，既受到原有危机情境的影响，又受到组织内部互动和外部利益相关者反馈的影响。

三、政府对治理对象的认知偏差及其内在逻辑

社会风险既是现实的，又是建构的。当今中国风险事件爆发频度、强度和广度的增加，并不意味着我们生活在一个更危险、更混乱的国家和时代，而是表明人们反思性的增强与社会透明度的提高正在剧烈地相互作用，而这种相互作用带来了有关风险的门槛正在不断降低。然而现实中，很多政府官员不能用一种自信、开放和兼容的心态来面对种种问题，产生了一系列对风险治理对象的认识偏差。这典型地表现在"搞定媒体"

和"对付刁民"两种论调上,俨然记者和民众成了治理对象,化解风险变成了"对人不对事"。究其本质,前者是对舆论监督的敌视和畏惧,后者则是漠视民生、权力自大的表现。

2003年以来,各种政府新闻发言人培训班在全国如火如荼地展开,培训中最热门的关键词就是"政府如何应对媒体"。① 给记者好吃好住,全程陪同。"以我为主、积极喂料、统一口径、占据主动"等一系列技巧正在为越来越多的政府官员所熟悉和认可。微博等新媒体兴起后,"舆情监控""舆情应对"又成为新的一波通用词汇。政府官员在提升媒体和网络舆情"应对技巧"的同时,却容易忽视了政府传播的根本目的。公共管理学者指出:"增强媒体应对能力,不是要滴水不漏、巧舌如簧却又不道出真实信息的'打太极',而是为了通过媒体让公众更好地了解政府。这是政务公开的一种延伸。"② 政府官员若不能对这一基本问题有正确的认知,那么应对媒体技巧的提升必然带来更多的社会危害。

2009年,一系列"官员雷人语"在全国上下引起巨大反响。河南郑州市须水镇西岗村原本被划拨为建设经济适用房的土地上,居然被开发商建起了12幢连体别墅和两幢楼中楼。郑州市规划局副局长逯军面对中国广播网《中国之声》记者,要求检查记者的采访设备,拔掉了采访机话筒。他质问记者:"你们广播电台管这闲事干什么?"当记者请他对所出具的信访处理意见进行解释时,逯军反驳:"你是准备替党说话,还是准备替老百姓说话?"2009年6月17日,逯军的言论在网络曝光,舆论一时哗然。正如一位网友所说,逯军这句话可谓刺到了中国社会的痛处。一方面,经济的飞速增长加强了公众对改革开放30年国家政策的认同和支持;另一方面,日益加剧的贫富差距和少数人的特权模糊了人们对党和人民利益一致性的认识。③ 尤其是房地产行业,已成为社会矛盾的聚焦点之一。逯军的身份是领导干部,并且主管"信访",却说出了把党和群众利益严重对立的言论。具有反讽意味的是,他的话也被网民笑称为"官员最牛真话",因为这种把新闻管制当成理所当然之事,将舆论监督视为给党和政府"添乱"的思想在领导干部中还相当普遍。

冷静地思考逯军现象的本质,可以发现这样一些问题:"在逯军的眼里,新闻媒体作为一种政治工具,如何使用,全凭官员的一张嘴或者说官员们的利益需要,这说明新闻媒体的公共监督作用被异化,新闻媒体作为对公共权力的公共监督与公共参与精神在实际上付之阙如。由逯军言论所折射的逯军现象深刻地告诉我们,我们很多官员在脑海中压根儿就没有解决'权力到底是从哪里来的,权力究竟该如何行使'这两个事关党

---

① 笔者2004—2010年作为国新办复旦大学新闻发布评估组的核心成员,多次参与了国家级和地方政府新闻发言人培训班。
② 毛寿龙. 应对媒体也是应对民意 [N]. 解放日报, 2005 – 08 – 25.
③ 2009年第三季度地方应对网络舆情能力排行榜 [EB/OL]. 人民网, 2009 – 10 – 26.

和政府执政生死存亡的重大理论与实践问题。"①

笔者的调查也证明，新闻宣传部门的官员对于政府—媒体关系的认知确实还存在一些误解和误区。为了了解党政干部的风险意识和运用媒体认识、处理社会风险的基本状况，2009年6月至9月，笔者在复旦大学新闻学院承办的几次地方政府新闻发言人培训班中开展了"党政干部风险意识与媒介运用状况调查"。在笔者对一百余名政府新闻发言人所做的问卷调查中②，官员回答"媒体在突发事件报道中的主要不足及其负面影响是什么"时，一些典型的答案如下：

"媒体往往报道片面，从群众的关注度和为了抓住受众眼光出发，对政府的正面解释宣传少，容易造成不良影响，报道不全面，往往只截取其中一段，带有主观臆想。"

"有些是抢新闻，并没有进行深入地了解，有些是断章取义，使得有些领导怕答记者。"

"媒体过剩→为吸引眼球→容易夸大某些细节以增加影响→引起不稳定因素。"

"关注弱势群体，经常站在政府及有关部门的对立面。"

"主要是角度的问题，往往自以为是群众的代表，过分地强调了群众的观点，甚至就是不实报道，而忽视了全局的利益。"

"媒体往往报道片面，从群众的关注度和为了抓住受众眼光出发，对政府的正面解释宣传少，容易造成不良影响。"

"主流媒体过于保守迟缓，容易丧失主导能力。新媒体尤其网络论坛等，真假难辨，以讹传讹，激化事态，增加处置复杂性和难度。"

上述言论，在某种程度上反映了媒体市场化之后形成的一些专业素质下降、报道规范不足的情况，但同时应该指出的是，官员对媒体的敌视和误解是中国转型社会中一个突出的问题。政治学家认为中国处于"后全能型的权威政治"，这种以"低参与"为特征的权威政治，缺乏体制内和体制外的有效监督机制，就难以避免权力层与管理层的腐败。当严重的腐败不断发生，引起社会公众日益强烈的不满时，某些当权者尤其是一些地方的当政官员，为了维持自己的非法利益，他们会以"政治稳定"为理由，进一步抑制和排斥自下而上对政府官员的揭露批评，把对腐败现象的揭露视为反现行体制的非

---

① 逯军现象的本质——关于郑州市城市规划局副局长逯军言论的课堂讨论[EB/OL]. 转引自唐亚林的新浪博客"会飞的鱼"，2009-06-22。

② 选择在此培训班中进行调查，主要原因是该培训班的学员均是地方政府行政及职能部门主管领导和负责新闻宣传工作的相关人员，他们的意识和行动是决定日常政府传播状况的基础。作为来自全国不同省市、地区的一线工作人员，对他们的调查结果具有一定的针对性和代表性。限于调查经费和可接触的政府资源的限制，作者较难在各地政府机构通过随机抽样进行大规模的问卷发放。而本研究方式的可操作性更高，问卷回收率和填写质量具有一定保证。笔者在广州班、海宁班、台州班共发放问卷163份，收回有效问卷134份，回收率为82%。被访者中男性占70.3%，女性占29.7%。66.9%的人直接从事或主管新闻宣传工作。年龄在20—30岁的占9.2%，31—40岁之间的占47.3%，41—50岁的占42.0%，50岁以上的占1.5%。职级方面，办事员占4.7%，科员占18.6%，科级占56.6%，处级占17.8%，司局级占2.3%。学历方面，大专及以下占3.1%，本科占86.6%，硕士占9.4%，博士占0.8%。所在单位隶属于乡镇街道的占25.6%，属于区县的占52.7%，市（局委办）的占21.7%。

第三章 政府传播与风险治理的基本要素分析

法行为，并利用自己的权势来阻遏对自己的监督与批评。其结果就可能形成"低参与→高腐败发生率→强权威控制→低政治参与→高腐败发生率"之间的恶性循环。①

第三节 风险治理工具分析：作为"沟通性工具"的政府传播

通常来说，政府在风险治理过程中需要面对两个基本问题：一是政府应该做什么，也就是政府的职能与地位问题。在本书中，具体讨论的是政府传播在风险治理中的功能和职责，简言之即政府传播的角色界定问题。这在本章第一节和第二节中已经作出了回应。二是政府应该如何做，即政府应该采用什么样的治理工具或者说选择何种管理方式来达到政策目标。这是本节论述的主要指向，具体讨论的是政府在传播过程中通过何种方式来完成风险治理职能。这里首先需要将政府传播在各类政府治理工具中作出一个基本定位，然后探讨政府传播的基本价值取向问题。

一、政府传播：风险治理中的柔性工具

政府治理工具，又称"政策工具""政府工具"。胡德用木匠艺和园艺业的工具来比喻政府治理工具，认为政府所做的是尽力用各种治理工具来塑造我们的生活迎合各种目的。② 学者莱斯特·M. 萨拉姆认为："政府治理工具，又称公共行动工具（a tool of public action），它是一种明确的方法，通过这种方法集体行动得以组织，公共问题得以解决。"③ 欧文·E. 休斯认为：是"政府的行为方式，以及通过某种途径用以调节政府行为的机制"。④ 国内学者毛寿龙将其界定为"政府管理工具，又称政府治理方式，它主要是指政府实现其管理职能的手段"⑤。综合而言，政府治理工具是政府为实现其治理目标，在具体行动中所运用的手段、策略、机制的总和。

学者从不同角度把治理工具划分为不同的类型，有三分法、四分法、多分法。⑥ 一种相对明晰的方式，是将政府治理工具划分为三种不同的"工具家族"：管制性工具、财政性工具和沟通性工具。管制性工具就是政府利用公共权力和权威，利用法律和法规，来规范社会组织和公民的行为，以达到政府治理的目标；财政性工具是政府通过改

---

① 萧功秦. 中国的大转型 [M]. 北京：新星出版社，2008：118.
② Christopher C. Hood. *The Tools of Government* [M]. The Macmillan Press Ltd., 1983：2. 转引自毛寿龙. 公共行政学 [M]. 北京：九州出版社，2003：58.
③ Lester. M. Salamon. *Tools of Government：A Guide to the New Goverance* [M]. Oxford. New York：Oxford University Press，2002：19.
④ 欧文·E. 休斯. 公共管理导论 [M]. 北京：中国人民大学出版社，2001：99.
⑤ 毛寿龙. 公共行政学 [M]. 北京：九州出版社，2003：59.
⑥ 如 E. S. 萨瓦斯将公共服务的提供制度分为政府服务、政府间协议、契约、特许经营、补助、市场、用户付费等。林德和彼得则把治理工具划分为命令、财政补助、管制、劝诫、权威和契约等。詹姆斯·W. 费斯勒和唐纳德·F. 凯特尔主要分析了政府的直接行政、合同、管制和税式支出等治理工具。详见朱喜群. 论政府治理工具的选择 [J]. 行政与法，2006（3）：39—41.

变产品和服务相对价格的补贴以及课税，提供诱因，促使政策的目标群体能够改变其行为，以符合政府治理的目标和要求，如税收；① 沟通性工具是政府制定和运用各种信息，通过大众传媒和现代通信工具的传播，引导政策对象（Target Audience）的行为举止符合政策实施的要求，以达到政府治理的目标和要求。从这一分类方式来看，政府传播应该主要属于治理工具中的"沟通性工具"。

沟通性工具不仅包括政府对社会的信息传播，也包括公众对政府的反馈。其本质是传达政府需要公民及公民社会积极配合的信息，有益于体现公民的社会精神，公民对政府的治理的参与，体现了现代社会的民主潮流。② 相对于管制性工具和财政性工具，政府传播强制程度较低，赋予社会主体自愿行动的空间。在风险治理中，透明、充分的政府传播将为各个利益相关者提供自行了解、认识、判断和选择的机会，有利于化解抵触、对立情绪，减少摩擦和冲突，增强信任与合作。随着信息社会的充分发展，组织结构的扁平化、权力的分散化将是不可阻挡的潮流和趋势，单纯命令—服从式的管制性工具的有效性正在降低。"基层组织和社会拥有更多的自我管理、自我服务的权利和自由，反对来自上级机构的权威控制；人们期待政府改变传统的严格受规章制度约束的刻板和僵化，提供多样性选择、个性化产品和服务；知识的创造和生产排斥命令和指示，鼓励和尊重个性的发挥与张扬。"③ 风险应对中政府的大包大揽并不必然带来公众满意度的提高，政策执行过程本身是否具有透明度和包容性也是影响政策效果的重要因素。

同时，政府传播也是一种成本低、见效快的治理工具。通过大众传媒和政务新媒体的信息传递可以跨越时间和空间的限制，减少科层制造成的信息损耗。"政府建立和完善各种类型的公众交流渠道，以随时根据公众的意见反馈来调整政府的政策和行为，使不同的公众意见能够在畅通无阻的表达中逐渐趋同存异，使各种社会摩擦与冲突的能量能够在'微调'的状态中得到释放和缓解，从而形成稳定和谐的政治局面与社会秩序。"④

风险事件中，往往含有大量的未知与不确定性因素，造成了人与人之间信任的流失。透明政府将政府事务置于光天化日之下，接受公众的监督，让阳光的防腐杀菌功效作用于政府，就会借助社会的多元理性提高政府决策的合理性。"这是树立政府诚信形象的必由之路，是凝聚人心的政府行为方式，也是培养政府软力量的有效方法。"⑤

应该说明的是，在实际的政府传播过程中，可能涉及三类治理工具的运用。它们可能互相促进，提高治理绩效，也有可能互相掣肘，抵消正面效应并产生负面结果。例

---

① 赵静．政府治理的工具选择［J］．山西煤炭管理干部学院学报，2007（4）：167—168．
② 赵靖芳．政府治理工具的选择与应用研究［D］．上海：华东师范大学，2008：22．
③ 邓蓉敬．信息社会政府治理工具的选择与行政公开的深化［J］．中国行政管理：公务创新专刊，2008：56—58．
④ 田军．政府传播概念探析［J］．学习与探索，2004（2）：35—36．
⑤ 尹佳，李凤海．新时期我国政府传播的转型与趋向［J］．湖南大众传媒职业技术学院学报，2009（3）：27—29．

如，政府颁布《突发事件应对法》等法律条例，规范政府在风险治理中信息发布的职责和程序，就是运用管制性工具促进沟通性工具的更好实施。政府拨付资金支持新华社、中央电视台等国家级媒体建设，使他们在重大突发事件中更为及时有效地传播中国声音、塑造中国形象，这就是运用财政性工具提高沟通性工具的绩效。一些地方政府出于地方保护主义，为防止"家丑外扬"，在突发事件发生后切断进城交通、切断网络和通讯、禁止记者进入现场，或者给记者提供"封口费"，这就是利用管制性工具和财政性工具，而摒弃沟通性工具，抑制公开、透明的新闻传播，结果是使风险不断扩大。一位《南方周末》的记者这样描述了她采访邓玉娇案的见闻："5月25日起，巴东开始封城。以开会的名义，派大批的干部进驻旅馆，以防外来人员特别是记者入住。宜昌到巴东的航线停运。在野三关，宾馆的网络掐断了，外来人员像记者模样的人，都会遭到盘问。拉过记者的司机被拘留。"① 记者难以获得真实全面的案情，就难以及时矫正网络民意的偏差，境外舆论也借此大肆炒作，攻击共产党和社会主义制度。"最简单明了的刑事命案"② 迅速演变成一场国际国内舆论哗然的焦点事件。湖北宣传部门的同志不得不感慨，"邓玉娇事件或许是互联网十年来影响最恶劣的舆论风潮。"

二、"沟通性工具"不等于"媒介工具论"

作为"沟通性工具"的政府传播，这个提法中的"工具"不同于我国传统新闻学理论中的"媒体工具论"。前者是把信息资源作为重要的执政资源和公共服务产品，把媒体作为平台和渠道，把信息传播作为治理方式和手段。而"媒体工具论"是把新闻事业作为党组织的一部分，强化了媒体的意识形态属性，媒体不具备任何自主性。媒体只能执行宣传任务，而消解了媒体在风险中的社会预警、公共服务、信息传播功能。

2005年来，国内一些学者开始引介美国的"新闻执政"（Governing with the News）③ 理念，其实也是从"沟通性工具"的意义上来诠释"政府传播"的。"新闻执政"不同于传统的"宣传管理"（Rulling by Propaganda），它是指运用新闻来提高执政形象、执政公信和执政合法性，向公众传播政府决策、方针，以达到贯彻落实的目的。依据这种理念，政府官员不应该只是把接受媒体采访或者参加新闻发布会看成配合宣传部门所做

---

① 黄秀丽. 警惕媒体与民意的断裂 [J]. 南方传媒研究，2009（19）：27—29.
② 巴东县公安局局长杨立勇说邓玉娇案"是他从事警察职业以来，最简单明了的刑事命案"。转引自龙志. 邓玉娇案，一个记者的立场 [J]. 南方传媒研究，2009（19）：42—49.
③ 目前国内学者大多认为 Governing With The News 这一提法来自美国白宫发言人，或者出自 W. 兰斯·班尼特的《新闻：政治的幻想》（News：the Politics of Elusion）一书。国内较早由李希光于2005年在《新闻：政治的幻象》一书的中文版序言中提出"新闻执政"提法，他在后来的一系列论文中也再度阐述了这一观点。据笔者考证，Governing With The News 的提法更早、更直接的出处应来自美国传播学者、路易斯安娜州立大学新闻系教授库克的一本书——Governing With The News：The News Media as a Political Institution. Timothy E. Cook University of Chicago，1998。该书提供了关于美国大众传媒与政治过程互动的一个全景式的关照。

的工作，而应该主动自觉地把运用新闻资源看成自己的日常工作、执政的必要组成。①

"政府与媒体的关系正在从管制到管理，走向服务与合作。"这句话由原国新办副主任王国庆较早提出，也逐步为各级官员所认同。它对外展现着政府传播观念的进步，对内则是一种教育各个层级、各个地方的官员合理运用媒体、有效实施舆论引导的话语。"管理"是相对"管制"而言的一个较为中性的替代词，管制靠的是权力的压制，而管理更多的通过制度、政策、条例等形式。虽然"管理"也体现着政府对媒体的控制力，但它相比"管制"而言，制度规范化程度较高，被人为扭转曲解的可能性也较低。"服务"一词在官方内部语系中则更多的是在"用服务来管理"一语中出现的，也就是说服务的目的是为了更好地管理媒体。"合作"的提出则是因为政府意识到了媒体的重要性和影响力，承认部分媒体的相对独立性，希望运用媒体的力量来共同处理公共事务，实现社会稳定、和谐的目标。

需要警惕的是，高层新闻管理机构提出的政府与媒体双向"合作"的理想化理念，在下级政府的实践操作中常被理解和落实为媒体对政府工作的"配合"，即媒体被要求单向满足维护政府形象的需要，媒体监督功能受到制约。由于政府风险治理中的具体行为也可能存在合理和不合理之处，媒体对不合理的政府行为的"配合"必然导致"合作"的负面效应最大化，导致公共利益受损。这样建立起来的政府良好形象和合法性必然是短期性的和脆弱的。

三、政府传播应以公共利益为基本价值取向

政府传播在风险治理实践中作为一种沟通性工具，需要解决一个工具理性和价值理性的关系问题。作为公共组织的政府是公共权力的载体与代理人，需要履行社会管理与公共服务职能，因而它在满足自身传播目标、实现传播效果的同时必须兼顾公共性的价值取向，即以社会公益为基准，以公共服务为基点，有义务满足公众合理的信息需求以及实现对信息资源的有效供给与配置。②

目前政府传播多以商业组织的风险管理和危机传播理论为指导，追求以组织为中心的公关效果，这容易造成一系列的误区："一是片面强调所谓公共关系的表达技巧，让一些本来应该依托表达内容的形式化的手段冲淡了对于内容的关注。二是将公共关系的手段运用到掩盖问题、文过饰非上。三是一些地方从展示政绩等目的出发，不计成本、不顾效能地进行一些所谓的形象工程。"③ 简言之，来自商业组织的危机公关理论虽然看起来较为可行且见效快，但容易侵蚀政府传播的价值目标，鼓励政府的自利行为。

一些地方政府和职能部门在政府传播活动中，往往片面地关注了工具的有效性（短

---

① 新闻执政：干部能力新要求——访复旦大学新闻学院院长助理张志安博士［N］. 安吉日报，2009-03-06.
② 王萌林. 我国政府传播主体角色定位的困境分析［J］. 学习月刊，2006（11）：21—22.
③ 刘晓鹏. 公民服务：社会变革中的政府传播理念［J］. 延安大学学报：社会科学版，2007（4）：10—12.

期效果）、效率性、可执行性，而忽视了公平性和政治合法性。因为后两者的损失往往是无形的、潜藏的，现实中也缺乏足够的激励和考核机制来衡量。很多时候，政府在传播目标设定时就出现了偏差。具体表现为相关政府人员单纯以满足上级领导和本部门的需要为目标，并将其视为所谓的"大局"，而忽略了当事人、普通公众和媒体的需要。一个基层官员的网上发帖清楚地道明了事实的真相："我是一个县级市的基层官员。贵州瓮安、云南孟连事件后，大家骂我们不为人民服务，只为领导服务。这是实情。国家法律规定，官员是人民的公仆，手中的权力是人民给予的。但问题在于，现在权力是掌握在领导手中，人民给不了我们权力。我们的一切，从升迁到工资都掌握在上级领导手中，不由得我们不为上级领导服务。得罪了百姓，他们顶多骂我们几句，得罪了上级领导，我们的前程就没有了。"①

政府控制负面报道，在主流媒体上造成形势一片大好的局面，在短期内似乎成功地维系了地方和局部组织的利益，但是长期来看，对政府形象和公信力的损伤是难以挽回的。部分官员明明知道谎报瞒报可能造成政府公信力的下降，但还是持有一种"信息机会主义"，即"为了自我利益而进行的信息筛选与加工行为"②。政府机构和政府官员对于决策权的垄断，通常靠他们对于公共信息的垄断来支撑。"信息机会主义"的普遍存在使公共利益的保障落入了"公地悲剧"的窠臼。哈丁在《公地的悲剧》中设置了这样一个场景：一群牧民一同在一块公共草场放牧。一个牧民想多养一只羊增加个人收益，虽然他明知草场上羊的数量已经太多了，再增加羊的数目，将使草场的质量下降。牧民将如何取舍？如果每人都从自己私利出发，肯定会选择多养羊获取收益，因为草场退化的代价由大家负担。每一位牧民都如此思考时，"公地悲剧"就上演了——草场持续退化，直至无法养羊，最终导致所有牧民破产。官员的信息自利行为使局部利益得到暂时性的保障，当这种自利行为被打破时，失分的是整个政府。

重新把"公共利益"确立为风险治理中政府传播的价值目标，这个并不难。真正的难点在于怎样设置一套工作机制和约束激励机制来保证这个价值目标在执行过程中不被损害。政府传播是在政治改革和治道变革相交织的背景之下展开的，是以公民利益为价值出发点，而在这个过程中推进公民的政治参与、政府的民主决策、民意的有效表达不仅应该成为政府传播的核心目标，也应成为政治改革和治道变革的重要组成部分。③

---

① 一个基层官员自白：我们为什么不愿意为人民服务［EB/OL］. 西祠胡同社区，2008-12-11.
② 陈力丹，易正林. 信息机会主义：山西黑砖窑的隐身衣［J］. 新闻记者，2007（8）：15—17.
③ 刘晓鹏. 公民服务：社会变革中的政府传播理念［J］. 延安大学学报：社会科学版，2007（4）：10—12.

第四章 内源型风险中的政府传播：
从控制到沟通的动力机制

在中国社会风险治理的过程中，特别是在直接关涉社会稳定的风险议题中，政府无疑是一个具有主导性的角色。中国社会频发的群体性事件已经成为影响社会稳定的最为突出的问题，成为中国社会风险的信号。① 而有效预防和妥善处置群体性事件就是各级政府治理风险的一个重大课题。

群体性事件并非"突发"，而是深深扎根于社会的结构性紧张。就其本质而言，群体性事件是社会风险动态演化为公共危机过程中的触发事件。② 以"瓮安事件"为例，事件之所以产生剧烈的冲突并造成严重后果，既有引发事件的直接导火索，又有直接和非直接利益者相互作用，多种矛盾交织叠加，是促使事件升级恶化的催化剂；既有应急处置能力缺失、现场处置不当的问题，又有改革、发展、稳定的关系没处理好，社会建设滞后、民生欠债多，矛盾积累、管理薄弱、治安不好、干群关系紧张等深层次原因。一位多次处置大规模群体性事件的公安部门高级官员曾指出，从群体性事件发生的规律看，大都经历了一个"萌芽—酝酿—发生—发展—恶化—结束"的过程，看似发生在社会管理的末端，而源头则在经济社会发展的前端。③

从这个角度来说，在很多群体性事件萌芽发展的过程中，就是政府的公共管理出现了较大问题，属于内源型风险，客观上政府对风险酝酿需要承担较高的原因型责任。初始事件由政府内部组织、个人的决策错误、管理不当或违法失职等造成，如官员贪腐造成重大安全事故、经济问题等。

在群体性事件的演变过程中，政府还将面对更大的解决型责任，正如单光鼐所说，"倘若政府没能控制局面，出现了打砸抢烧局面，群众更认为应由政府负责；倘若事态进一步持续下去，还会引起社会各界乃至上层精英的不满，政府也会很快陷入进退两难

---

① 朱力. 中国社会风险解析——群体性事件的社会冲突性质 [J]. 学海，2009 (1)：69—78.
② 童星，张海波. 群体性突发事件及其治理——社会风险与公共危机综合分析框架下的再考量 [J]. 学术界，2008 (2)：35—45.
③ 崔亚东. 群体性事件应急管理与社会治理——瓮安之乱到瓮安之治. 北京：中共中央党校出版社，2013：前言.

第四章 内源型风险中的政府传播：从控制到沟通的动力机制

的尴尬，无论是严厉镇压，还是妥协退让，都会招致社会舆论的强烈谴责。"①

由于维护稳定的职责压力，再加上保持政府合法性的惯性思维，政府在群体性事件的信息传播中往往表现出极强的控制性。一直以来，群体性事件就是新闻报道的"雷区"甚至是"禁区"。但从瓮安、孟连等事件的政府管理来看，与以往处理群体性事件相比，无论是事件真相报道，还是处理过程，都在传播媒介中曝光，这是史无前例的。"它标志着政府对社会冲突事件处理模式的转换，即由封闭的、僵硬的内部处理到开放的、弹性的公开处理。"②

换句话说，即使是在高度责任卷入且极具政治敏感度的风险议题当中，政府传播也正在由刚性控制向柔性沟通转变。那么政府实施并持续采用刚性控制策略的原因是什么？促成政府走向相对公开和回应型的柔性沟通的主要原因是什么？柔性沟通中政府采用了什么样的传播策略？兼有控制与对话的政府传播又产生了什么效果？研究者需要将这些问题置于广阔的社会政治变迁之中去考虑，从而把握一种宏观的结构，也需要"关注、描述、分析这样的事件与过程，对其中的逻辑进行动态的解释"③。本书选取的是后一种研究取向，将通过对 2008 年爆发的湖南省湘西非法集资事件的剖析，来呈现和解释在内源型风险的治理过程中，政府传播在"控制—对话"之间转换的动力机制。

首先简介一下事件概况。湘西地区的非法集资，与 20 世纪末以来地方政府推动企业进行民间融资，追求区域经济跨越式发展有一定联系，再加之当地政府缺乏有效监管，企业盲目逐利、国际金融危机爆发等内外综合因素，而引发 2008 年 9 月的两次群体性事件。该事件事态重大，情况复杂，但相关研究对其予以的关注不够。与众多群体性事件相似，湘西非法集资事件也有一个从社会风险酝酿、聚集到群体性事件爆发，再到问题处理、风险逐步消减的过程。笔者对负责事件处理的多名政府官员和相关记者做了深度访谈④，得以从内部观察这种变化的发生。

据调查，截至 2008 年 9 月，湘西土家族苗族自治州（以下简称湘西州）有 49 家企业进行非法集资，其中重点企业 20 家，主要涉及房地产业、旅游业和矿业等自治州的支柱产业。仅州府吉首市就有超过 17 万民众直接参与非法集资，占市区总人口的 90%以上。非法集资事件涉案资产超过 160 亿元，总额接近自治州 2008 年 GDP 的 75%。⑤事件中有 4 名厅级官员因此落马。湖南省公安厅副厅长胡旭曦表示："该案涉及时间之

---

① 单光鼐，蒋兆勇：县级群体性事件的特点及矛盾对立——单光鼐、蒋兆勇对话录（上）[J]. 领导者，2012（29）．
② 朱力. 中国社会风险解析——群体性事件的社会冲突性质 [J]. 学海，2009（1）：69—78.
③ 孙立平. "过程—事件分析"与当代中国国家—农民关系的实践形态 [A] //胡旭东. 思想的碎片 [M]. 武汉：长江文艺出版社，2001：31.
④ 本章所涉及接受采访的政府官员和记者，全部隐去姓名或者采用化名。
⑤ 根据湘西州统计局发布的数据."2008 年全州实现国内生产总值 226.66 亿元。" 王健（湘西州统计局）．当前湘西州经济发展存在的主要问题及采取对策 [EB/OL]. 红网湘西站，http：//www.xxz.gov.cn/goxx/economy322.html? jdfwkey = mjaic.

长、范围之广、涉及企业之多、金额之大、人数之众、引发的后果之严重,堪称1949年以来所罕见。"①

从20世纪90年代中后期开始至2008年,湘西非法集资活动经历了一个长达10余年的发展演变过程。可分为起始、发展、膨胀、高危、断链五个阶段。② 萌芽阶段的集资行为只在个别房产企业内部,针对职工进行,融资对象特定且回报率仅为1%左右,尚属民间融资的范畴。③ 大规模集资始于2002年,随着湘西州首府吉首市的大规模城市扩建,民间集资也迅速发展。2003年之后,吉首民间集资开始进入规模性膨胀时期,非法集资的性质逐步明显。2007年下半年,湘西非法集资进入疯狂的高危阶段。受美国次贷危机的影响,国内金融、信贷、证券、物价等诸多因素的相互交织的作用,湘西非法集资企业资金普通处于偏紧状态,月回报率接连飙升,全面突破月息3%的比例,形成以高额回报疯狂圈钱的态势。④

2008年后,湘西非法集资活动开始加速攀升,因为相互恶性竞争,非法集资企业开出的月息普遍达到了6%—8%,最高的甚至达到了月息15%,这高出了银行同期利率的15—20倍。企业以高额回报、宣传造势、传销提成等各种欺骗手段大肆圈钱。受到高额利息的诱惑,一些低收入居民甚至卖房集资、贷款集资。高额的利息已经完全超出了企业的偿还能力,加之国际金融危机冲击、产业形势低迷、企业经营不善等多种原因,非法集资链条的断裂不可避免。

2008年9月3日,由于吉首市福大房地产公司未能按承诺兑现付息,导致该公司部分集资者到州政府上访,引起逾万群众围观。当晚10时许,部分群众向火车站聚集。正在湘西调研的湖南省委常委、政法委书记C赶赴现场,对群众进行解释说服工作,至当晚11时许,上访者及围观群众散去。9月4日上午,部分集资者再次到市内街道、火车站聚集,一度造成交通堵塞和火车延误。9月24日、25日,部分群众因不满涉嫌非法集资企业三馆集团擅自公布的还本方案,聚集到交通要道,造成市内交通堵塞,一些群众还到湘西州政府集体上访。由于少数不法分子的参与,事件中还出现了严重的打砸抢行为。

湘西非法集资事件引起了党中央、国务院和相关部委的高度关注,湖南省委、省政府要求尽一切可能最大限度地减少集资群众的损失,既把非法集资事件作为当务之急予

---

① 吉首非法集资案:湘西首富与狂热吉首谁逼疯了谁 [N]. 南方周末,2010-02-05.
② 湖南湘西非法集资案开审 涉案金额占当地 GDP 75% [N]. 广州日报,2010-01-29.
③ 非法集资和民间融资的区别主要在于是否针对特定公众,以及利息率的高低。2007年7月9日,全国人大法工委在答新华社记者问时,列出了非法集资的四个特征:①未经中国人民银行批准,包括没有批准权限的部门批准的集资以及有审批权限的部门超越权限批准的集资;②承诺在一定期限内以货币、实物及其他形式给出资人还本付息;③向社会不特定对象即社会公众筹集资金;④以合法形式掩盖非法集资的性质。另有条文规定,即使是经过中国人民银行批准的融资行为,也明确规定了集资的最高回报率不能超过银行同期借款利率的4倍。
④ 杨正国. 关于处置湘西州非法集资群体性事件的做法与启示 [J]. 湖南公安高等专科学校学报,2009(10):122—126.

以果断处置,更着眼长远,注重从根本上解决问题。2008年9月底开始,湖南省政府(下文简称"省政府")开始作为主导,正式立案调查湘西非法集资事件,在当地大规模地开展针对集资群众的集资登记、扶贫帮困和政策传播工作,同时引入专业审计机构对非法集资企业进行清产核资。2008年12月,相关部门和专业机构开始根据集资登记和清产核资、案件调查的情况制定集资款清退方案,并于2009年1月10日向社会公布清退方案,向群众发放清退集资款。至此,湘西非法集资事件基本获得妥善解决。在处理非法集资(以下简称"处非")工作的几个月里,湘西州委机关报《团结报》、湘西州和吉首市电视台等媒体,在省政府的指导下,在信息发布、法制普及、心理疏导和情感沟通等方面做了大量工作。

第一节 政府风险预警为什么缺席、失败

群体性事件并非突发,而是社会风险酝酿升级的结果。正是因为在风险潜藏阶段政府实施控制性的传播策略,未能进行有效的风险预警,才导致了危机事件的发生。在重大危机事件发生之后,人们往往会开始反思,下次政府应该怎样通过媒体向社会进行风险预警,规避同类事件的爆发。但除了考虑怎样进行风险预警之外,一个更重要的问题是,政府在危机前期的风险预警为什么缺席和失败呢?

这里就有几个问题值得追问:第一,在事件发生之后看来是再明了不过的危害,为什么当地政府不知道,不立即处理呢?第二,如果政府早就知道,为什么政府就没有向社会及时发出风险预警呢?第三,如果政府发出了一定的风险预警,为什么没能得到利益相关方应有的重视,达到化解风险的效果呢?面对湘西非法集资事件,笔者综合各方信息可以得出以下的回答。

一、政绩观偏差导致的区域经济发展失调

20世纪90年代末,湘西州地方要员在去江浙地区取经之后,利用民营资本经营城市的理念得到确立。① 在上级政府对湘西州扶持力度较小、正规金融机构资金供不应求的情况下,民间融资成为解决州内房产、城建等产业资金不足,促进湘西州实现"跨越式发展"的一种推动力。湘西州政府并非完全不担心集资行为对金融秩序和社会稳定可能带来的负面影响。但是早期几年民间融资行为尚未越出合法范围且运行相对稳定,客观上对湘西经济发展起了一定作用。政府对集资的正面效果关注较多,权衡再三,决定对其"睁一只眼,闭一只眼"。政府主导的思路是:"只要有利于湘西自治州GDP的增长,就是合理和允许的,只注重结果,不注重过程。"② 这种支持态度自然就使政府主

---

① 湖南湘西州政协原主席等涉嫌非法集资案[M].扬子晚报,2009-02-06.
② 杨正国.关于处置湘西州非法集资群体性事件的做法与启示[J].湖南公安高等专科学校学报,2009(10):122—126.

动放弃了风险预警的职责。

2005年,专供州领导阅读的《湘西要情》已撰文对民间集资问题敲响了警钟。有领导主张整治,但是遭到多人反对:"不融资,哪来的发展资金呢?"大家更担忧的是,民间融资做大成势,已经关系到吉首的经济发展和稳定大局。如果贸然打击,吉首已经铺开的城建大摊子将一发不可收拾,造成的社会不稳定因素也不堪设想。知情人士称,另外更深的原因包括,官员们站在保护自己的角度也不愿意去碰这个"炸弹"。官员们研究的结果是不能贸然打击。① 扭转局面的机会再一次丧失。

政府对集资问题的潜在风险警觉并重视是从2007年初开始的。因为担心造成湘西经济衰退、人民遭受巨大损失、引发群体性事件甚至社会不稳定的后果,湘西州、吉首市两级政府(以下简称"州市政府")及相关部门一直采用"软着陆"措施处置湘西非法集资问题。② 这主要是通过相关政府部门开会制定政策方案、规范引导企业集资行为、敦促企业降息至合法范围、加快产业发展拓展企业盈利空间以及唤醒群众风险意识等手段,希图在州域经济体内部化解非法集资风险。

2007年7月之后,政府也开始通过电视、电台、报纸、宣传画等形式宣传非法集资的危害。《团结报》2008年10月25日的一篇报道综述了州内各级政府对于非法集资问题的宣传状况:"去年7月10日,《团结报》转载了《坚决防范和打击非法集资等违法犯罪活动——全国人大常委会法制工作委员会和国务院法制办公室负责人答新华社记者问》。8月份,《团结报》连续刊载了《辽宁营口东华集团非法吸收公众存款案》等多起已查处的非法集资典型案例。12月,《团结报》刊载了《充分认识非法集资危害性,增强社会公众风险防范意识》宣传文章。今年1月,在全州8县市行政机关、企事业单位、各街道、社区、乡村集镇,广泛张贴了国家公安部、银监会联合印制的《严厉打击非法集资》宣传画8800份。从今年3、4月份开始,集中宣传的声势就更加大了。湘西电视台陆续滚动播出《增强法律意识,远离非法集资》、《参与非法集资,损失自行承担》、《依法防范和打击非法集资活动》、《非法集资行为将受到法律严惩》等宣传标语和防范打击非法集资知识系列宣传节目共计60多期;《团结报》、《边城视听报》、《中国湘西网》等连续刊发打击非法集资相关文章40余篇;湘西人民广播电台播发相关公益广告200余次,案例介绍60余期。"

从上文可以看到,进入2008年3、4月份以后,已经意识到集资事件高风险的湘西州政府,通过媒体进行了一定程度的、多种形式的宣传。但是这些宣传多援引国家的政策和外地的案例,并未明确指出湘西州本地集资行为的性质,也没有对湘西州政府处理集资问题的具体政策作明确说明。可以说,这阶段关于非法集资的政府传播,是定性不明和前后矛盾的。

负责该事件舆论引导工作的湖南省政府新闻办官员A说:"这种宣传是宏观层面

---

① 饶智. 湘西政商殷鉴:融资困境逼上集资路 最后全盘皆输[N]. 财经, 2010 – 03 – 11.
② 鲁明勇. 湘西州域经济与产业发展[M]. 长沙:国防科技大学出版社, 2009:168.

的，没有具体地针对哪个企业。如三馆、福大等公司，虽然州里领导也觉得它是非法集资，但是证据不足，没有找到适当的切入点，所以也不好点名打击。"他还指出，"对这个事件如何处置，湘西州地方党委是有分歧的，这点是毫无疑问的。"① 州政府在危机爆发前，陷入一种两难的抉择："如果不采取防范措施，集资利息已高到实在无法让人想象的地步，资金链条断裂是迟早的事；如果采取防范措施，濒临破产公司的资金链条马上断裂，集资危机就有可能提前爆发。在没有充分考虑好既能防范集资风险又不会引起社会动荡的措施之前，政府缩手缩脚，不敢轻举妄动。"②

除此之外，"尤为掣肘的是，非法融资的高额利润早已侵蚀到政府各部门，许多官员深层介入，渔利其中，态度暧昧。"③ 事后经调查，湘西州政协原主席向邦礼，前湘西州委常委、统战部长滕万翠，湘西州人民政府前副州长、巡视员黄秀兰都以投入大额资金参与、担任企业顾问、收受贿赂、组织他人参与等不同形式参与非法集资。

实际工作措施中的投鼠忌器，必然导致相关宣传的模糊不清，难以捉摸。政府在各种形式的宣传中"一直没有公开表明对非法集资的态度，在一定程度上给群众留下了默认非法集资的误解，导致后期集资利息越高群众参与越多的奇观"④。

二、地方媒体公信力扭曲带来的社会认知混乱

由于中国"党管媒体"的体制，地方报纸和电视台在群众的心中就是党和政府的喉舌。很多时候他们"准行政机构"的身份使之在群众中具备一定的公信力。虽然群众也知道高息集资存在风险，但当集资企业的宣传大量出现在当地媒体上时，群众更倾向于认为集资是被政府允许的行为，从而增加了投资的非理性因素。更何况集资活动已在湘西存在 10 余年之久，看到周围人都已经从中获利颇丰，很多地方官员也参与其间，更多群众也开始加入进去。风险感知的研究表明，社会可以通过试错法达到任意一种活动的风险和收益的最优平衡。在这种预设下，人们可以使用历史的或当前的风险收益数据来揭示"可接受的"风险收益的权衡模式。随着感知到的收益的增加，感知到的风险会降低。⑤

与政府反对非法集资的相关宣传同时出现在当地报纸、电视台和大街小巷上的，还有大量集资企业发布的宣传信息。以当地最大的集资企业荣昌集团为例，资料显示，2006 年 2 月，荣昌成立了宣传部，开办了"湘西荣昌"网站及《金色荣昌》等四份内部刊物。这些刊物对公司亏损状况只字不提，而是极力粉饰公司的发展前景，通过虚假及夸大宣传，蛊惑那些投资散户。据调查，荣昌董事长金孟贤还在当地媒体上虚假夸大

---

① 湖南省政府新闻办官员 A，2009 年 8 月 5 日访谈。
② 鲁明勇. 湘西州域经济与产业发展 [M]. 长沙：国防科技大学出版社，2009：168.
③ 饶智. 湘西政商殷鉴：融资困境逼上集资路 最后全盘皆输 [N]. 财经，2010-03-11.
④ 鲁明勇. 湘西州域经济与产业发展 [M]. 长沙：国防科技大学出版社，2009：168.
⑤ 保罗·斯洛维奇. 感知的风险、信任与民主 [A] //保罗·斯洛维奇. 风险的感知 [M]. 北京：北京出版社，2007：359—365.

项目利润，制作宣传光碟在各部门滚动播出，并用后集资款为前集资款还本付息，极具欺骗性质，蛊惑了众多当地群众。①

进入2008年之后，非法集资企业大多已经意识到"大限将至"，但还希望通过宣传造势勉强支撑。早在2008年3月，吉首三馆公司的经营就已经十分糟糕了。但为了蒙蔽公众，在汶川地震发生后，该公司董事长曾成杰还带领一支人马赶赴地震灾区进行"救援"，同时通过媒体大肆宣传其企业的"社会责任"，给集资群众造成企业"形势一片大好"的错觉。②

更为重要的是，在2007年以后的一些重要政策宣传中，政府和集资企业在媒体上是作为"联合发布"的主体出现的，这更造成了严重误导。2007年10月，为了控制民间集资风险，政府批准成立"吉首市房地产行业商会"，由吉首市民间集资规模最大的13家企业组成。在市政府的授权下，商会可在湘西和吉首市的电视台发布关于集资的信息和公告。商会表示每家企业都在商会中存有300万元的"保证金"，承诺资金链条不断裂，并发布公告提出"软着陆"措施，13家企业宣誓保证月利息率不超过3分。但这一保证马上被个别公司打破，并带来了提高利息的恶性竞争。

2008年8月15日，州市政府有关官员，以及三馆、荣昌等集资企业代表，在民族影剧院召开群众见面会，上千集资群众参与。政府的态度是要求企业与集资参与者自行协商解决，协商解决不了的，通过法律途径解决。政府只对"崩盘、逃债、闹事"三种情况进行打击，仍然坚持"软着陆"降息。

2008年8月19日，吉首房地产行业商会在吉首电视台发布公告，宣称商会集资企业采取"降息和平稳着陆"措施，要求到2009年3月底，集资企业将月利息率逐步降至2%—3%；借贷兑现困难的企业，要尽快收缩战线，盘活现有资产，并与借款人协商对付办法；公告表示政府在奥运会结束之后会封杀民间借贷企业，纯属讹传；强调降息的"软着陆"政策没变。

政府一方面宣传防范和打击非法集资，一方面允许集资企业商会在官方电视台上对政府的打击措施"辟谣"，这样的做法看来可笑，但真实地反映了当时州市政府举棋不定、无力面对失控局面的状况。这不仅造成了更多群众的卷入，也为群体性事件爆发之后，处理非法集资的政策不被群众接受的状况埋下了伏笔。一位署名为"湘西吉首普通老百姓"的群众，在2008年10月13日致专家的一封公开信中说③："湘西州政府为了所谓规范吉首地区的民间融资，先后在政府会议室和影视大厦会议室召开过多次会议，并于2007年8月和2008年8月两次授权一些行业商会和机构以公告的形式出台了民间借贷月息3分的政策（所谓软着陆政策）并在湘西电视台吉首频道每天按时播出。这等于政府默许了3分月息是合法行为。由于开发商的无序竞争和政府部门的默许，这种投

---

① 湘西非法集资案详情 [N]. 瞭望东方周刊，2010 - 02 - 03.
② 非法集资的欺骗与危害——自治州处置非法集资工作综述（二）[N]. 团结报，2008 - 12 - 17.
③ 论坛发帖，http://bbs.yaolan.com/thread_ 50668128_ 3. aspx.

资愈演愈疯狂以至到了不可收拾的地步。但是谁也不可否认吉首民间融资为吉首的城市建设乃至经济建设起到了巨大的作用。我们老百姓知道有风险,但我们老百姓不知道有政府出尔反尔的风险!……您说政府在这次事件中扮演的是裁判员的角色,这是我不能接受的,我认为您是在为政府开脱。政府在吉首民间融资事件中有不可推卸的责任!"

三、"内紧外松"传播加速危机爆发

到了非法集资事件崩盘前夕,州市政府想要公开集中地整治非法集资事件,除了上文所述的两难困境和部分贪腐官员的干扰之外,还存在两个重要的限制条件。

第一,州政府对于集资行为的涉案金额、参与人数并没有一个准确的预估。湖南省政府新闻办官员 A 在访谈中说:"对于事件的形势严重到哪一步,根本无法估计。从社会层面、从群众参与的程度来说,应该是很严重了。但是究竟严重到哪一步,多少人参与,资金量有多大,连当地的党委政府都不了解。"① 众多集资企业的资金并未通过银行运作,而是游离于金融机构监管之外。在没有明确将哪一家集资企业定性为"非法集资"企业之前,州市政府部门不便作为行政管理者直接介入企业活动。只有进入案件办理程序之后,才能由公安机关进行调查。对企业具体情况和整体形势的不了解,使政府在制定整治措施时举棋不定,信息公开无疑是"无米下炊"。《团结报》记者胡昭透露,州市政府"对于何时采取行动,如何采取行动,一直没有找到合适的切入点"②。

第二,政府担心如果突然"一刀切"式地把整个湘西的集资行为定性为非法集资,会遭到来自群众的巨大质疑和抵制,因此感到无法下手。民间融资在湘西存在已久,很多群众也在其中获得了很大利益。州市政府担心公开打击非法集资的行动会被群众认为是政府断了他们的财路,群众难以接受。再者,当地政府也不知如何回答这样的问题:"既然是非法集资,那么为什么这么多年一直在搞,政府又不采取措施打击?如果把它明确定性为非法集资,这么多党员干部、政府官员也参加了,怎么办?"③

为了避免集资群众的恐慌,激化矛盾,州市政府 2008 年把处理非法集资工作的重点,放在了敦促企业整改和禁止政府人员参与非法集资上。2008 年 6 月 16 日湘西州纪委、监察局发出《关于禁止国家公职人员参与非法集资的通知》。④ 这一通知只发到政府和事业单位,没有向社会公开传达。这也就意味着,州市政府对非法集资的定性和处置措施已经逐步明确,但还是缺乏面对集资群众的公开态度,只在有限范围内发布禁令。这一做法体现了长期以来我国政府面对负面事件时"内紧外松"的传播控制策略。

"内紧"是指某些信息只在内部流通,让内部紧张行动起来,进行应急处理的部署以及行动;"外松"是指对社会封锁信息或者传出一些利好消息,保持外部平静的氛

---

① 湖南省政府新闻办官员 A,2009 年 8 月 5 日访谈。
② 湘西《团结报》记者胡昭,2009 年 7 月 25 日访谈。本书中记者名字全为化名。
③ 吉首大学某教授,2009 年 12 月 23 日访谈。
④ 鲁明勇. 湘西州域经济与产业发展 [M]. 长沙:国防科技大学出版社,2009:168.

围，确保应急处理在社会稳定环境下完成。内紧外松的本意是想让社会影响最小化，甚至在不惊动社会的情况下完成事件处理；但是外部环境的变化，使得内紧外松的最初目的难以实现。①

这一通知发出后，一些参与非法集资的公务员预先知道政府要从严整治，大量抽走投资，这加速了非法集资资金链断裂的进程。这使企业的资金空洞愈发扩大，企业变本加厉地推高利息。当地专家分析，这"引起了社会普通的不知情的群众大量参与，给抽走的资金'填坑'，在资金链断裂之后，客观上变成了不知情的弱势群体给事先知道内情抽走集资的特权集资者买单的局面。"②

《湖南日报》社驻湘西记者尹和章在2008年初发现了集资风险急剧膨胀的"四个苗头"，察觉到湘西非法集资事件已经"玩不下去"了，准备写一份湖南日报内参送到省里，并就问题的紧迫性多次提醒湘西当地政府官员。但后来由于当地政府的"劝解"，加之尹和章也担心密级不高的湖南日报内参一旦外传，会因为自己的报告导致整个事件的爆发，最后放弃了写内参的想法。③ 作为上级政府"耳目"的新闻内参机构也就此失去了风险预警的机会。

第二节 压力—反馈中渐进的信息公开

2008年9月，随着两次群体性事件的爆发，政府开始逐步公开地向社会说明处理非法集资的原则、态度和方案（相关内容将在本章第三节做详细分析）。观察当地媒体的报道，结合对多名知情人士的访谈，可以发现政府传播的思路经历了种种变化。政府传播走向公开透明的过程并不是一蹴而就的。首先，这受到地方政府所掌握信息量的制约，受到政府整体工作思路和工作开展进程的影响。其次，来自民间的集体行动和谣言、中央和上级政府的压力、媒体报道的反馈效果等因素，也作为一种外部压力反作用于政府。公开呈现出来的政府传播是政府主动规划和政府对环境作出反馈、调整的综合结果。本节将对推动政府传播由控制到放开过程中所受到的外部压力作出分析。

一、群体性事件与"政策窗口"的开启

"9·4"和"9·25"两次群体性事件的爆发，打破了原有的力量平衡，开启了政府处理非法集资行动的"政策窗口"（Policy Windows）。约翰·金登在《议程、备选方案与公共政策》一书中通过多源流的互动模型解释了政策议程形成的过程和动力机制。"问题、政策和政治这些分离的溪流往往在某些关键的时刻汇聚在一起。"当三个溪流

---

① 滕朋. 从组织传播到大众传播 [D]. 武汉：华中科技大学，2007：73.
② 鲁明勇. 湘西州域经济与产业发展 [M]. 长沙：国防科技大学出版社，2009：168.
③ 湖南日报社驻湘西站记者尹和章，2010年3月31日访谈。

汇聚时,"政策之窗"才会开启,项目才被提上决策议程,政府将就此采取某种实际行动。① 2007 年以来企业对集资利息率的恶性攀比和群众的疯狂投入形成了一个"问题溪流",政府通过会议研究讨论各种处理备选方案组成了一个"政策溪流",那么群体性事件所暴露的"国民情绪"和舆论混乱,事件所带来的湖南省政府的关注和压力,以及各利益相关方非理性行为的持续震荡形成了一个"政治溪流"。两次群体性事件以不同的强度促发了政府的集中整治行动和信息公开活动。

"9·4"群体性事件的爆发,使州市政府意识到当地的集资行为已经构成了对社会稳定的严重威胁,需要马上加以处理。湘西州委机关报《团结报》于 9 月 5 日发布了一条简讯:《我州依法妥善处置一起因非法集资纠纷引发的集访事件》。这次事件后,州市政府虽然勉强承认了"非法集资"的性质,但总体的处理思路还是希望"软着陆",不把事情闹大,尽量协调企业与集资群众处理好还本付息的事宜。②"9·4"群体性事件发生时,适逢省政法委书记 C 在湘西调研,在他的指导下,通过湖南省门户网站"红网"向外部发布了这条信息。

事后省政府相关部门依据国内处理同类事件的法规和惯例,非常清楚地将湘西的集资行为定性为"非法集资"。然而省政府和州市政府并没有达到高度一致,会议上不同级别官员的意见存在差异。本来会议通过了将事件定性为"非法集资"的决定,在翌日贴出时,吉首市人民政府关于处理非法集资事件发出的一号通告中却变成了《关于依法整治民间融资维护社会稳定的通告》。从"非法集资"到"民间融资"的变化,说明当地政府在面向群众传播时仍然不能准确、全面地传达上级政府的已有决策。政令在操作过程中被偷换概念的状况,表现出"9·4"群体性事件发生后,州市政府仍然比较犹豫,措辞留有余地,省政府以宏观的稳定秩序和事件处理的规范性为重的指示在贯彻中被打了折扣。

"9·4"群体性事件发生后,从 9 月 5 日至 12 日一周多的时间里,州市政府发布了领导开会讨论非法集资处置方案、相关政府通告、副市长就非法集资问题答记者问、公安局处理"9·4"集访事件相关犯罪嫌疑人等几条简短的新闻。之后十多天,当地媒体就不对非法集资问题做报道了。《湖南日报》社驻湘西记者站站长尹和章说:"当时州政府还是希望对事件进行冷处理,所以严格控制当地主流媒体的报道。这一周多的时间社会上流言满天飞,吉首就像一个随时可能被引爆的火药桶。"③

吉首市政府派驻工作组进入 14 个非法集资企业摸底,"大量的情况摸不到,要做新闻发布也没多少可说"④。对稳定风险的担忧和对核心信息的不了解,使州政府在危机后再度"失语"。政府内知情人士称,"在处置湘西非法集资的最初 20 多天里,有关方

---

① 约翰·金登. 议程、备选方案与公共政策[M]. 北京:中国人民大学出版社,2004:24.
② 湖南省政府新闻办官员 A,2009 年 8 月 5 日访谈。
③ 《湖南日报》社驻湘西站记者尹和章,2010 年 3 月 31 日访谈。
④ 湘西《团结报》记者胡昭,2009 年 7 月 25 日访谈。

面认为，清退方案要在清理登记结束即三个月之后才能出台，出台之前感到不好说，没有东西说。结果不时有群众埋怨不告诉真相，一些群众因此变得情绪激动。"① 群众对政府突然打击非法集资的行为充满了愤怒和不满，集资登记工作进展缓慢。部分集资企业还通过挂横幅、发传单等方式试图安抚集资群众，维持岌岌可危的现状。

社会信息的匮乏与混乱加剧了人们行动的无序。由于三馆公司返本方案的出台引起群众不满，9月25日吉首爆发了更为严重的群体性事件。后据调查，参与打砸抢的60名违法犯罪人员中只有两名是集资人员，其余58名是社会闲散人员，有的还有犯罪前科。集体上访已经演化为一场社会骚乱。群体性事件烈度的加强和性质的变化，终于使州政府放弃了以"冷处理"方式将事件平稳过渡的设想。事后湖南省宣传部门派员来到湘西，决定在舆论引导工作中对湘西群众做公开透明的报道。由于对社会稳定问题的关注，"地方政府和省政府终于在9·25事件之后统一了认识"②。

二、作为上级指令的"新闻口径"

省政府对湘西非法集资事件的定性是非常明确的，对具体处置原则也是很清楚的。这种来自上级政府的定性和原则，在政府传播环节，就以相关"新闻口径"的形式表现出来。"新闻口径"是政府新闻发布工作中的一个常用术语，通常指的是对于某个重要问题的权威、准确、一致的回答。对"新闻口径"权威性、准确性、一致性的要求，来源于对政策制定、发布和解释过程中需具备严肃性和连贯性的要求。对事件的整体把握能力有限和行政级别不高的限制，是基层政府宣传部门的工作人员拿不出"新闻口径"的根本原因。湘西非法集资事件处置的前半阶段，州市政府官员对于相关问题的认识仍然是不统一，甚至互相矛盾的。在具体处置工作的执行环节，如何向群众说明政策来由，当地的干部更是"不敢说""不会说"。州市政府内部工作思路的混乱，必然带来政府传播中的表达不一，容易引起群众的疑惑和无所适从，降低群众对相关政策的理解度、认同度，从而影响政策执行的效果。

坐镇湘西的省级官员发现了这一问题的普遍存在，在一些关键问题的舆论引导中，由省政府领导C亲自拿出了"新闻口径"。这些口径既作为面向群众公开传播的统一说法，也作为统一各级官员和基层干部思想意识的工具来使用。比如，在依法清理整治非法集资为什么要"以息抵本"这个问题上，省领导C要求湘西州政府领导组织人员拟定口径。审阅之后，他认为此口径表达不清且不具备充分的说服力。于是他亲自拟定口径，以针对性地解决群众对"以息抵本"政策不理解甚至非常抵触的情况。这一口径中强调，实行以息抵本主要是基于三点原则：第一，以息抵本，符合法律规定；第二，以息抵本，是归集清退资金的需要；第三，以息抵本，才能确保公平公正。③

---

① 龚爱林. 关于信息发布的两点思考[J]. 红旗文稿, 2009 (7): 27—29.
② 湖南省政府新闻办官员A, 2009年8月5日访谈。
③ 这一内情来自湖南省群体性事件培训班的讲课内容, 2009年4月10日。

类似一系列"新闻口径"的拟定,实质上是上级政府用行政指令的方式,规定了当地政府的传播内容。通过口径的确定和在媒体上的反复传播,客观上使不同层级的政府在更大程度上达成了共识。

三、谣言的"倒逼效应"

政府内知情人士透露,从2008年9月4日湘西非法集资群体性事件爆发,到2009年1月10日清退方案出台,其间各种谣言四起,有武警打死打伤群众的谣言,有非法集资企业老板被庇护的谣言,有政府将出台多种清退方案的谣言,等等。① 这些谣言产生了一种"倒逼效应",在客观上给政府造成了很大压力,带来了政府信息公开形式、速度和尺度的变化。研究谣言的专家卡普费雷认为,谣言是权威媒体的古老对手,是对权威媒体的一种回击,它揭露秘密,提出假设,迫使官方开口。谣言随时随地都有可能出现,尤其是出现某些异常情况时,人们为了消除因此而引起的心理负担,总是想打听各种各样的信息,谣言便应运而生。② 在群体性事件爆发,社会陷入混乱局面的湘西,各种谣言更是沸腾不已。

"9·25"群体性事件发生后的第二天,《团结报》发表了《吉首市公安局关于维护社会治安严惩打砸抢等违法犯罪活动的通告》,说明了群体性事件发生的简况。但是当时湘西州关于武警打伤了几十名群众的传闻沸沸扬扬,群众意见很大。在省政府新闻官员的要求下,州电视台"破天荒"地播放了群体性事件的现场录像。虽然"第一时间、公开透明"被认为是政府妥善处置突发事件的重要前提,但地方政府在运用这种"常识"的时候,仍然存在很大的顾虑。湖南省政府新闻办官员B说:"在这个过去当天新闻都要三天后才能播出的地方,这样的尝试是非常冒险的。"③ 然而,现场录像的播放使谣言迅速淡去,这次冒险使"当地政府尝到了甜头,后来就逐步形成了要对有害谣言迅速澄清和说明的态度。把牌摊开来打,为事件处置赢得了主动权"④。由此可见,媒体传播的效果成为一种重要的反馈因素,促进了政府实际工作思路的调整。也就是说,不再是单向地由政策决策来决定政府传播的动向,政府传播在被动地作为政策宣传手段之外,也开始发挥出对政策行为的"反哺"作用。当地媒体对于"9·25"群体性事件的报道量和详尽程度,大大高于"9·4"群体性事件。

另外,谣言还作为一种民间议程,反向设置了政府传播的议程。湘西州政府的一些领导干部曾经直接或间接地参与非法集资活动,甚至多次参与非法集资企业的项目开工、企业庆典等活动,对一些企业实行挂牌保护。这些行为都对非法集资事件产生了推波助澜和错误的导向作用。2008年10月2日,专案组对相关情况开始调查,省、州纪

---

① 龚爱林. 关于信息发布的两点思考 [J]. 红旗文稿, 2009 (7): 27—29.
② 范以锦, 陈晨. 权威媒体在和谣言的博弈中如何胜出 [J]. 中国记者, 2009 (9): 40—41.
③ 湖南省政府新闻办官员B, 2009年8月4日访谈.
④ 湖南省政府新闻办官员A, 2009年8月5日访谈.

委监察部门也分别发出了"受理领导干部参与非法集资的举报"的通告。但是州政府希望在情况完全查明之后再做发布，担心对领导干部参与集资情况的新闻会激化本已经很紧张的干群矛盾。这一低调处理的设想也被10月中旬的一条传闻所打破。当时有人传言，非法集资调查中官商勾结，政府对企业老板不绳之以法，对集资干部也不认真查处。同时还说10月22日州政府将对每位群众发放300元困难补助金，号召群众去州政府。发现这一传闻之后，省领导立即指示省纪委监察厅负责人员于10月21日召开新闻发布会，并在当地报纸、电视台上发表。新闻发言人说："调查组对群众反映强烈的个别干部参与非法集资、非法获取高额回报、造成群众利益损失和恶劣影响的情况进行了调查。对湘西自治州非法集资的演变过程及在此过程中有关领导干部的严重失职行为进行了解。……调查组认为：湘西自治州近10年来非法集资卷入的群众这么多，时间这么长，利息这么高，迄今为止，全国罕见。有关领导负有不可推卸的责任。"[1] 谣言逼迫政府提前公开了调查进展，并承认了地方政府在非法集资中应承担的责任。谣言成了政府传播议程的又一来源，政府在回应谣言的过程中也扩大了信息公开的范围。

第三节　政府以党报为平台展开的柔性沟通

上一节分析了外部压力给政府传播带来的影响，这些压力是推动政府在危机爆发之后，逐步降低信息控制度的重要原因。但是非法集资事件中的政府传播也不完全是被"逼"出来的。笔者在访谈中发现，危机爆发后，省政府对以党报为平台传播政府声音、发挥媒体舆论引导作用具有较为主动和明确的认识。省政府开始认识到，只有通过持续的沟通获取群众的理解，才能从根本上化解风险。"9·25"群体性事件之后，省政府和州市政府都开始决定把新闻舆论工作当成重头戏来抓。2008年10月开始，省政府新闻办几位官员来到湘西负责舆论引导工作。相关负责人士指出，"通过地方媒体的报道争取群众的理解和支持、促进事件的顺利处置、修复当地严重受损的干群关系，是舆论引导的基本目标。"[2] 湖南省政府新闻办官员B说："舆论引导与群众工作、清产核资、维护稳定四个工作小组是一个不可分割的系统。正是因为几方面工作的充分配合，才避免了事件引起新的社会动荡。"[3]

与以往群体性事件发生后当地党媒失语、失声的情况相反，本次事件中，地方党报、党台在5个多月的时间里，针对非法集资问题连续进行了及时透明的报道。政府在党报中不仅扮演了核心信源的角色，也对报道做了周密的整体规划。如果说"9·4"群体性事件发生之后，湘西州市政府仍固守应急救火的传播方式，不能正视非法集资的

---

[1] 州政府新闻办公室举行新闻发布会通报对部分企业参与非法集资问题和资产审计评估工作情况[N]. 团结报，2008-10-22.
[2] 此处观点综合了与多位访谈对象的谈话内容。
[3] 湖南省政府新闻办官员B，2008年8月4日访谈。

巨大风险的话,进入 10 月之后,在省政府的主导下,政府传播开始采取系统性方式以化解风险。

下面将通过对湘西州委机关报《团结报》相关报道的分析①,结合多次访谈的内容,透视政府传播的表现和内在思路。选取的报道时段为 2008 年 9 月 5 日至 2009 年 2 月 1 日。即从"9·4"群体性事件爆发,政府正式开始处理非法集资工作,到 2009 年农历新年,相关工作基本告一段落这一时间区间。

一、"处非"报道内容分析

1. 报道数量与时间走势

《团结报》从 2008 年 9 月 5 日到 2009 年 2 月 1 日对非法集资事件进行了持续地、全方位地报道。此期间总报道量为 343 篇,日均 2.3 篇,最多的时候一天就有 12 篇报道。为显示报道量的大致走势,此处以 9 月 1 日为起点,以两周为单位时间,统计了每两周的报道量(如图 4.1 所示)。

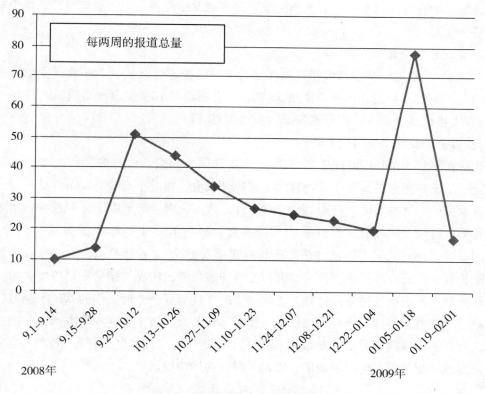

图 4.1　每两周报道量的时间走势

---

① 内容分析编码表见附录一。

由图 4.1 可以明显看出，9 月份的报道量最少，每两周的报道量均低于 15 篇。而且，在"9·4""9·25"两次群体性事件爆发的中间时段还出现了报道"空白区"。这也从侧面体现了这一阶段政府希望低调处理此事的态度。进入 10 月份以后，由于省委领导和相关部门的全面介入，"处非"工作开始正式进行，报道数量开始持续增加。曲线上报道量的几个高点均与"处非"工作的关键节点有直接联系。

2. 版面特征分析

从版面位置和报道篇幅来看，"处非"报道在《团结报》上得到了相当的重视，一直居于版面的重要位置。63.9% 的报道都占据头版，34.5% 的报道在综合新闻版。从报道的版面大小来看，"小篇报道"① 最少，只有 7%（24 篇）；最多的是"中篇报道"，占 77.3%；"大篇报道"也有 15.7%。

在近 5 个月的报道中，有关党政干部的处理及结果的只有 7 篇报道，其中 5 篇是以"小豆腐块"的形式出现的。州领导滕万翠、黄秀兰、徐克勤等人被处理的消息都是以通告或简讯形式出现。这也说明政府在保证信息基本透明的同时，并不想突出展示这方面的议题。2009 年 1 月 9 日，省、州纪委召开专题发布会通报了详细情况，这是少有的一次综合性发布。

3. 报道体裁分析

"处非"报道的体裁丰富多样。消息是最主要的报道体裁，共 206 篇，占总报道量的 60.1%。其次是政府新闻发布实录 35 场，占总报道的 10%。再次是通讯或特写（35 篇），深度报道（21 篇），政府通告或通缉令（20 篇），评论（17 篇），专家访谈（12 篇），读者来信及网络留言（7 篇）。

政府在不到 5 个月的时间里，召开了 35 场新闻发布会，内容涉及"处非"工作各个方面。从发布频率之高和发布内容的丰富程度来说，在近年来的突发事件处置中，都是非常少见的。这也表明，进入 2008 年 10 月之后，政府主动采取了公开透明传播的方式，希望让群众了解政府工作开展的详细进程。政府放弃了"结果式发布"的策略，而采用一种"滚动式发布"的办法。政府内知情人士说："由于清退方案必须在做好摸清非法集资企业的资产状况、摸清集资户参与非法集资的情况、摸清集资户过去参与集资所得的利息、追回各种非法所得及赃款和资产变现等五个方面工作的基础上制订，因而，相对于清退方案这一绝对真相来说，使媒体和公众弄清上述这五个方面工作的过程这一相对真相，就构成了信息发布的不竭的源泉。"② 对"处非"工作程序的实时公开，使群众形成了相对稳定的心理预期，满足了群众的知情权。

---

① 版面"大""中""小"的区分，是根据用尺测量版面的面积。面积小于 60 平方厘米视为"小篇报道"，字数基本在 180 字内。面积大于式等于 60 平方厘米、小于或等于 300 平方厘米定为"中篇报道"，字数约为 180—1200 字。面积大于 300 平方厘米，则定位为"大篇报道"，字数基本为 1200 字以上。由于标题字号的大小也影响版面面积，此处对字数的估计是个概数。

② 龚爱林. 关于信息发布的两点思考［J］. 红旗文稿，2009（7）：27—29.

另外，政府通告和通缉令也通过报纸向社会公开传播，这改变了以往对群体性事件内部处理的方式。"9·25"群体性事件之后，吉首市公安机关连续发布了6份通缉令，刊登参与打砸抢的犯罪嫌疑人的照片。当地公安局官员撰文写道："效果明显，一批涉案人员主动向公安机关投案自首，既震慑了违法犯罪，又教育了广大群众。"①

关于群体性事件报道，报纸并没有采用笼统的、"泛政治化"的话语，而是在相关报道中清楚地区分了群众和"少数不法分子"的关系，用事实和证据向社会说明了群体性事件的真相。

4. 报道主题分析

为了更好地呈现政府传播思路如何在《团结报》上得以体现，笔者从报道主议题和副议题两个方面对报道主题进行了分析。报道主议题是指报道内容中出现或涉及最多、最关键的核心议题，报道副议题是通过议题嵌套、侧面呈现、附带说明等方式在报道内容中凸显的第二主题。

（1）报道主议题。由图4.2可见，《团结报》"处非"报道的议题非常丰富，既有事实性信息的通报，也有价值性内容的表达。

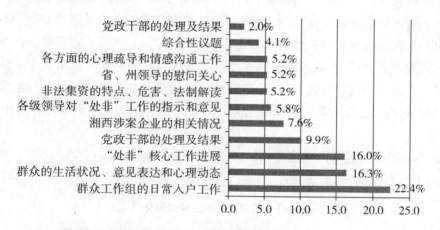

图4.2 报道主议题分布

主议题中出现最多的是"群众工作组的日常入户工作"，占22.4%。进入10月以后，《团结报》开辟"关爱群众"栏目，详细报道了由州委、州政府组织开展"万名干部下基层、排忧解难促发展"活动的情况。官员们逐步意识到，非法集资引起的群体性事件并不是一个孤立的事件，而是长期以来地区发展和干群关系中存在的各种问题的表现。群众工作组通过大规模的入户走访，面对面地给群众讲解非法集资的法规、政策，疏导群众的心理，了解群众在就医、就学、上学、工作和住房等各方面的困难并予以

---

① 杨正国. 关于处置湘西州非法集资群体性事件的做法与启示［J］. 湖南公安高等专科学校学报，2009（10）：122—126.

帮助。

"群众的生活状况、意见表达和心理动态"在总议题量中占16.3%，排在第二。与很多突发事件后地方媒体上只见领导讲话和工作通报不见群众的情况不同，这次事件中，在政府安排下，《团结报》记者深入县市、乡镇和社区，采集了大量群众的话语，"讲老百姓自己的故事"。政府在当地体育馆等处，设置州、县市联合接访点，方便群众集中表达诉求，获取信息。

报道量居于第三位的是"'处非'核心工作进展"，具体包括有关集资登记和确认、企业清产核资、清退方案制定、集资款清退等工作的报道。这方面内容主要通过政府新闻发布会和短消息等形式向社会公开。

同时值得一提的是，政府非常重视通过报道对群众展开心理疏导和情感沟通。湖南省政府新闻办官员A说："学习汶川地震等事件中的经验，我们考虑到集资事件给群众带来经济损失的同时，一定也带来了较大的心理伤害。通过专家、报纸评论和群众自己现身说法等各种形式对群众进行心理疏导，使他们接受现实，提升信心。"在事件处理过程中，政府关注到"部分参与群众已产生焦虑、抑郁、无助等心理反应，如果不及时进行疏导，可能导致情绪失控，行为反常。因此，对集资参与人员进行有效的心理健康服务，引导这部分群众采取正确的行为应对这起突发事件，实现心理重建、促进社会和谐，显得紧迫而必要。"州政府通过建立政府相关部门心理疏导组、组建专家队伍开展心理疏导、大批下发《心理疏导手册》、播放专家访谈、培训医疗人员、开通专家热线等方式对群众进行心理疏导。群众工作组入户时，也把心理疏导作为一项重要工作来做。

（2）主议题和辅议题的交叉分析。41.5%的报道中同时存在主辅议题，其中交叉量最大的四组议题如表4.1所示。

表4.1 最常交叉的主辅议题分析

序号	议题交叉类型	篇数
1	群众工作组的日常入户工作 + 群众的生活状况、意见表达和心理动态	43
2	湘西涉案企业的相关情况 + 非法集资的特点、危害、法制解读	17
3	群众的生活状况、意见表达和心理动态 + 各方面的心理疏导和情感沟通工作	15
4	"处非"核心工作进展 + 湘西涉案企业的相关情况	13

议题的交叉组合方式也体现出政府传播的意图。在报道"群众工作组入户工作"的同时，大量地穿插群众的生活状况、意见表达和心理动态，使枯燥的工作简报变成了"官民对话"的生动展示。通过对湘西涉案企业相关情况的报道，将专家、记者对非法集资的解读渗入其中，把生硬的法律条文变成了具体、形象、真实的故事。

2008年12月之前,由于企业资产审计和案件侦查工作的保密需要,政府对非法集资企业的信息公开量不大。进入12月份,随着对企业财务审计和资产评估工作进入尾声,涉案人员基本归案,审讯工作获得突破,政府开始通过全面细致的新闻发布和组织记者撰写系列通讯的方式向群众公开集资企业的情况。特别是2009年1月10日政府发布集资清退方案之后,《团结报》在5天内推出了15篇"自治州非法集资案典型案例剖析"。

相关报道中回溯了15家主要的非法集资企业从创办到开始大规模展开非法集资活动的详细历程。每篇案例分析的末尾,还配发了精辟的"记者点评"。该系列报道主要由《湖南日报》的几位资深记者撰写。负责报道的《湖南日报》记者林之礼接受笔者采访时说,这15篇报道是省政府主导下政府舆论引导工作的重要组成部分。《湖南日报》的记者们2008年11月就来到了湘西。在省委领导的要求下,相关部门配合记者们完成了大量的调查采访工作。推出系列报道的目的是让群众清楚地知道集资企业资本运作的秘密,让群众了解企业诈骗的手段和危害。

通过对集资企业的深度报道,让群众理解和接受清退方案,也是这一系列报道的目的之一。《湖南日报》记者钱章说:"集资款清退方案遵循了'一企一策'的原则,也就是说根据企业经营和资产的不同状况,集资群众得到退款的比例是不一样的。对各个非法集资企业内幕的揭露,也有助于让群众理解,为什么有些公司能退到较多的钱,有些公司则很少。"

(3) 不同事件处置阶段议题设置的不同重点。根据"处非"工作的进程,可以将事件分为四个阶段:第一阶段(2008年9月4日至9月30日):群体性事件的爆发及处理,集资登记启动阶段。第二阶段(2008年10月1至12月11日):正式立案"处非",大规模开展集资登记、群众工作、清产核资工作阶段。第三阶段(2008年12月12至2009年1月9日):集资登记确认、公布企业资产评估结果阶段。第四阶段(2009年1月10日至2009年2月1日):公布清退方案,发放清退集资款阶段。

政府在事件处理的不同阶段选择了不同议题作为传播重点。《湖南日报》记者钱章说:"紧跟事件进程,把握尺度,既有阶段性的议题设置,又有较好的总体规划,是这次政府舆论工作的一大成功之处。"如表4.2所示,可以看到每个阶段报道量居于前五位的议题分布。

表4.2 四个阶段的五个主要议题

事件处理阶段	议题一	议题二	议题三	议题四	议题五
第一阶段	群体性事件处理及社会维稳工作 58.8%	"处非"核心工作进展 14.7%	各级领导对"处非"工作的指示和意见 8.8%	群众的生活状况、意见表达和心理动态 8.8%	省、州领导的慰问关心 2.9%

续上表

事件处理阶段	议题一	议题二	议题三	议题四	议题五
第二阶段	群众工作组的日常入户工作 41.0%	"处非"核心工作进展 9.8%	群众的生活状况、意见表达和心理动态 8.7%	非法集资的特点、危害、法制解读 8.1%	各级领导对"处非"工作的指示和意见 6.4%
第三阶段	"处非"核心工作进展 37.5%	群众的生活状况、意见表达和心理动态 33.0%	非法集资的特点、危害、法制解读 8.3%	湘西涉案企业的相关情况 8.3%	综合性议题 6.3%
第四阶段	群众的生活状况、意见表达和心理动态 33.0%	湘西涉案企业的相关情况 19.3%	"处非"核心工作进展 17.0%	各方面的心理疏导和情感沟通工作 8.0%	省、州领导的慰问关心 8.0%

可以看到,第一阶段,政府把维护稳定作为工作重点,以工作通告和领导讲话为主,关于群众的报道比重相对靠后。第二阶段,群众工作组的入户工作大量展开,成为关键议题。关于非法集资特点、危害和法制解读的内容进入前五项议题。党报试图发挥政府传播的政策沟通作用,把解释政策、获取群众理解支持作为报道重点。第三阶段,随着事件处理的进展,涉案企业的情况通报也在增加。综合性议题的比重提高。接受访谈的几位政府官员纷纷表示,即将进入清退方案公布这一最后阶段,日常的、零散的工作进程汇报已经不够用了。"我们必须赶在政策推出之前,给群众提供一个全面的情况分析,动之以情,晓之以理,才能使群众认同和接受政策方案。"第四个阶段,清退方案发布之后,关于群众的报道量则跃升至排名第一的议题。舆论引导组的官员们提出,政府单向灌输、硬性说服的效果非常有限,让群众自己说话,在党报上多表达群众的心声,实现群众的自我教育,是这一阶段政府传播的基本目标。虽然,党报对群众声音的报道必然有一定的选择性和倾向性,但政府传播中的群众意识还是值得肯定的。

2009年10月以来,政府在提高政策议程和政府传播议程的吻合度上,下了很大功夫。以往一些危机事件中,政府舆论引导工作往往是说一套、做一套,不能把政府传播的内容和实际的工作计划结合起来,结果导致了政府公信力的严重下降。湘西非法集资事件中,舆论宣传工作和实际处置工作紧密结合,有效互动,基本实现了新闻发布和决策层的无缝链接。

5. 报道主角

报道主角是指报道中出现的主要人物角色。如图4.3所示,政府仍是最主要的角色,占总量的四成左右。州市主要领导和人民政府占19.0%,州市各部门及基层干部占16.9%,湖南省及中央官员占2.9%,各级官员同时出现的占2.6%。内部资料显示,

C 等七位省级领导先后长期坐镇湘西,全程指导事件的处理。但是省级领导在报道中出现的频率并不高。其目的是想在报道中给群众传达一种仍是州市政府在做大量工作、在为群众服务的感觉,避免产生省政府批评、管制州市政府行动的印象。《湖南日报》记者林之礼指出,省政府认为"让群众感到,不同层级之间政府还是团结一致的,这点很重要"。

另外还有 17.8% 的报道以政府和群众为主角。单独以群众为报道主角的报道为 17.2%。两者的总量达 35%,说明群众的形象在报道中还是相当多见的。

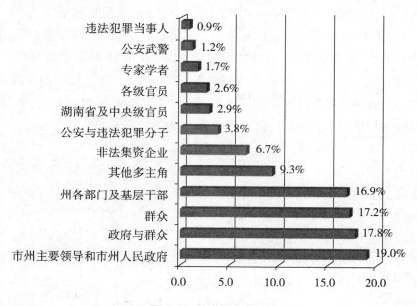

图 4.3　报道主角分布

6. 信源

这里的信源是指新闻事实或内容的提供者。具体分布如图 4.4 所示。

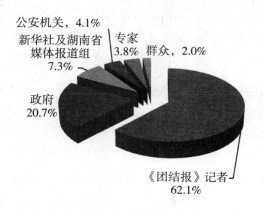

图 4.4　信源分布

《团结报》的记者采集了大量报道，包括政府的工作和行动、群众的状况等，占报道总量的62.1%。政府直接提供的信息占20.7%。新华社和《湖南日报》报道组作为州外的权威媒体代表，在报道中发挥了重要作用。《团结报》转载新华社的报道，对全国各地近10例非法集资事件的案例做了深入剖析，并以评论方式揭示非法集资的危害。《湖南日报》报道组则通过3篇自治州处置非法集资工作综述和15篇湘西非法集资企业案例分析，有力地推动了事件处置工作。

2008年12月15日至12月19日，新华社和《湖南日报》报道组撰写的三篇综述在《团结报》上发表。综述分别以《一切为了群众》《非法集资的欺骗与危害》《我们对明天有信心》为题，从政府工作、法制解读、群众心理三个角度作了全面报道。《湖南日报》记者钱章说："在省里统一规划之下，我们2008年11月就来到湘西，省领导强调'你们的担子很重，舆论工作做好，抵得上五千精兵'。为了使我们的报道更深入，领导将各部门的负责人召集过来开会，要求他们对我们开放，全力配合。在采访中碰到障碍，领导就亲自批示，支持我们的工作。"① 湖南省政府新闻办官员B说："以往很多事件报道不好，跟当地的媒体力量薄弱有很大关系。在湘西事件中，省里通过派出资深记者，提供资金和设备的方式支援湘西报道。那几个月来湘西媒体的发展速度超过过去几十年的发展。湘西的报和台变成了'省报省台'，传播能力大大提高了。"②

在《团结报》的"处非"报道中，还有12篇专家访谈特别值得关注。政府在宣传政策、解读政府工作时，为了使报道更具有公信力和说服力，主动地运用"第三方"的观点。来自湖南省内高校的金融、心理、法律等方面的专家，通过"政府向专家介绍情况——专家实地考察、群众座谈——专家跟政府二次交流（疑难解答）——专家撰文发稿"的复杂程序在《团结报》上发表观点，内容包括集资的理性态度和风险意识、集资的法律风险、集资企业的法律责任、吉首地区集资的特点、解读吉首地区非法集资企业资产评估结果等。

湖南省政府新闻办官员A说："我们非常尊重专家的知识，但同时希望他们更了解湘西的具体情况和群众的真实想法。群众的诉求既有合理成分也有不合理的，关注的问题有的是政府现阶段正在解决的，有的是短期内解决困难大的。这些情况在专家—群众—政府三方之间作出充分交流之后，专家发表的观点就相对客观和准确了。"③

二、区域稳定风险中的政府传播策略

综观近年来国内大型的群体性事件，一个共同的特点，是地方发展中权力与资本的结合已经伤害到群众的利益。在湘西非法集资事件中，州市政府在群体性事件爆发之

---

① 《湖南日报》记者钱章，2010年3月2日访谈。
② 湖南省政府新闻办官员B，2008年8月5日访谈。
③ 湖南省政府新闻办官员A，2008年8月5日访谈。

第四章 内源型风险中的政府传播：从控制到沟通的动力机制

前，对企业集资行为的默认、鼓励和监管不力也是造成群众利益受损的重要原因。也就是说，州市政府在一开始就遭遇一种合法性危机，既是运动员又是裁判员的身份，使之在行动中举步维艰。是继续封闭处理、推卸责任还是公开透明、争取支持？政府最后选择了后一种方式。在地方党报上展开政府传播，保障群众的知情权，政府试图重塑自身的合法性。

在湘西非法集资事件中，政府非常注重提高政府传播的回应性，并始终把争取群众信任作为政府传播的一个重要目标。在湘西非法集资事件的政府传播中，政府传播的回应性体现在两个方面：

第一，通过党报记者大量地采集群众话语，刊登以群众为新闻主角的报道。政府传播的效果需要建立在"对受传者客体性真实状况的深刻了解和具体意愿的全面反映"①的基础上。过去的舆论引导追求一种单一意志的实现。"单一维度的目标设定，整齐划一的操作方式，最大限度的资源调用，便成了一段时期以来较为典型的舆论引导的实践样式。"② 然而，在此次的政府传播中，政府有意识地通过党报来表示对群众心理动态和利益诉求的关注。这一系列的新闻，不仅是一种更好的"说话"方式，更是一种"倾听"的方式。"倾听"不仅是原则，也是解决问题的手段。原因有三：其一，群众可以在倾听中宣泄不满，不满得到宣泄，本身就是问题的解决；其二，群众感到被尊重，可以消解愤怒，问题就解决了一半；其三，对话者在倾听中收集信息，这是了解对方、达成和解的前提。③

第二，将群众工作组深入各家各户所获取的群众的信息诉求作为政府传播议程的主要来源。政府传播在政策通传、工作汇报的同时，以替群众解疑释惑为基本目标。也就是说，政府传播是建立在全面、准确、真实的民意搜集和分析基础之上的。这种民意分析不局限于对网络言论和传播媒体报道的分析，而是针对鲜活的群众意见。

政府的回应性传播，有效地提高了群众对政府的信任度。原本发行量不高的《团结报》在事件中连连脱销，很多期刊登有综合性报道、政策文件的报纸被群众仔细收藏，这都表明政府传播的公信力在明显提升。西方风险沟通研究表明，贯穿在所有风险沟通策略中的一条主线就是必须建立信任，在此基础上才可能实现教育、构建共识等目标。④ 虽然事件复杂程度很高，但进入10月以后，基本没有再出现更大规模的群众抗议行动。公民社会理论认为，信任能够促使人们多使用民主手段来解决问题，而减少解

---

① 孟建. 单一意志的实现与双向互动的趋同 [EB/OL]. 中华传媒学术网，2005 – 11 – 28.
② 喻国明：喻国明自选集——别无选择：一个传媒学人的理论告白 [M]. 上海：复旦大学出版社，2004：276.
③ 胡百精. 群体性突发事件中的官民对话模式——以贵州瓮安"6·28"群体性事件为个案 [A] //胡百精. 中国危机管理报告 [M]，北京：中国人民大学出版社，2009：213.
④ V. T. Covello，D. von Winterfeldt & P. Slovic. Communicating Scientific Information about Health and Environmental Risks: Problems and Opportunities from Social and Behavioral Perspective [C]. //Covello, Moghissi & Uppuluri. Uncertainties in Risk Assessment and Risk Management [M]. New York: Plenum Press, 1986.

决问题过程中的暴力倾向。① 换言之，信任将会影响公众对纠纷解决方式的选择。群众能够通过政府传播及时了解政府工作进程，形成一种相对稳定的心理预期。通过官民对话，政府与群众在认同的基础上最终防止了社会风险的进一步恶化。

除了这些进步之处以外，我们也应充分重视这种柔性沟通中存在的种种控制性因素。政府传播的一个基本框架，就是"政府开展各项工作为群众挽回损失，扶贫解困，打击非法集资企业"。政府传播中有较为明显地将非法集资的绝大部分责任归结到企业身上的倾向，对于政府责任的反思相对有限。对于相关信息的公开主要表现为对案件调查进程和对少数领导被惩处情况的通告。而同时期外省媒体报道的基本框架则是，湘西地产商与当地官员相互勾结，前者集巨资、牟暴利，后者获巨额财政、GDP 与个人私利。② 可见外省媒体更注重对危机发生前潜在社会风险的揭露，而政府则试图把群众的注意力引至当前正在进行的"处非"工作中来。应该说，政府传播中并没有正视这样一个重要的社会风险，那就是非法集资事件与地方经济畸形发展模式，与官员腐化之间的重要关系。如果政府缺乏对这一问题的深刻认识，就可能带来危机事件的再度爆发。

第四节 政府传播中的刚性控制与柔性沟通

一、刚性控制产生和持续的原因

"9·4"和"9·25"两次群体性事件，使湘西州存在已久的社会风险终于爆发，这些社会风险包括地方经济畸形化的发展模式，非法集资带来的金融和稳定风险，群众利益表达机制缺失，等等。政府传播的刚性控制直接表现为初期风险预警的失语，以及中后期政府对风险处置政策传播的"内外有别"和"内紧外松"。

应该说，民间融资一开始是作为湘西地区经济"超常规"发展的合理化策略存在的，从国家层面来说并未对民间融资明令禁止。浙江省、福建省一些县市经济的发达就与当地活跃的民间融资密切相关。然而当湘西集资行为的非法性不断凸显时，当地政府却呈现出明显的"体制性迟钝"，即"各级政府在行政过程中对处于萌芽状态、隐性的社会矛盾反应迟钝，不能及时化解社会矛盾和冲突"③。这与政府 GDP 至上的政绩观密切相关。这是一种普遍的状况，瓮安也是如此。在我国很多欠发达、欠开发地区，就是实施着"以牺牲资源、牺牲环境和牺牲广大人民群众利益为代表的经济发展模式"④。政府为了在区域经济竞争中占得优势，会采取"弱化管制"的方式来促进当地企业的发展，这可以表现为政府对于企业不合法行为的容忍度很高。另外，经济精英与权力精

---

① （美）唐（TANG, W. F.）. 中国民意与公民社会 [M]. 广州：中山大学出版社，2008：103.
② 吉首非法集资案：湘西首富与狂热吉首谁逼疯了谁 [N]. 南方周末，2010-02-05.
③ 郝宇青. 当前中国"体制性迟钝"原因剖析 [J]. 探索与争鸣，2008 (3)：38-41.
④ 刘子富. 新群体事件观——贵州瓮安"6·28"事件的启示 [M]. 北京：新华出版社，2009：2.

英之间，彼此很容易形成"反法制的互利性"，即他们各自利用自己所拥有的稀缺资源进行利益交换，从而通过这种非法的互利行为而使彼此均可获得更多的稀缺资源。① 由于非法集资行为中有地方政府的扶持，并掺杂着政府官员的深度参与，那么在风险发端阶段，政府打击集资政策的几度"流产"便是一种必然。政策的空白必然带来政府风险预警的失语。

而到了危机即将爆发的前夕，对社会稳定的担忧则是政府传播"内紧外松"的根本原因。政府并没有把群众作为风险治理的主体，而只是当成一个被动的说服对象。在面对群众的政策传播中，政府语焉不详、定位不明，群众也必然无所适从，难以作出准确的行为决策。政府害怕群众知道情况以后引起恐慌，希望自己内部消化问题。比如试图通过协调集资企业行会、敦促企业整改来化解风险。然而行政力量对企业行为的管制力度相当有限。政府不仅对企业的无序操作无能为力，对于企业信息的掌握也是模糊不清；对非法集资形势没有准确的判断，对相关信息知之甚少，直接导致政府传播的决策失误和"无米下炊"。同时，"内紧外松"的政府传播也源于政府对"铁板一块"的社会稳定的追求。这是一种"机械稳定观"，为了防止社会不稳定，政府宁可不作为，而不是在一种动态的秩序观中解决矛盾。

如果说"政绩观"和"稳定观"的偏差是政府传播刚性控制产生的重要原因，那么这种刚性控制得以持续的原因，是外在监督制度的缺席和失效。地方党报、电视台在意识上和制度上都不太可能充分发挥监督政府的职能。它甚至为了追求经济效益，帮集资企业大肆宣传，失去了基本的社会责任感。群众本来就是非法集资的获利方，他们也没有监督的动力，甚至还希望政府延续支持集资的政策，以获取更大的利润。省级媒体常设的记者站，本来是一种相对制度化的监察机构。但是由于这个监察机构中人员与当地政府的紧密联系，以及个体对自身安全风险的顾虑，监察机构丧失了其应有的风险预警功能。另外，在很多事件中，异地媒体的监督是治理社会风险的重要力量。但是湘西作为一个相对落后地区，光从其新闻价值判断，就可以知道它离市场化媒体的聚光灯较远。只有当危机爆发后，异地媒体才可能关注到这一地区，但此时的监督已经是"回天无力"了。

二、从刚性控制向柔性沟通转化的动力机制

在本章第二节中，我们讨论到促使政府传播走向柔性沟通的外部压力因素。这里还需要做一些综合分析。

第一是群体性事件。对于群众而言，集体行动是因为其利益诉求得不到政府明确响应而采取的"非常规"操作。其目的不在于攻击政府和对现行体制提出反抗，而是一种"问题化"的策略。"问题化"本质上就是上访者运用种种手段将自己的问题转化为

---

① 萧功秦. 中国的大转型 [M]. 北京：新星出版社，2008：119.

政府或官员不得不重视的问题（如社会稳定、政府形象），迫使其着手解决，也可以说是民众对政府采取的强制性议程设置。① 而对于政府而言，这代表着核心公众或事件利益相关者对社会稳定的直接威胁，中间还包括一些违法分子的骚乱行为。事态的不断升级，使政府感到惧怕，从而开始向社会传递真相，希图为接下来整治非法集资的行动提供良好的舆论环境。从这里可以看到，曾经是政府实施传播控制重要原因的社会稳定问题，在这里又成了政府放开控制的关键因素。

第二是上级的指令。省领导C在"9·4"群体性事件发生时恰好在现场，这是这一事件在第二天能被公开的一个重要原因。他的在场使省级政府能第一时间介入事件处置，降低了当地政府继续实施危机控制策略的可能性；但同时这也是一种偶然因素。这里以一种戏剧化的效果，体现出我国政府传播应对社会风险时浓郁的"人治"色彩。有研究表明，我国突发事件报道的开放通常由以下几个因素引起，即媒体的偶然性突破、相关法制法规的出台以及领导指示、批示以及讲话。其中，"三种因素对于突发事件的影响有轻重不同，领导批示、讲话的效力要大于法制法规，这也是我国新闻体制下的特色之一"②。观察近几年来一些重大案例也可以发现，被公认为处置较为成功的事件背后，都有一位来自上级政府的、具有开放新闻理念和良好执政素质的强势官员。比如瓮安事件中的贵州省委书记石宗源，就曾任国家新闻出版署署长。缺乏"法制化"的风险应对模式，仅依赖于个体官员的临场发挥，就会带来政府传播风险应对水平的严重参差不齐。

第三是谣言的"倒逼效应"。谣言代表着公众舆论的压力，如果政府不能够迅速有效地加以处理，首先，它可能直接转化为对社会稳定的威胁；其次，谣言可能造成对政府形象和合法性的巨大影响；再次，谣言的流散可能会直接影响事件走势，使风险演变超出政府的控制之外。当地政府运用信息公开来化解谣言，本来只是一种迫于上级指令的试探性行为，随后才逐步建立迅速反应机制，将辟谣当成一种常态化的行动。当然，辟谣的过程中，政府传播是有明显倾向性的，用以辟谣的信息，也并非一种绝对的真实。因为谣言本身就蕴含了利益相关方不同的利益在其中。

如果说上述三大外力因素使政府形成沟通意识，并不断地强化了这种意识，那么还需要考虑的一点是，政府实施柔性沟通的能力有多少。从"9·4"群体性事件到"9·25"群体性事件中存在一段时间的政府传播"空档期"，这不仅是政府沟通意识落后带来的，在很大程度上也是当地政府传播能力不足的表现。这些能力包括新闻官员和传播团队的组织配置、专业素质、相关制度的建立等等。考虑到事件处置的严峻形势，2008年10月初开始，省政府领导和政府新闻办官员"空降"湘西，正式全盘接手政府传播的规划和实施工作。他们较高的行政层级使其具有更准确的宏观把握能力，同时他们具

---

① 熊易寒． "问题化"的背后：对当前中国社会冲突的反思 [EB/OL]．中国选举与治理网，2007-05-10．
② 滕朋．从组织传播到大众传播 [D]．武汉：华中科技大学，2007：24．

有较为超脱的利益立场。从操作层面讲，他们见多识广、经验丰富，再加之决策层对政府传播工作的大力配合，省级新闻官员在地方党报上的运筹帷幄可圈可点。不仅如此，省级媒体骨干人员的加入，相关硬件设备的更新换代，也为政府传播意图的顺利实现提供了软硬件的支持。用一个省级的媒体力量来解决一个州市的风险问题，这是很少见的，从客观效果来说，也还是基本成功的。这也从一个侧面表明，地方政府的传播能力要加强，必须努力提高当地媒体的素质。政府的柔性沟通要得到有效实施，政府的意识和能力两者不可或缺。

第五章 诱发型风险中的政府传播：
责任溯源与依法治理中的角色困境

在诱发型风险中，政府对初始事件的原因型责任程度居于中等。初始事件的肇因主要归属于政府外部的组织、个人或自然因素。从时间序列看，政府在事件发生之前，可能承担着一定的监管、领导或制度设计责任，而非主要责任。同时，政府作为公共部门，又对事件承担着一定的解决型责任。

下文选择的上海倒楼事件即是如此。在事件调查、处理和舆论演进的过程中，风险具有极高的不确定性，会产生风险的社会放大效应（Social Amplification of Risk）。在风险中被归咎的不再是最初肇事的机构和个人，而是产生了一系列舆论"涟漪效应"（Ripple Effect）。涟漪效应就是指风险破坏性的层层波及与扩大，"风险事件与心理、社会、文化和制度的相互作用过程会加强或衰减公众对风险的感知并形塑风险行为，而人们行为上的反应又会造成新的经济和社会后果。这些后果远远超过了风险对人们健康、生命、财产和生态环境的直接伤害，导致更深远的'次级影响'，比如政府义务的增加、制度公信力的丧失、企业的'污名化'、过度的保护行为等"①。

上海与北京、广州等很多相对发达的地区一样，面对风险压力较早，风险意识觉醒相对超前，其应对风险的能力进步较快。虽然上海倒楼事件中政府对楼房意外倒塌的原因型责任较低，但在舆论涟漪效应中政府如何定位自己的角色和责任？政府在哪些领域具有进步意识和主动作为，又在哪些领域备受压力，趋于收紧？对这一系列问题的回答，需要在分析媒体报道和其他社会反应的同时，观察政府传播的"后区"②，即平日被隐藏的、生产政府传播内容的后台空间。

笔者在事件发生后对相关媒体报道和网络言论进行了跟踪观察，并对上海市和闵行区相关部门的负责人以及参与事件报道的几位记者做了深度访谈，获取了很多政府内部资料。下文将以上海倒楼事件作为典型样本，对诱发型风险治理中的政府传播进行深入

---

① O. Renn, W. Burns, J. Kaperson, R. Kasperson & P. Slovic. The Social Amplification of Risk: Theoretical Foundations and Empirical Applications [J]. *Risk Analysis*, 1992, 48: 137-60.

② 根据社会学家欧文·戈夫曼的"场景理论"，人们的社会行为与其所处的场景有很大关系。任何人在某个环境中的行为可以被分为两大类："后区"或后台行为，以及"前区"或台上行为。在两种场景下，人们的表现是很不一样的。

考察，分析目前政府传播所面临的理念、制度和技术上的局限性，并对其中的原因作出分析。

第一节　突发企业安全事故与"有限政府"的传播定位

2009年6月27日5：30左右，上海闵行区莲花南路、罗阳路在建"莲花河畔景苑"商品房小区工地内，一幢13层楼房（7号楼）向南整体倒塌，一名工人被压致死。事故发生后，上海市领导俞正声、韩正迅速作出批示，要求有关部门和专家立即组成联合调查小组，彻底查清事故原因，从各个环节逐一审查，并依法公开严肃处理。倒楼事件作为一个突发性事故发生后，就沿着实体事件和舆论影响两个维度不断演化。在这一过程中，面临着诸多不确定性。导致这一事件以及由此引发的舆论表达错综复杂，一波未起，一波又生。笔者对这一事件进行了全程跟踪调查，获得了大量一手材料。

通过对大量公开报道和政府内部资料的梳理和分析，笔者将这两个月的事件进程分为四个阶段：第一阶段（2009年6月27日到7月2日），抢险监测和原因调查阶段；第二阶段（2009年7月3日到7月10日），公布原因和酝酿赔偿方案阶段；第三阶段（2009年7月11日到7月30日），赔偿谈判和责任调查与处理结果公布阶段；第四阶段（2009年7月31日到8月30日），万科托管、估价公布和后续协商阶段。笔者相应地归纳了闵行区政府传播的主要内容，希望通过表格形式清晰、客观地展示事件的演进过程（如表5.1所示）。

表5.1　上海倒楼事件四个主要阶段和政府传播概况

第一阶段	抢险监测，原因调查（6.27—7.2）
A. 事件进程	1. 市委、市政府领导在现场要求立即组成联合调查小组，彻查事故原因；闵行区在事发当日成立现场指挥部，下设技术调查、安全维稳、宣传报道、组织协调四个小组 2. 相关部门向事故楼盘附近居民告知情况，将他们紧急疏散、安置；安检后居民回家；施工队紧急抢险、排查、连续监测；专家组和权威部门调查事故原因 3. 政府适当控制开发商、建筑商等责任方，保证房款处于安全状态 4. 对原施工单位民工进行了清场，政府协调落实民工的工资和返乡费；施工单位与死亡工人家属商谈善后事宜 5. 由闵行区信访办在事故现场设立业主接待点，登记业主诉求，表明政府态度，提供相关法律援助 6. 闵行区司法局调动市律协，为依法解决事件提供法律支持 7. 闵行区纪委等组成调查小组就阙敬德等股东身份问题介入调查

续上表

B. 闵行区政府 传播内容	1. 事发后四个半小时发出第一份新闻稿，简介事件状况；之后连续六天每晚9点左右向媒体发布 2. 传达俞正声、韩正、沈骏等市领导指示；实时报告抢险详情和专家调查进展；由闵行区报记者采写抢险施工、业主接待、居民安置等通讯，作为附件发给记者 3. 发布《告莲花河畔景苑购房者书》，公开对外热线咨询电话；通过短信与信件通知所有的业主，主动通报事故情况，请他们理解和配合 4. 通报遇难工人家属善后、居民安置和业主接待概况 5. 6月28日，区政府宣布针对事故的开发商、建筑商、施工方、监理方等方面负责人已经采取"适当控制措施"，业主交纳的房款处于安全状态 6. 对于媒体质疑的梅都房产多名股东系政府工作人员等问题，三次予以态度、原则层面的回应
第二阶段	公布原因，酝酿赔偿方案（7.3—7.10）
A. 事件进程	1. 7月3日，上海市政府新闻办召开"6·27"闵行莲花河畔景苑在建楼房倒塌事故调查情况专题新闻发布会；市建交委主任、抢险专家组、陈启伟等就事故应急处置情况、事故原因及下一步的工作进行了相关介绍并答记者问 2. 闵行区信访办牵头，7月4日召开业主代表、开发商代理律师、政府官员三方首次协商会 3. 7月6日韩正主持召开市政府常务会议，听取关于事故处置工作的汇报；他强调"6·27"在建楼房倾倒事故，在本市实属罕见，社会影响恶劣，性质非常严重，是一起重大责任事故；要全面深入调查，彻底查清责任，对责任方依法追究、严肃处理，调查结果要及时向社会公布，做到公开透明，给人民群众一个明确交代 4. 死者善后工作结束，获赔77.5万元 5. 闵行区政府敦促律师和开发商酝酿赔偿解决
B. 闵行区政府 传播内容	1. 7月3日和4日连续发稿，内容包括抢险工作情况介绍，闵行落实建筑工地安全工作，协调会安排的预告说明以及协调会现场情况的详细介绍；强调在事件处置中，政府是协调者，在"合情、合理、合法"的范围内开展工作；协调会后第一时间给记者通报相关详细情况 2. 7月10日发布新闻稿，预告和说明将于7月11日、12日发布倒覆楼、未倒楼理赔方案并召开沟通会
第三阶段	赔偿谈判，责任调查与处理结果公布（7.11—7.30）
A. 事件进程	1. 开发商于7月11日、12日分别针对倒覆楼和未倒楼提出赔偿方案，闵行区政府及其法律顾问参与协商；由于业主普遍不满赔付方案，政府表示遗憾，并承诺会再次召开协商会 2. 7月28日，上海市政府新闻办召开发布会，市政府"6·27"事故调查组组长、市安全监管局局长谢黎明介绍了"6·27"莲花河畔景苑7号楼倾倒事故调查处理情况。内容包括：关于事故性质及原因，关于事故责任认定及处理（6名责任人被刑拘），有关社会关注的热点问题的调查及处理情况（如股东身份，阙敬德任命问题等），关于事故善后有关问题，关于事故涉及的其他问题的查处，等等

续上表

B. 闵行区政府 传播内容	1. 详细公布7月11日、12日理赔协商会情况 2. 通过《新华每日电讯》《瞭望》、香港《大公报》等媒体，阐释事件中的政府定位，说明事件"当以法平息"等观点 3. 闵行房管局出面辟谣，称倒塌楼盘没有12户隐身业主
第四阶段	万科托管，估价公布，后续协商（7.31—8.30）
A. 事件进程	1. 在闵行区政府的协调和督促下，开发商律师于7月31日按时出台了《未倒覆楼预售合同后续履行的框架性方案操作细则》；同时，确定上海万科房地产有限公司作为第三方托管莲花河畔景苑楼盘建设，万科发布《第三方托管莲花河畔景苑楼盘通告》；8月8日，万科在罗阳小学首次跟业主会面 2. 8月1日开始，市、区、镇信访办和区政府委托律师，开发商律师连续四次利用星期六、天全天派员在罗阳小区内设立与购房者的沟通平台，接待购房者；就万科托管、楼盘估价等问题与业主沟通 3. 8月5日，莲花河畔景苑倒覆楼房7号楼开始拆除；二十多名倒楼业主到现场阻止施工 4. 8月12日，七号楼重新开拆，7名事故责任人被批捕 5. 8月15日，在由开发商向购房者公布了6月26日未售楼的清单和销售内控价的基础上，闵行区信访办组织了"区政府、购房者和开发商单方协调沟通会"和"监测专家与广大购房者的见面会 6. 8月18日，阙敬德涉嫌贪污罪被上海市闵行区检察院批准逮捕 7. 区政府组织协调委托评估工作对41套倒覆楼、400余套未倒覆楼的价值评估，并于8月20日将评估报告送到每户购房者手中；7号楼部分业主对评估结果并不满意，觉得偏低，22日的多方协商再陷僵局 8. 8月27日，万科公司向小区购房者公布了《莲花河畔景苑景观设计概念方案（草案）》，并由项目景观设计师向业主做现场讲解
B. 闵行区政府 传播内容	1. 闵行区政府跟随上述危机处置进程，发布相关信息，接受记者采访 2. 对一些敏感问题作出回应。如针对东北倒楼游，新闻办人员接受采访时表示政府不会出面干预；针对8月5日业主阻挠拆楼事件，闵行区政府人员表示拆楼是市抢险指挥部的工作安排，闵行区政府只做协调工作；对业主的异议，承诺暂时停止清理，8月8日再次召开协商会 3. 8月20日开始，闵行区政府网站上开通"莲花倒楼事故处理多方沟通平台"，由梅都公司、万科房产、规土局、政府律师等各方以实名制发布相关信息，并与业主进行沟通

从表5.1中可以看出，上海倒楼事件发生后，上海市政府反应积极，考虑全面。具体表现在，政府主要领导第一时间赶赴现场，组织抢险和善后处置。闵行区政府在事发当日，迅速组建以区委书记孙潮为总指挥的现场指挥部，下设宣传报道组。闵行区政府新闻办在事发后四个半小时，开始面向国内外媒体进行首次新闻发布。之后连续6天每

晚9点左右向媒体发布最新消息。闵行区政府新闻办通过连续发放新闻稿,开放现场接受和协调记者采访等形式向一百余家媒体提供事故抢险调查、居民安置、业主接待等多方面信息。专家组和权威部门迅速调查事故原因。政府控制开发商、建筑商等责任方,保证房款处于安全状态。政府协调施工单位与死亡工人家属商谈善后事宜,协调落实民工的工资和返乡费。由闵行区信访办在事故现场设立业主接待点,登记业主诉求,表明政府态度,提供相关法律援助。面对媒体曝光的股东阙敬德为梅陇镇镇长助理问题,上海市纪委马上组成调查小组介入调查。

这些举措都可以说明,政府危机应急处置阶段的表现是积极的,体现了上海作为中国最发达地区的意识、速度、经验和能力。《人民日报》评论称,上海市政府第一时间抢险查因、第一时间督促协调、第一时间公布进展,让事实跑过传言。① 针对这一建筑安全事故,政府在初期阶段主动将自己定位为"公共利益的保护者""各方关系的协调者""专业调查的组织者"和"法律落实的监督者"。这一定位说明,政府在这一事件处理中,扮演的是中立的仲裁者角色。这一定位体现了政府尊重科学与法制、塑造自身"有限政府"形象的自觉,具有一定的进步性。

然而,随着事件进程的发展,这一早期的政府传播定位遭遇了巨大的挑战。事发第二天,网络上就有人爆料称开发商第二大股东与梅陇镇镇长助理同名,6月30日有媒体报道《上海整楼倒塌调查:多名股东与政府人员同名》,舆论对事件原因中"天灾"成分的关注,转向了对"人祸"的质疑。随着倒楼戏剧性效果的减弱和7月3日上海市政府公布事件技术原因,媒体和公众关注的焦点开始发生变化。深层次、冷静、全面的思考取代了最初的话语狂欢。7月11日、12日开发商公布了针对业主的赔付方案,遭到多数业主反对,协商多次但效果不佳。在此之后,媒体对事件的报道基本围绕三大主导性的议题展开:一是理赔方案的合法性、合理性及业主权益保护问题;二是事件责任追查问题;三是潜在的官商利益链和地方土地开发模式问题。在这三大议题中,政府保持前一阶段中立角色的难度大大提高——业主与开发商协商失败造成"散步"等种种社会不稳定因素;事件责任追查发现确有官员腐败渎职等问题;政府如何对梅陇镇土地开发模式中存在的问题负责。这三大议题都与政府关系密切。

突发事件中公共舆论一旦引爆,就带有极大的不确定性。在公众对政府行为合法性怀有高度不信任的社会情绪背景下,事件的真实面目可能并不重要,公众情绪"借船出海"的可能性较大。这正体现出社会风险具有现实性与建构性的结合。在事件进程中,利益相关方诉求以及力量博弈的变化,使各种风险相互交杂,这往往会超出政府最初的预期和定位。

---

① 市政府在倒楼事件中反应快速 让事实跑过传言 [N]. 人民日报,2009-08-08. 文中三个"第一时间"体现了中央级媒体对于上海市政府迅速反应的肯定。

第二节 政府传播与多方力量博弈

倒楼事件的复杂性在于：它涉及方方面面的关系和多重力量的博弈。政府作为风险场域中的核心角色，需要与多种力量交往、谈判，要解决方方面面的关系和矛盾，应对各种不确定性。在风险治理中，政府的传播行为会随着事态的发展而演变。其背后的深层次原因则在于影响政府行为的场域中，存在着若干利益相关者。他们对政府影响的此消彼长和动态变化，在表象上就呈现为政府传播行为的演变。换言之，政府传播内容的外在表达，不仅取决于政府对事件处理的整体思路，也受到政府外部"压力集团"的影响。只有认清了这些因素在风险治理过程中的不同作用，才能深入解释政府传播的内在生成机制。上海倒楼事件中的利益相关者关系如图5.1所示。

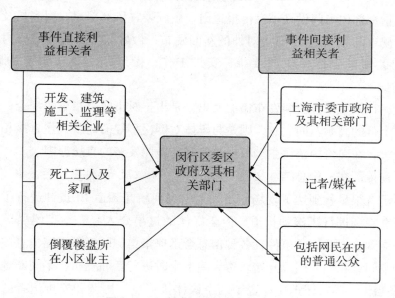

图5.1 上海倒楼事件利益相关者

上海倒楼事件中政府传播有两大出口：一是上海市，主要通过几位市领导讲话和两场市政府新闻发布会的形式传播；二是事发所在地的闵行区，主要通过新闻稿发布、接受记者采访等形式传播。从信息发布的数量和时间延续性看，闵行区是最主要的信息出口。

因此下文将以闵行区为考察重点，兼顾上海市层面，针对风险语境下政府与媒体、普通公众、业主三大主体力量博弈进行分析。

一、接踵而至的媒体与积极应对的政府

在中国最发达的上海发生如此离奇的事件，媒体表现出非同寻常的好奇，是太正常

不过的事情。在媒体开放度越来越高的今天，尤其是在媒体密集的发达城市，有如此戏剧性的新闻事件发生，依照媒体逻辑，不可能置若罔闻。上海市政府也意识到这一事件的舆论后果，能够及时作出反应。

倒楼事件发生当天上午，上海市政府相关领导就赶赴现场，表明要对事件彻查追责的态度，并作出"速报事实、慎报成因"的指示。政府内部知情人士称，"8点多市里开会传出两句话，抢险监测和原因调查由市建交委成立抢险指挥部负责，闵行区配合。新闻口径一律由闵行区负责，市里不介入。"① 也就是说，市政府明确地将闵行区确定为前期新闻发布的责任主体。

上午10点左右，闵行区政府新闻发言人根据市新闻办提供的稿子，在事故现场进行了第一次新闻发布，内容包括事故简况、领导指示和应急处置工作等。从闵行区委给笔者提供的《关于成立"6·27"塌房事故现场指挥部的通知》中可看到，当天闵行区成立的现场指挥部中专门设立了宣传报道组，由区委宣传部部长、副部长及新闻科科长三人组成。规定其职责是："负责对外的新闻发布；做好与上级宣传部门的沟通衔接工作；做好相关新闻媒体单位的接待、安排工作；做好相关媒体报道的跟踪、汇总工作。"②

如果说闵行区第一份新闻发布稿的发出，是出于对市政府指令的配合，那么闵行区接下来近半个月的高频新闻发布，则是与媒体对倒楼事件的高度关注直接相关。满足媒体的信息需求，在舆论中获得主动权是政府坚持新闻发布的直接原因。

闵行区宣传部在一份总结性文件中写到，"'6·27'事件发生后，央视、上视和许多平面媒体记者很早就到达了现场。当天上午央视新闻频道10点钟进行了直播，上视新闻频道还在现场进行了滚动报道。由于媒体的过早介入，需要我们尽早发布官方信息。……考虑到这样重大的事件，各种信息会迅速聚集，防止不准确消息或小道传闻占领公共舆论空间，我们从当天开始，每天晚上定时进行新闻发布，不间断地发布权威信息。"③ 事发当天，闵行区迅速设置了两个媒体接待点，协调和安排记者的采访。从闵行区新闻科提供的"倒楼事件接待媒体名单及联系方式表"来看，仅仅6月27日和28日两天登记的记者就有39名，来自报纸、杂志、网络，境内境外的记者都有。宣传官员们坦言，"事件造成的社会轰动效应和媒体关注程度是闵行区始料不及的"④。但是闵行区宣传部在主管领导的指挥下，也作出了及时的调整。闵行区宣传官员C称，领导认为面对媒体轰炸式的报道，原有宣传报道组三个人的力量明显不够，"第三天，我们组

---

① 闵行区宣传官员B，2009年9月15日访谈。
② 中共闵行区委办公室、闵行区人民政府办公室关于成立"6·27"塌房事故现场指挥部的通知，闵委办发〔2009〕22号。
③ 闵行区委宣传部，区新闻办．"6·27"突发事件新闻应对的体会和思考．内部资料，2009年7月31日。
④ 闵行区委宣传部，区新闻办．"6·27"突发事件新闻应对的体会和思考．内部资料，2009年7月31日。

第五章 诱发型风险中的政府传播：责任溯源与依法治理中的角色困境

成了由宣传部、新闻办、区广播电视台、闵行报社等各方面组成的 10 人宣传组"①。

宣传部本身并没有消息来源和新闻口径，负责人士说，"我们一直没接触到市里专家组的人，也无法直接向市建交委抢险组获取信息"②。如何主动搜集各种新闻材料是摆在宣传部面前的一个难题。他们的办法是，"不等不靠，通过旁听抢险指挥部联席会议、电话问询相关部门、自行采写报道、自拟口径请相关部门审核签字等方式来获得新闻素材"③。

6 月 27 日到 7 月 2 日（市政府公布事件调查原因的前一天），闵行区新闻办主动坚持每天 9 点给来到现场登记过的记者和其他原来存有联系方式的上海记者发出新闻稿的电子邮件。事后回顾起来，闵行区宣传部认为"这样的好处是获取了新闻报道的先发效应，很多媒体都会按我们的口径说。有的媒体甚至问'连续剧'还有吗？现场接待压力变小了，一些记者按时收到邮件就不过来了。有些原来用不上的媒体资源都用上了。"④ 最初一个星期的滚动发布效果明显，闵行区政府的行动获得了媒体的肯定。《中国经营报》评论称，"自楼倒塌之后，闵行区政府及时召开了新闻发布会，并且每天一个新闻简报发给媒体，这是上海事故信息公开最为及时透明的一次。"⑤

除了及时发布新闻稿，闵行区对记者进入现场的开放度也令很多记者因此称赞 "上海的大气、文明程度的确是高"⑥。闵行区宣传部在 10 月完成的经验总结报告中写到："倒楼事故发生以后，大多媒体都有不同的采访要求，其中最多的就是到现场去拍摄相关素材。在此过程中，我们坚持开放透明的工作态度，想方设法为记者进入现场提供方便。比如，把工作证发给他们，甚至直接带他们进入现场。同时，做好与公安部门的协调解释工作，使全部媒体记者都如愿以偿地完成任务。……态度很重要，无论工作中遇到什么障碍，对媒体一定要热情，在自己的能力范围内尽量服务好媒体。现场楼倒了，但我们的自信心不能倒，应该有气度让媒体进入现场。另外，将心比心，媒体来报道也是工作任务，不进现场无法完成任务，应该让其进入。"⑦

然而闵行区及时的新闻发布和报道服务并不能带来媒体的完全"配合"。倒楼事件发生第二天开始，关于开发商资质过期问题、楼盘规划变更问题、楼板价问题、开发商股东阙敬德与梅陇镇镇长助理同名（以下简称"同名门"）等问题就被《东方早报》和《新闻晨报》等上海媒体报道出来，并迅速引起了大量外地媒体的响应和跟进。而这一系列问题，被相关部门认为是媒体"标新立异，追求眼球经济"的表现，"不利于事故

---

① 闵行区宣传官员 C，2009 年 9 月 11 日访谈。
② 闵行区宣传官员 B，2009 年 9 月 15 日访谈。
③ 闵行区宣传官员 C，2009 年 9 月 11 日访谈。
④ 闵行区宣传官员 B，2009 年 9 月 15 日访谈。
⑤ 王其明．闵行区政府回应倒楼开发商股东身份质疑［EB/OL］．中国经营网，2009 - 07 - 01．
⑥ 闵行区宣传官员 B 引用《潇湘晨报》记者的评价，2009 年 9 月 15 日访谈。
⑦ 中共上海市闵行区委宣传部编．当危机来临时："6·27 上海倒楼事故"闵行新闻宣传工作问与答．内部资料，2009 年 10 月．

· 113 ·

处置的顺利推进和维护上海的整体形象与社会稳定"。

尽管对媒体有所不满，闵行区还是决定必须主动回应。闵行区在6月28日的新闻稿中澄清了开发商资质问题。由于拿不到权威部门的口径，新闻办对"同名门"问题的回应非常被动。"梅陇镇不敢说，区组织部又不太清楚，在尚无明确事实的情况下，我们只能以态度代替事实。"① 6月30日，即"同名门"被媒体曝光的当天，新闻办在晚上9点发布的新闻稿中写上了这样一句话——"对于今天有媒体所提到的梅都房产公司多名股东系政府工作人员等问题，闵行区领导高度重视，责成有关部门依法调查核实，调查结果将及时向媒体公布。"翌日很多媒体的报道复述了政府的这一回应。然而宣传部连续三天都没有拿到准确口径，他们遗憾地表示，"我们只能用表态的方式面对媒体的追问，造成了应对的被动，导致媒体反复炒作"②。

被政府认为是"敏感性"新闻、"眼球新闻"的议题不断曝光，在一定程度上体现了记者对独家新闻和事实真相的不懈追求。上海某报记者A在访谈中说："要全面反映事实原貌，网络、业主、知情人士当然是我们掌握更多信息的主要来源。记者肯定不会满足于从闵行区新闻办一个口子得到信息，我们希望直接采访到闵行区主要领导和相关职能部门负责人员，特别是希望尽早在多个政府职能部门联合召开的新闻发布会上与政府直接对话。但这一要求区新闻办很难满足。"③

由上述可见，在风险语境下，媒体对信息的渴求十分强烈。面对蜂拥而至的媒体，面对媒体突然吊起的胃口，政府很难在有限的时空下满足媒体强烈的信息预期。在这里，我们看到了政府在信息供给上的努力，但媒体的需求与政府的供给之间存在巨大的落差。而媒体在需求没有获得满足的情况下，就会开始寻找替代渠道获得信息。媒体开始质疑政府责任，批评声音的发出对政府形象会造成负面影响。出于对政府形象的维护，政府又疲于奔命地应对媒体，局面从主动向被动转化。

二、围观的网民与舆论监督指向的变化

公众是一个泛化的概念，在事件中这些看不见的间接主体形成一个规模不一的围观群体。外围的网民不是事件的直接利益相关者，但却是一个不可忽视的道义群体，他们介入舆论，参与舆论场域的集体评价，形成一定规模的舆论气候。前面说到在危机事件中，政府必须花费很大精力去应对媒体，其实，政府更为在意的可能是媒体背后公众的力量。在此，我们从网络舆论角度来分析政府是如何回应以网民为代表的公众意见的。

面对危机事件，政府的基本经验是：快报事实，慎报原因。由于倒楼事件背后的原因调查需要一个时间周期，延迟对外公布原因是合理的。但问题是，在舆论高度活跃的

---

① 闵行区宣传官员B，2009年9月15日访谈。
② 闵行区委宣传部，区新闻办．"6·27"突发事件新闻应对的体会和思考．内部资料，2009年7月31日．
③ 上海某报记者A，2009年9月25日访谈。

时期，滞后的原因可能就会引发公众的质疑。

这一点从网上舆论的表现可看得十分清楚。在 7 月 3 日上海的专家组正式公布原因调查结果之前，多家媒体已经通过采访外围专家、合理推测等方式对倒楼原因作出了种种预判。网民更是在这一问题中充分发挥了自己的想象力。人民网舆情频道就媒体对事故原因的分析作了初步统计（分析时段为 6 月 27 日至 7 月 1 日，抽样 42 篇，可复选），如图 5.2 所示。

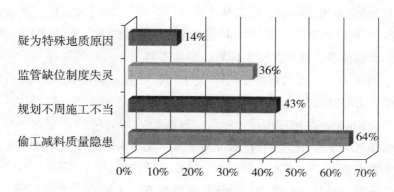

图 5.2　媒体对事故原因所作分析一览

在闵行区新闻办忙碌地应对纷至沓来的记者的时候，媒体、网络上关于离奇倒楼方式的讨论和对倒楼原因的各种推测形成了一股狂欢话语的热潮：

"2009 年流行词汇：一座楼说：'我倒！！！'于是它真的倒了。"

"第一次见到房倒得这么有性格的。"

"站着商品房，躺下骨灰盒！"

"高层不流行了，规划局同意它躺下改成平房卖。"

"扶起来，洗洗干净继续卖。"

"房子没有倒，它只是在做俯卧撑而已。"

"变形金刚到上海了。"

"此楼倒塌的意义在于，我国将多了两个支柱产业，楼房倒塌预测业、扶楼业——扶大厦于已倾。"

"肯定是一小撮不明真相的混凝土干的，周围其他楼情绪稳定。"

……

除了头两三天的报道，上海本地媒体关于事件原因推测的报道相对外地媒体要少一些。知情的记者透露，"市里通知说要'慎报原因，不炒作'，最好别做猜测性报道，等待权威部门的统一发布。"① 对于媒体报道事件原因可能带来的社会恐慌，政府存在

---

① 上海某报记者 B，2009 年 9 月 25 日访谈。

较大担忧。一位宣传官员说："倒楼事件发生后，很多报道和网络言论说，是上海的整体土质不行，沙性土不宜建高楼。还把闵行乃至整个上海其他类似地方的楼盘全部评点一遍，这多可怕啊。人们要真信的话，上海岂不是不能住人了。"① 政府的这种担心，在几天后便转化为宣传部门对当地媒体的行政调控，然而这种调控的局限性非常明显。

对于外地媒体和网络上的讨论，政府只能"以不变应万变"。闵行区政府在7月3日之前的新闻稿中没有对倒楼原因作出任何评论，只是在7月1日的新闻稿中预告，"预计事故原因调查本周内结束，周五将正式对外公布"。闵行区宣传官员表示，由于接触不到专家组，"我们不能妄下推断，只能尊重专家意见"②。这里的一个客观情况是，并非政府故意隐瞒信息，而是查明事件原因的确需要一个较长的周期。

2009年7月3日，上海市政府举行"关于闵行'莲花河畔景苑'商品房倾倒事故原因调查通报"新闻发布会，专家组③公布的原因是：

"紧贴7号楼北侧，在短期内堆土过高，最高处达10米左右；与此同时，紧邻大楼南侧的地下车库基坑正在开挖，开挖深度4.6米，大楼两侧的压力差使土体产生水平位移，过大的水平力超过了桩基的抗侧能力，导致房屋倾倒。"

然而，专家组本身对这一结论的确认程度依然有限。发布会上专家说："应该说每种假定都有它的道理，但是最终什么原因导致它的破坏，这里面还有待于做深入细致的工作，我们本来希望能够比较快地拿出结论性的意见，但是不太可能做到。"④

专家公布的原因，迅速被网民戏谑地称为"压力差"，一时间，"压力差"成为与"俯卧撑""躲猫猫"齐名的网络热词。对于专家的一句话解释，网友纷纷发帖表示质疑。网友指出，请专家不要忽悠大家不懂专业，请给我们看得懂的解释。在一些建筑结构方面的专业论坛，很多专业网友也质疑，事故原因就是几句话，没有公布各方面的具体数据，"希望能公布勘测报告内容"。⑤ 质疑之外，"压力差"还成了网民们恶搞的对象。网民说，"压力差"将会彻底淘汰当今世界上广泛运用的落后生产技术——旧建筑物爆破式拆除。素为网络舆论领袖的韩寒则调侃称，大楼倒塌"经过鉴定，属于自杀"，自杀的原因是两侧压力太大，也就是说，该楼生活压力太大。

专家通过复杂技术手段所得出的结论，与网友的直觉推测和"准专业分析"很难达成共识。这有效地验证了西方风险管理研究的一种论断——"风险管理机构面临处理模糊信息的艰难境地，因而经常无法成功地运用权力交换其他资源。尤其，由于证据经常富有争议，它们在用制度性来源的证据换取信任时，存在困难。因为，它们无法动员

---

① 闵行区宣传官员B，2009年9月15日访谈。
② 闵行区宣传官员C，2009年9月16日访谈。
③ 由中国工程院院士江欢成先生担任组长，14位勘察、设计、地质、水利、结构等相关专业专家参加的专家组。
④ 关于闵行"莲花河畔景苑"商品房倾倒事故原因调查通报 [EB/OL]. 中央政府门户网站，2009-07-03，http://www.gov.cn/jrzg/2009-07/03/content_1356283.htm.
⑤ 网友质疑上海倒楼事件"压力差"成流行语 [N]. 新快报，2009-07-06.

超出它们的权力储备的社会资源。"① 此外,虽然媒体对上海市积极披露调查结果的行动表示肯定,但他们对真相提出了更高的要求。"也许很多很多年之前的时候,我们仅仅需要的是一个真相,但是在现在的时候,显然我们不仅仅需要真相,还需要的是科学的,让人立即产生信赖感的这种真相,而且不仅要结果,还需要一个更加详细的过程。"② 可见,以网民为代表的公众诉求会随着事态的进展发生变化,当政府的应对不能满足公众的诉求,或者说,当发布的原因与公众心中的期待发生错位时,公众马上就会质疑事件的原因,甚至引爆舆论风险。

另外,倒楼事件中的腐败问题,也是公众热切关注的事情。特别是在"仇官""仇腐""仇富"成为社会普遍心理的情况下,倒楼事件很容易引发网民对腐败的联想。在政府没有及时公布事件原因的情况下,网民质疑就会应时而生。倒楼事件后,网民网上自发调查行动就开始了。网民们对事件相关的各方当事人,包括项目的建筑、设计、勘察、监理、检测等单位,以及开发商资质、资金、参股人员等相关信息,均展开"人肉"搜索。③ 开发商第二大股东阙敬德,竟是梅陇镇镇长助理。6月底这条新闻的曝光无疑暗合了人们"事故背后必有故事"的心理定势,也激发了更多媒体的理性分析。《南都周刊》撰文指出,"亦官亦商的人物,匪夷所思的土地开发模式,相互渗透的企业关系网,这就是上海乃至全国城镇化进程中的典型性样本之一。"④ 人民网评论指出,"在当今弥漫着公平正义失落感的社会氛围中,一个积郁了大量民怨的暴利行业出现官商结合的问题,很容易点燃网民的情绪和媒体的兴奋。"⑤

在闵行区纪委对阙敬德等人进行调查的同时,闵行区宣传部对舆论的转向非常敏感。他们在一份汇报材料中提到,"事故发生后一周时间内,中央和外省市媒体的主要新闻焦点逐步演变为对该事件所谓内部新闻的炒作,特别热衷于讨论所谓的倒楼内幕以及楼盘的政府背景问题。" 对于官商报道的影响,区宣传部在汇报材料中认为"其矛头不仅指向了地方政府,更影射上海房地产开发等问题,直接影响市委市政府的形象"。闵行区宣传部希望上级积极"协调"媒体报道。

而上海市层面则在媒体中反复表达了依法严查的态度。7月3日,上海市政府新闻发布会虽然没有正面回应阙敬德的问题,却表明了一个坚定的态度:"要兜底翻、彻底查、决不姑息。……将以法律法规为依据,对事故涉及到的相关责任人员,不管涉及到谁,将决不姑息、决不手软,依法、依纪、依规提出严肃的处理意见,严格追究责任。"7月6日,韩正在上海市政府常务会议说:"对这起重大责任事故,要以对人民群众高

---

① 奥特温·伦内. 风险争论的社会竞技场概念 [A] //谢尔顿·克里姆斯基,多米尼克·戈尔丁. 风险的社会理论学说 [M]. 徐元玲,等,译. 北京:北京出版社,2005:214.
② 白岩松,董倩. 公共事件公布调查结果,真相下为何仍存疑惑? [N]. 中央电视台"新闻1+1",2009 - 07 - 04.
③ 顾训中. 上海倒楼事件的警示 [J]. 南风窗,2009 (8).
④ 倒楼背后的官商网络 [N]. 南都周刊,2009 - 07 - 10.
⑤ 人民网舆情频道. 闵行区"楼房倒覆"事故舆情监测报告,未刊稿.

度负责的精神,以科学、严谨的态度,开展全面深入的调查,彻底查清事故各环节责任,对责任单位和责任人依法追究、严肃处理,调查结果要及时向社会公布,做到公开透明,给人民群众一个明确的交代。"

上海市高层的表态也使人们期待着一个明确的结果。7月28日,上海市政府新闻发布会宣布将对开发商、建筑商、监理方等六家单位进行处罚。而对于"社会关注的热点"问题有如下结论:

> 经查实,梅都公司的股东都不是国家机关公务员。……阙敬德不是国家机关公务员,其镇长助理身份是梅陇镇党委书记蔡建忠超越权限、违规提名后被任命的,也未上报区委组织部。处理情况:闵行区委已认定阙敬德镇长助理任命无效。对事故调查中发现的阙敬德涉嫌违法、违纪、违规线索,有关部门决定对其立案调查。①

由于有了之前媒体近一个月时间对阙系网络和倒楼官商内部的详细揭露,上海市政府这种将官商硬性切割的传播策略并没有足够的说服力。媒体的评论一针见血地穿透了问题:

> "任命无效"想不成为雷词都不行了。此前,梅陇镇政府曾经出面证实阙敬德确为镇长助理,但并非公务员,只是事业单位人员。这种生生将政府行政序列的职位变成事业单位人员的大挪移之法,已经让人惊叹。现在,连这个属"事业单位人员"的镇长助理也被证明为非法,乃无效任命。……"官商"二字最沉痛,如果不铲除公权力与资本暗通款曲、为虎作伥的土壤,权贵资本主义式的溃败将难以阻止。这仍是观察"无效任命"的一个深沉视角。②

相对滞后的原因发布所引发的公众质疑,对政府传播效果构成很大的消解作用。可见,快报事实、慎报原因的经验,其效度也是有限的。政府能否以高度的责任意识和勇气担当,对事件背后的深层次原因作出反思,决定了政府传播的内容是否会获得认可和理解。

2010年4月21日,上海市第一中级人民法院对上海闵行倒楼案主要责任人阙敬德、张志琴作出一审判决。法院认定阙敬德犯贪污罪,判处无期徒刑,剥夺政治权利终身,并处没收个人财产200万元;张志琴犯贪污罪、挪用资金罪、重大责任事故罪,数罪并罚,决定执行无期徒刑,剥夺政治权利终身,并处没收个人财产500万元。两名被告人

---

① 市府通报闵行倒楼事故调查处理情况 [EB/OL]. 东方网, 2009 - 07 - 28.
② 杨耕身. 横竖都是丑闻缠身 [N]. 晶报, 2009 - 07 - 30.

的一切违法所得予以追缴。在 3 月 2 日的法庭辩论阶段，阙敬德、张志琴的"国家工作人员"犯罪主体身份成为辩论焦点。阙敬德、张志琴两人案发前曾任梅陇镇征地服务所工作人员，受征地服务所委派前往梅都公司出任相关职务，两人身份是否为"国家工作人员"直接影响案件定性。法院认为，阙敬德、张志琴虽未被列入国家机关人员编制，但仍应视为国家工作人员，符合贪污罪的主体身份。①

三、诉求多样化的业主与"依法处理"的两难

在上海倒楼事件中，一个非常重要的利益相关者就是"莲花河畔景苑"的业主们。这个小区已出售489套房屋，仅倒塌的7号楼就有40余名业主。从事故处理的分工看，上海市政府主管抢险排查和原因调查，而将协调业主理赔问题的责任明确地划给了闵行区。事故发生后，闵行区政府第一时间进行了周到的信息服务。区政府在靠近事故现场的地方专门设立了接待室，来自区信访办等相关部门的工作人员接待并解答业主们的疑问，请业主们登记详细的意愿表。工作人员表示将会把居民的要求和意见进行整理后，统一上报反映。区政府还及时发布《告莲花河畔景苑购房者书》，公开对外热线咨询电话；通过短信与信件通知所有的业主，主动通报事故情况，请他们理解和配合。

关于业主理赔的原则，闵行区政府从始至终强调的是"依法处理"。闵行区区长陈靖在事件发生后的内部讲话中，详细界定了事件的性质：

> 从法律关系来说，这是一个由于在建工程倒覆而引发的购房者和开发商之间的房屋买卖（预售）合同纠纷，合同的当事人是购房者和开发商。但是，本次事故因为涉及到了众多购房者的利益，不同于一般的民事纠纷，政府不能袖手旁观，而且在开发商面前，购房者是无辜的，是相对的弱势群体。所以，政府有义务维护人民群众的生命财产安全，政府也应当参与合同纠纷的处理。但是，政府并不是合同的当事人，也不是能作出法律裁断的司法机关。政府要介入，但是也不能介入太深，所以它的角色更多的应该是一个居中的协调者和监督者。②

闵行区区委书记孙潮是一名法学博士，他对事件处理同样坚持"依法处理"的原则。主要领导的态度自然决定了政府传播的内容。6 月 27 日当晚 9 点，闵行区便在新闻发布稿中传达了这一态度：相关政府部门承诺，将在听取业主意见的基础上，出台一个详细的解决方案，全力保障每位购房者的合法权益。③"依法处理"的原则在连续 7 天

---

① 新华社电．阙敬德、张志琴犯贪污、挪用资金等罪——"倒楼案"两主犯被判无期［N］．扬州日报，2010 - 04 - 22．

② 闵行区主要领导 F. 在闵行区正处级领导干部提高执政能力研讨班上的讲话提纲．内部资料，2009 - 08 - 05．

③ 闵行区政府新闻发布稿，2009 - 06 - 27。

的新闻发布稿中被一再强调。7月3日,新闻发布稿中又提出了"合情、合理、合法"的原则。7月10号,在倒覆楼业主沟通会召开的前一天,新闻稿中的这条原被改成了"合法、合理、合情"。也就是说,政府传播中的"法、理、情"关系被重新排列了,督促开发商依法理赔被确定为政府的主要职责。在依法处理的原则之下,闵行区政府将自己的角色定位为"开发商和业主民事纠纷问题的协调者"。在媒体上大力传播依法处理原则的同时,闵行区司法局等部门还积极调动市律协,为业主提供法律支持,并选定了政府律师代表,要求开发商代理律师出席多方协调会。

但是,闵行区政府依法处理的原则却止不住业主"身体维权"的脚步。6月28日下午,100余名购房者到市信访办上访,晚上又来到抢险指挥部。7月4日举行的第一次协调会上,很多业主直接喊出了"我们不要法律解决"的口号,一些业主高喊起了上海市委书记俞正声的名字。① 业主们普遍认为,事件不仅造成了他们巨大的经济损失,心理和精神上的损失也很大。现有法律根本不足以保障他们应得的赔偿,只能靠政府出面,促使开发商给出更多的赔偿。

闵行区政府希望业主能够理性维权、依法维权。首次协调会上,区司法局官员表示:"政府为业主搭建平台,建立协商沟通机制,依法调解开发商与业主之间的纠纷。通过协商或司法途径依法、合理地解决理赔事宜。"② 在试图保障业主合法权益的同时,政府对于业主通过媒体表达诉求的行为有一定的担心。闵行区一位宣传官员表达了政府人员中广泛存在的顾虑,"记者与业主的接触,客观上可能造成群众非理性情绪激化,加剧他们把事情搞大的想法。"③ 在7月4日协商会前一天的新闻稿中,闵行区新闻办对记者报道做了这样的说明:"由于场地限制,同时也为确保业主代表有相对良好的沟通环境,现场将不接受媒体采访和现场拍摄,采用现场视频转播的方式,方便其他业主和媒体了解会议内容。"④

政府希望用半物理隔离的方式,使业主代表能进行冷静地谈判,"避免业主在镜头前发泄情绪"⑤。为了让更多的媒体配合政府,宣传官员们对中央媒体做了重点沟通。闵行区宣传官员B说:"我给《新闻调查》的制片人打了四十分钟电话,请他理解。协商会内容媒体都可以看到,但千万不要进场。在下面拍镜头时最好把台标处理掉,千万不能让业主发现。"⑥ 央视媒体同意后,其余三四十家媒体也表示了理解。闵行区新闻办第二天的新闻稿中,传达的主要是政府的声音。参加协商会的闵行信访办、建交委和司法局的表态和意见成为新闻稿的主体,业主的诉求被一句"各方以较理性的方式进行

---

① 闵行区信访办官员A,2009年9月30日访谈。
② 闵行区政府新闻发布稿,2009年7月4日访谈。
③ 闵行区宣传官员D,2009年9月16日访谈。
④ 闵行区政府新闻发布稿,2009年7月3日。
⑤ 闵行区宣传官员B,2009年9月15日访谈。
⑥ 闵行区宣传官员B,2009年9月15日访谈。

了沟通协商"简单带过。

但是，这种单方面的信息公开很快就被媒体的报道和业主的网络发帖所打破。《南方都市报》7月5日以《上海塌楼事件沟通会现场：一时鼓掌，一时唾骂》为标题详细报道了协商会。上海某电视台也放出了业主群情激奋的镜头。新浪乐居论坛、搜房网莲花河畔业主论坛、网易倒楼专题报道等很多栏目，都贴出了大量业主自己传送的新闻图片和言论。许多业主在论坛上表示，依靠舆论和团结起来，是他们保障利益的唯一出路。

7月11日、12日，开发商分别针对倒覆楼和未倒楼提出赔偿方案。闵行区政府及其法律顾问参与协商。由于业主普遍不满赔付方案，政府表示遗憾，并承诺会再次召开协商会。知情人士称，"7月12日，100余未倒覆楼的购房者提出过高退赔要求，未能满足，再次集访市政府。"① 上海市某报记者B透露，"之后不久，业主和开发商之间的理赔问题就不宜再报道了。"② 从几份内部资料看，政府设置报道门槛的原因是想促进赔偿、退房事宜的制度性协商和依法解决，防止激化矛盾，维护社会稳定。上海市大部分媒体的相关报道开始趋于平静。上海市某报记者B对这一限制的理解是，"这是政府的习惯性动作，没什么好说。"客观上，这使业主的部分合理诉求在主流媒体上得不到应有的公开表达，只能转向网络。上海市某报记者C认为，"除少数有外地或中央背景的媒体外，上海本地媒体一般是'令行禁止'的。在政府划界的情况下，本市媒体也缺乏对理赔问题进行详细法律分析和通过报道对业主作心理疏导的动力。政府的调控使社会失去了一次学习法律规定、讨论法律执行的机会。"③

这在某种程度上有悖于闵行区政府想通过本次事件提高社会法律意识的初衷。区政府官员虽然意识到了这一点，但为了保证善后工作在可控范围内加速进行，还是选择了低调处理的方式。在依靠上级力量调控本地媒体报道的同时，闵行区宣传部选择了退居幕后，用组织媒体采访专家学者的方式来对理赔方案进行法制解读。闵行区宣传部的一份总结性文件上强调："我们感觉到运用社会资源的重要性。特别涉及理赔方案等法律问题，自己说不如专家说。第三方的力量有利于强化舆论引导的可信度和影响力。"④

7月18日、7月25日连续两个周六，业主代表都到上海市政府门前"散步"。之后，政府组织的不定期的协商会开始走向常态化。8月1日开始，市、区、镇信访办和区政府委托律师，开发商律师连续四次利用星期六、星期天全天派员在罗阳小区内设立与购房者的沟通平台，接待购房者，就万科托管、楼盘估价等问题与业主沟通。

从信访办、司法局的工作记录上看，闵行区政府为业主提供了很多法律服务，理赔程序也是较为科学的。但是区政府后期为什么不在媒体上更多地传达这样的声音呢？闵

---

① 闵行区信访办．"倒楼"突发事件信访应对的思考．内部资料，2009年7月31日．
② 上海某报记者B，2009年9月25日访谈．
③ 上海某报记者C，2009年9月26日访谈．
④ 闵行区委宣传部，区新闻办．"6·27"突发事件新闻应对的体会和思考．内部资料，2009年7月31日．

行区宣传官员 B 表示,"政府毕竟是协调者,在媒体上高调表态就会显得我们过度介入了民事纠纷。"① 进入 7 月下旬之后,闵行区倒楼事件的新闻发布就不再持续发稿了,只对一些新闻事件作出简单回应。闵行区一位高层官员说:"闵行不是不想把问题早日解决,而是想从根本上为我们的体制淡化瑕疵,为去除不合理因素而付代价,做艰辛的努力。这个艰辛包括:上级领导对你处置能力的评判。老百姓的吵闹带来的城区形象的不良影响,甚至从谩骂到威胁。法律解决是一个漫长过程,因为法律是要讲程序的。这都是代价,领导还要牵扯很多精力。事件处理就像在'传球',如果政府一下子用钱购买了,球就马上传出去了。引发社会矛盾,这是别人的问题,球已经不在我手上了。但是我们为什么没有这样做?我们坚定'依法维权',球就一直在我们手里,最后怎样很好地抛出去,是通过法律的力量抛向社会,让社会对这个事件的认识都是很公正的,然后形成一个长期的机制。闵行在做榜样。"②

由此可见,政府一方面希望坚持基于法律、行政责任来采取行动,另一方面又受到来自上级、媒体和直接公众的巨大压力,依法处理在某种程度上非常依赖于具体部门和当事官员的坚持,尚未形成完善的、能被社会接受的制度。

第三节 风险溯源与扩散中的政府传播责任

从上海倒楼事件的风险演化过程可以看到,在一个表面看来是建筑安全事故的事件背后,潜藏着政府监管不力、官商结合、相关安全保障制度缺位等诸多社会风险。事件发生之后又引发了新的社会风险,如因理赔问题带来僵持不下的利益冲突,又如人们对于政府和企业公信力的高度质疑,对房屋质量问题的心理恐慌,等等。上海倒楼事件的一个典型意义就在于,此事件的演进过程充分地呈现出风险性质的复杂变化,我们可以通过对这一个事件的追踪,考察政府面对不同类型风险时的传播观念与行动。风险性质不仅与事件本身具有的实体性因素有关,如楼盘倒覆中的财产损失和人员伤亡等实体性因素;也与风险场域中不同行动者的行为,以及他们对风险的建构和感知有关。政府传播并不具备对风险性质的垄断界定权,政府传播受到多方力量的影响。

一、多元舆论环境与政府传播的"本位主义"

上海倒楼事件中,政府主动跳出过去对危机事件"堵、捂、压"的窠臼,迅速、公开、透明地向社会传递信息。在仓促上阵的情况下,闵行区政府积极学习、摸索并多次反思,完善传播制度,这为下一次的进步奠定了基础。整个政府传播团队尊重媒体、服务媒体的态度也值得肯定。可以说,政府运用媒体沟通社会的主动性在增强。但是政

---

① 闵行区宣传官员 D,2009 年 9 月 16 日访谈。
② 闵行区委常委 E,2009 年 9 月 11 日访谈。

府在与媒体、公众博弈的过程中，还存在一些不合理的预期，导致了政府风险应对中的被动局面。

从政府与媒体的关系看。笔者在访谈中发现，政府传播的基本目的是"占据舆论主渠道"。政府传播兼有"公共性"和"组织性"，政府虽然是公共部门，但同样具有特定的组织利益，在政府传播中很难避免"本位主义"的倾向。在很多政府官员的观念中，最好的传播效果就是媒介基本按照自己的口径来报道。借用一句官员的流行语，即"别人说不如自己说"。正是基于这样的思路，政府才会对一些媒体的独立调查愤愤不平，认为这是"吸引眼球"，"影响政府形象"，"缺乏大局意识"。换句话说，政府在面临自身形象和合法性问题的时候，还是存在很大的控制惯性，希图按照自己的逻辑作出强硬的解释。

风险事件中，媒体需要政府提供大量权威信息，以满足公众需求。特别在中国，公共资源高度集中在政府手中，风险事件发生后，媒体对政府信源的依赖度很高。但这种高依赖度并不必然带来媒体与政府声音的高度一致。其一，从媒介市场竞争的角度来说，政府传播的信息对不同媒体而言属于"同质性"信息，政府信息无法构成媒体的"独家新闻"，除非政府只选择这一家媒体进行信息发布。也就是说，大多数情况下，政府信息无法形成某一家媒体的核心竞争力。其二，从不同的媒体定位而言，一些媒体出于对媒介专业性的追求，展示媒体的独立判断，他们倾向于报道更多来自公众、专家或其他利益相关者的声音。保护公共利益，保障弱势群体权益是很多媒体的传播预设（虽然这也可能是一种销售策略）。很多媒体只是把政府传播的信息当成原材料，这些材料虽然不可或缺，但经过深加工之后形成的新闻报道，可能已经与政府原有的预期相去甚远。基于这两点，政府对媒体单方面配合自身工作的期待，要实现并不那么容易。

从政府与公众的关系来讲。风险事件中的公众可以分为核心公众或称关切的公众（Attentive Public）和一般公众（General Pubulic）两种。前者可能是事件的直接利益相关方，如倒楼事件中的业主。核心公众在数量上永远是总人口的一小部分，但他们对公众议题不仅十分关心，而且相当了解。后者是大多数人，如网民，他们对多数公众议题的注意力往往是短暂的，很少长期、执著地卷入某项争议。[①] 但一般公众对决策者造成的压力是相当大的，当少数人关心的某个议题变为相当多人关切的公众议题，核心公众就可以迫使政府将这一议题吸纳为政策议题，少数人便可以借助一般公众的力量影响政府、企业等组织的决策。这大大提高了核心公众在利益协商中的谈判能力，形成了一种低成本的"权力再生产"。而在将少数人的议题转化为公众议题的过程中，借助大众传媒是最为直接、迅捷、廉价的方式。倒楼业主努力依靠记者和网络发出自己的声音，正是出于这样的原因。媒体和一般公众的关注有助于保障弱势群体的利益，监督政府（或通过政府监督企业等）尽快给出合理回应。

---

① 王绍光. 中国公共政策议程设置的模式［J］. 中国社会科学，2006（5）：86—98.

当公众和媒体结合起来，也就是说，一旦媒体和一般公众大量卷入政策议题中，政府马上会感到自身对局面的控制力被极大地削弱了，政府面临巨大的不确定性。这至少表现在三个方面：

第一，媒体报道和公众关注会直接带来上级政府或上级部门对风险事件的关注。一旦诉诸媒体，就意味着事件处理中的当地政府、具体部门或个体官员必须直接面对中央政府或上级政府的监察，而失去官僚层级的掩护。事件处理中出现的闪失，本来可能内部消化，但这样一来就可能直接影响官员政绩和部门利益。因此，尽量缩小事件的曝光度，是政府部门的本能反应。比如，闵行区宣传部门希望媒体少报道业主激动的不配合状态，在很大程度上是因为害怕这种新闻成为他们舆论回应能力不佳的证明。对上负责始终是政府官员的一种固有思维。笔者在针对100多位地方政府新闻发言人进行的问卷调查中问道："在突发事件信息发布中，您所在部门考虑的最主要因素是什么？"32.8%的人认为，是满足上级领导的需求；另有24.6%的人认为首要应满足本部门的需求。这两项之和为57.4%，即满足政府部门的内部需要，这大大超过选择满足公众需求（38.1%）和媒体需求（1.5%）的比例。①

第二，舆论扩散可能带来风险事件的"牵连效应"，这使政府需要同时面对更多的政策议题，难以统筹兼顾。有学者总结，这种牵连性包括：①同质牵连，是指与危机具有相同和类似品质的人、事或者产品受到牵连；②因果牵连，是指某一种危机导致相关危机的爆发；③扩散牵连，是指由于危机造成的心理恐慌使得人们把危机人为扩大到那些根本不存在危机的领域。②特别是当被牵连的政策议题是政府短期内无法有效解决的问题时，政府压力就更大了，极易陷入被动。上海倒楼事件中，政府害怕媒体对事件原因的猜测性报道引发上海居民对房屋地基的普遍恐慌，只好对本地媒体进行调控。记者到现场采访业主时，又挖掘出20世纪八九十年代梅陇镇政府强制拆迁的"老故事"，媒体报道"拔出萝卜带出泥"，令政府非常紧张。

第三，媒体报道常会使外部性危机转化为政府本身的危机。本来政府作为危机事件的处理者，试图通过媒体塑造负责、透明、高效的政府形象。但是，随着媒体报道的深入和更多内幕新闻的揭露，危机焦点就逐步转移到政府的身上。很多时候，这种政府危机并不是媒体建构出来的，而只是媒体报道使潜在的社会风险得以显化。转型社会中，我国"政治和经济一体化"的问题普遍存在，资本和权力的不当结合常滋生出严重的腐败。随着媒体对政府监督力度的加强，很多问题浮出水面。"官商勾结"已经由媒体常用的叙事框架变成一种公众头脑中的认识框架。阙敬德事件的曝光，使政府面临严重的合法性危机。政府显然并不愿意为个体官员的腐败行为买单，但又不敢向媒体公布内部调查的全部结果，只好在政府传播中实施生硬的切割策略。从内部文件看，事发后，

---

① 问卷调查的说明见本书第三章在复旦大学新闻学院进行的有关政府新闻发言人调查。
② 赵士林，彭红．现代危机意识与媒体危机报道［EB/OL］．中国新闻传播学评论，2009-09-30.

闵行区对于本区公职人员入股和干部任用过程等情况进行了全面调查。结果是不容乐观不规范的情况比较多。① 但是这些情况也仅限于内部反思，是不可能全然向媒体发布的。

总体而言，多元传播环境中，政府传播要获得"魔弹式"的效果已经不太可能，"你说我听"的时代已经过去。一方面，媒体新闻专业主义文化的生成和市场竞争压力的提高，会使他们主动寻求更丰富的信息，不再是政府的传声筒。另一方面，公众自主意识的提高和权利意识的觉醒，使他们批判性接受信息的能力增强。新媒体使每个人都可能成为传播者，他们可以根据自己的利益诉求发出声音。政府所期待的传播效果应该是一种求同存异基础上的相互理解。如果政府不从"以我为主"的新闻发布走向一种更为平等的协商和沟通，那么再充分的信息公开也无法达到很好的风险治理效果。只有通过依法、理性的对话，才能在各方利益中间寻求平衡点。经由多次博弈，形成一种"风险共担"机制，事情才能真正得到妥善解决。

二、应急式政府传播模式的局限性

以风险治理的视角考察上海倒楼事件中的政府传播，可以发现政府传播的根本问题在于，其采用的是一种应急式的传播模式。具体的问题表现在以下几个方面：

一是基层政府的经验不足。上海作为中国经济最为发达的城市，政府的能力不仅表现在发展经济上，同时还应表现在应对危机上。但是风险事件复杂多变，难以用一套固有的模式加以应对。而对于基层政府层面具体负责新闻发布的部门和相关人员而言，此前的经验并不足以应对这次离奇的突发性事件。事发当天第一份新闻稿发出之后，闵行区政府新闻发言人感到非常为难和迷茫，他直言"面对蜂拥而至的媒体，应该给他们提供什么，我心里也没底。事件处置主体和新闻发布主体是两个身份，这给闵行区新闻发布素材的收集带来很大的困难"②。在空前紧张的危机形势下，政府仓促上阵，由主动逐步陷入了被动。整个危机应对过程中，政府传播更多的是为满足外部需求、追随事件处置进程进行信息公开，而缺乏一种整体的、战略性的风险治理观念。这种临时性的、应急性的新闻发布，与我国各级政府面对风险事件时以"运动式"执法为主的反应模式直接相关。

二是专业制度仍有缺陷。上海在制度建设，包括风险管理制度建设方面是走在全国前面的。比如上海新闻发言人制度，曾成为全国的样板。但从倒楼事件中可以发现，这些超前的制度建设是不稳固的，基础还比较脆弱。经历这次事件的官员认为："2007年闵行区就建立了突发事件新闻应对应急预案，但真的事件发生时就发现很不实用。预案

---

① 本观点综合自两份内部文件。闵行区纪委：《关于规范公职人员投资入股问题的思考建议》，2009年8月5日。闵行区组织部：《干部选拔任用工作的程序和规则》，2009年8月5日。
② 闵行区宣传官员B，2009年9月15日访谈。

中要求在突发事件后迅速建立小组，但谁组成，多大事件多少人组成，都不详细。"①更为重要的是，现有政府传播制度的执行者，主要是政府新闻办和党委宣传部。简言之，政府传播通常是"宣传部门轴心制"。而这两个部门只是信息发布的出口和通道，大量的信息是掌握在其他职能部门手中。现有政府传播制度缺乏对部门间、上下级政府间协调配合机制的详细规划，对具体部门及其负责人员核实、提供、发布信息的权责范围也没有合理安排。闵行区宣传官员A就明确地说："其他部门就指望什么事情都由'宣传部搞定'，我们压力很大。而事实上，宣传部的权能非常有限，没有相关部门的配合事情根本没法解决。"② 正是因为制度上缺乏配套建设，或者说，制度建设不到位，政府传播才在风险应对中力不从心，深陷被动。

三是风险应对思维不到位。即便在上海这样发达的城市，政府对风险的理解也是有局限的，那就是把显化的风险，即表现为危机事件的风险作为应对的重中之重。本书导论中说到，从风险治理的全过程看，风险包括显化的"公共事件"与隐性的"社会问题"两种状态。而在中国当下的风险语境下，政府风险应对主要表现为危机应对，即在风险爆发成为公共危机事件时，才进入政府风险处理的视野。政府传播能不能整体性地应对社会风险，是政府摆脱危机应急模式、走出被动局面的关键所在，是影响政府传播效果的重要因素。上海倒楼事件之所以释放出那么大的能量，很大程度上是在公共危机的背后，积压了很久、很复杂的社会情绪。这些社会情绪平时处于隐伏状态，没有发泄的出口。这次事件就成为长期隐伏的社会不平的喷发口。此事后闵行区的几位领导也表示，上海倒楼事件承载了太多人们对社会的不满。闵行区宣传官员A在访谈中对笔者说，"对房价、社会风气、腐败，对开发商利欲熏心，对信访的指责全部集中上来。"③由于需要面对整体性的社会问题，政府感到力不从心，一些官员无奈地表示，"新闻舆情和网络舆论总体上是无法控制的，要有更平和的心态，领导干部要转变心态。"④ 要扭转这种被动局面，首先要改变应急式的风险应对思维。其中，政府作为风险应对的轴心主体，更应该树立"大风险"观，从全过程的视野对风险进行监测、预防和应对。上海倒楼事件说明，哪怕应急意识、经验、策略再到位，急功近利的危机应急模式的效度也是有限的。

三、以法治为基础的多元治理制度有待完善

虽然闵行区政府在风险治理过程中仍存在许多不尽如人意之处，其中暴露的一些深层次问题其实也并非以闵行区政府一己之力就可以解决，但闵行区政府坚持依法解决问题的态度是值得肯定的。政府不能再延续"治标不治本"的"运动式"执法，公众也

---

① 闵行区宣传官员A，2009年9月11日访谈。
② 闵行区宣传官员A，2009年9月11日访谈。
③ 闵行区宣传官员A，2009年9月11日访谈。
④ 与闵行区领导和宣传官员的焦点小组讨论，2009年9月1日访谈。

不能再固守"大闹大解决"的行动策略。在利益相关方之间实现多元协商、平等对话才是解决问题的根本之道。上海倒楼事件中,律师协会和社区组织的加入,多次协商会的召开,业主自组织意识的增强,都让人看到了"社会"力量的增长。而这种良性治理的形成需要的不仅是个案化的尝试,更是制度上的完善。培育社会组织的力量,限制政府权力的扩张,提高以法制为基础的秩序意识仍然任重道远。

2009年8月20日,闵行区政府网站上开通了"莲花倒楼事故处理多方沟通平台",由梅都公司、万科房产、规土局、政府律师等各方以实名制发布相关信息,并与业主进行沟通。各业主可直接登录网络平台提出关于退赔处理的意见、要求、建议,并可进行协商,也可了解最新信息及事件处理进程。从派出匿名的"网军"去其他业主论坛上"引导网络舆情",到主动在政府网站上设立公开交流的多元沟通平台,闵行区政府在上海倒楼事件中提高了自身与公众对话的能力。在倒楼事件后闵行区举办的"处级领导干部提高执政能力研讨班"上,区委书记孙潮说:"我们必须以更加开放的姿态面对媒体、面对公众。媒体如现代社会的空气,老百姓是执政基础,不能无视老百姓需求,更不能责备老百姓、责备媒体。要更好地适应、引导并服务好,促使良性循环、和谐共生。"①

我们把政府置身于当代中国的风险语境中,在多种力量交织状态中考验政府的能力。上海市政府积极的意识以及及时的努力,说明政府在不断升级的风险压力下可贵的学习能力和创新精神。由此,我们可以看出一种艰难的转型,就是政府渐渐降低风险应对中的控制冲动,开始放下身段,与其他主体对话、谈判乃至合作。在上海倒楼事件中,政府在与媒体、业主以及公众交往和交涉中,显示了难得的低调和务实做法。即便如此,政府传播还是会遇到诸多意料不到的困难。这说明,政府传播能力建设只有放在治理框架下,才能得到有效提高。政府需要有一种与其他主体进行对话、谈判与合作的能力。这种风险治理能力的提升,需要时间,更需要有制度跟进。

---

① 孙潮. 在区领导干部提高执政能力研讨班上的讲话. 内部资料,2008年8月5日.

第六章 关联型风险中的政府传播：
道德恐慌与信任风险

在关联型风险中，政府对初始事件的原因型责任程度最低。初始事件完全由外部组织、个人或自然因素造成，政府并无直接导致危机的行为。事件发生后，在不断演变中造成了新的实际损害和社会认同问题，或在事件处置过程中存在政府行政不当造成风险扩大、政府信任危机等。如谣言造成社会冲突、经济下滑，部分牵连政府的网络舆情事件等。在某种程度上，这类风险也可称为"次生舆论危机"，侧重于突发事件发生之后，由于当事官员或政府组织在事件处理时的态度、行为、语言不当，或者因为媒体和公众的多元讨论和解读，而形成处在初始事件、实体性危害之外的次生舆论焦点，产生明显的议题转移和扩散，对政府形象和社会信任造成一定负面影响的舆论状态。

关联型危机借助社交媒体平台的力量快速生成和爆发，从个案牵动起媒体和公众对于宏观社会问题的担忧，若不能得到政府和相关组织的有效回应，它所造成的舆论危机和非实体性损害所传播的范围更广、危害程度更高。关联型危机的根源还在于内源型危机。正如张海波等人指出，在转型过程中，政府运作过程出现了较多的"越位""缺位""错位"的现象，进而滋生了大量的腐败现象，加剧了社会不公和贫富差距。①原发型危机对政府合法性最为有害，以致政府面临严峻的信任危机。而在关联型危机中，网民在互联网上对政府的质疑与调侃，既与常态下公众集体意识中政府公信力不高有关，也与具体事件中政府回应的态度、行为有关。以下本书选取两起"富二代"交通肇事事件，来分析在政府初始责任较低的风险类型中，政府的传播观念、行为及其社会互动。

第一节 社会建构中的"特权阶层"与政府责任归因

"×二代"系列话语中最早出现的词是"富二代"，该词最早出现在2004年9月27日《中国新闻周刊》的《富人二代》专题报道中。"富二代"在2004年至2008年之间，主要都是用于特指民营企业接班人，是一个探讨产业交接和相关经济问题的中性词

---

① 张海波，童星. 公共危机治理与问责制[J]. 政治学研究，2010（2）：50—55.

语,加入讨论的多是专家、企业家和其他业内人士,社会公众的参与度并不高。2009年5月,在杭州飙车案激发的对"富家子弟"和警方"欺实马"的网络民愤中,"富二代"瞬间转换为极富批判性的社会性话语,并成为当年全国80多家媒体的"年度热词"。2009年8月,媒体主动将河南固始县选官黑幕的网络爆料也嵌入了"二代"的框架,运用"官二代"话语质疑权力因何沾染上私有属性成为家族传承。此后,网民爆料、媒体跟进,社会借助"官二代"标签揭发了一大批干部选拔过程中的问题。2010年末的"我爸是李刚"和"药家鑫"事件更是把"×二代"塑造成为冲击道德和人性底线的"民间恶魔"(Folk Devil)。与此同时,"富二代飙车,官二代飙官"的戏谑之辞广泛流行。随着"贫二代""蚁族""拼爹"等话语的相继出现,"×二代"不再只是针对特定群体的符号,而承载了媒体对诸多转型期社会问题的叩问和反思。①

自2009年胡斌飙车案发生以来,历次交通肇事案中的"×二代"主角,总能成为推动公共事件升温的主要因素,围绕事实真相、道德评判和治理之策的争辩在媒体、网民、政府、当事双方和专业人士之间持续展开。虽然初始事件的肇事人都不是政府人员,且肇事属于非蓄意伤害,与政府政策、行为并无直接关系(即政府的原因型责任最低),但公权力部门总会被深深卷入事后的道德恐慌(Moral Panic)漩涡之中。

"道德恐慌"是20世纪70年代以来,西方"异常行为社会学"(Deviance Sociology)、青少年亚文化和媒介研究中一种重要的社会建构主义理论,"它用来指代对共同的价值和利益造成某种危险的少数派或边缘化的个体或族群的公众或政治反应"②。"道德恐慌"一词最早由斯坦利·科恩(Stanley Cohen)在其1973年的《民间魔鬼和道德恐慌》一书中加以界定。③ 科恩对道德恐慌形成过程及其主体互动的分析,成为这一理论发展40余年间的经典论述:"(1)某一现象、事件、个人或者群体浮现出来并被阐释为是对社会价值观和社会利益的一种威胁;(2)它的特征将被大众媒介以一种刻板的、类型化的方式呈现出来;(3)而编辑、主教、政治家以及其他思想正统的人们操纵着道德的标准;(4)社会认可的专家们宣告他们的诊断及解决方案;(5)处理方案不断进化或者(更经常地)被采用;(6)于是,这种状态消失、湮灭,或者恶化从而变得更加明显。""道德恐慌"理论植根于西方特定的政治体制和文化语境,但其中的核心要素在中国"×二代"话语的现实情境中获得了再现:转型剧变中的社会,冲击社会规则和公共利益的群体,类型化的报道,社会主流人士的集体反应,"群体性怨恨"情绪出现④,相关公共政策的产生、执行与演进。这使我们有可能借助这一理论视角来分析事件中社会风险的建构与演变。

历次"×二代"事件的公共讨论中有两大核心议题反复出现,而这两个议题都与

---

① 张洁."富二代""官二代"媒介话语建构的共振与差异(2004—2012)[J]. 现代传播, 2013 (2).
② 伊冯·朱克思. 传媒与犯罪 [M]. 赵星, 译. 北京: 北京大学出版社, 2008: 77.
③ 阿雷恩·鲍尔德温等. 文化研究导论 [M]. 陶东风, 等, 译. 北京: 高等教育出版社, 2004: 330.
④ 王俊秀. 2010—2011年中国社会心态研究报告 [M]. 北京: 社会科学文献出版社, 2011: 17—19.

政府产生了紧密连接：一是"×二代"个体或群体的行为对社会规范、秩序和民众权益造成了严重威胁，舆论质疑这背后的推手正是官商勾结、司法不公（政府成为潜在风险的原因型责任方）；二是"×二代"负面事件频出且引发热议，正反映出转型中国所存在的贫富对峙、阶层固化、特权泛滥、社会焦虑等诸多社会问题（政府被认为应该对相关系统性的社会风险承担解决型责任）。

部分西方学者认为，制造道德恐慌是掌权者所作出的决策，是他们取得民众支持，为更严厉的政策谋求合法性的有效策略，或者是为了转移民众对真实的、更重要问题的注意力。而在中国的"×二代"事件中，主动煽起道德恐慌的并不是政府。媒体和民众期待政府公开透明地解决问题，做好权威信息的发布者和政策决策者。但在现实中，各地政府的角色则更为丰富和复杂，他们常常是引爆事件舆论的导火索、被动的回应者和舆论的压制者。在不同的事件情境中，政府信息公开的速度、尺度和态度有所不同，他们与公众沟通的能力也高低有别，因此不同程度地改变着道德恐慌的范围和影响。

第二节 "×二代"事件中的政府传播失误与突破

一、胡斌飙车案：质问公权"欺实马"

2009年5月7日晚8：05，杭州市文二西路发生一起交通事故，年仅25岁的浙江大学毕业生谭卓在过斑马线时被一辆红色三菱跑车撞飞，送到医院抢救无效死亡。5月8日凌晨00：47左右，杭州当地论坛"19楼"就以"文二路有人开车撞死84年准新郎"为题，写到"记者"的目击情况，并称警方正在调查。

杭州媒体《都市快报》在5月8日用接近四个版面的篇幅报道了这一事故，这组报道是事发一周内被全国媒体引用最多、影响最大的一组报道，可以说《都市快报》成为杭州飙车案的"初始界定者"（Primary Definer）。其头版报道中以"文二西路飙车夺命"为题，刊出肇事司机胡斌坐在警车中的面部特写。下文导读写道："只在乎自己的快感 不在意他人的性命 一帮富家子弟驾驶豪华跑车 把城市道路当F1赛道昨夜终酿惨祸"①。在该报第3、4版《文二西路紫桂花园门口飙车夺命 一辆改装的红色三菱跑车把路人撞飞5米多高》中，三位记者以现场目击的方式，用多位人证的口吻描述了跑车撞人的情况，以及肇事者本人、朋友和家属在肇事现场的言行。文中附有肇事现场的演示图，肇事三菱跑车的照片，肇事司机的朋友时候赶到现场的照片和赛车网站FDS截屏的图。第5版的报道以"遇难的小伙子很可能是穿马路去看《南京！南京！》的"为题，介绍了遇难者谭卓的情况。

《都市快报》的报道，在标题和内文中以"飙车夺命"为主题，而非传统报道框架

---

① 刘兆亮，王真，冯云浓，任烨. 文二西路飙车夺命［N］. 都市快报，2009－05－08.

"意外事发造成死亡",这强化了跑车与人命之间的强烈冲突。陈力丹认为,"'夺'这个字不仅将事故的责任完全归属于飙车,更暗含着死者的无辜和肇事者的野蛮。"① 报道中通过描述肇事者的衣着打扮和跑车的状况,暗示了他作为"富家子弟"的身份。闻讯赶来的"戴着粗粗金链子""搂着漂亮女孩""各自点上火,大口吐着烟圈"的小伙子和他们在照片中打闹嬉笑的图景,暗示肇事者有一群伙伴,他们都是为富不仁、不知轻重、不尊重死者的。这使个体肇事者的负面形象有向群体扩展的可能。他们还"在一旁出着主意,赶紧找找人,看看有啥路子"。现场40多岁的黑衣女人说:"夜里开开嘛,天还这么早,怎么好开的。"肇事者家属(母亲)这种容忍晚辈深夜飙车,不关注死者情况,只怪飙车时间不对的言辞,更映照出遇难者的无辜和悲惨。特别是她在众人责骂之下"躲"到一边,"不断按着号码","捂着嘴小声"说了"至少40分钟"的细节,成为后续报道中一个"权钱交易"的重要疑点。

5月8日早上7点多,"19楼"论坛上已有人引用《都市快报》的内容,以"富家子弟把马路当F1赛道 无辜路人被撞起5米高"为题发帖,该帖一天就有几十万的点击量。5月8日上午8:56,综合时政论坛"天涯"的"娱乐八卦"版面以"【道听途说】富家公子撞死人还不当回事,有当事人照片(转)"为题转载了上帖的全部内容,一周内该帖点击量达420多万次,回复5万多条。

此外,胡斌的网络空间被网民破解,网民发现他于5月8日凌晨2:49曾更新空间状态为"一片空白,闯大祸了"。这让一些网民质疑,胡斌在肇事后未在第一时间被刑拘,相反还能回家上网,这一交通事故最终能否得到公正处理引发了广泛关注。5月8日晚,公安机关将胡斌以涉嫌交通肇事罪为由依法对其执行刑事拘留。胡斌飙车案,先在本地报纸和网络平台上,继而在全国媒体上成为热点。《南方都市报》等传统媒体从5月10日开始大规模地跟踪报道,并迅速引发了全社会的关注。

真正使人们集体聚焦于胡斌身份及其"黑幕"的转折点,是"欺实马"事件的爆发。这与之前胡斌母亲"捂着嘴"通电话(认为是在"走门路"),胡斌肇事后未被第一时间刑拘(撞死人还能回家?)的细节一起,成为舆论焦点。

5月8日,杭州交警召开新闻发布会,提及"根据肇事者及其同伙的供述,初步调查当时肇事车在事故发生时速度大约为每小时70公里"②,由此引发舆论不满。警方认定的"70码"引来了民众的广泛质疑和愤怒,这一声音通过网络蔓延势不可当,一些知名人士如韩寒也在网上以专业的角度,对车速进行了推断,这一事件更被网民戏谑为"欺实马"(意为"欺负老实人""违背事实"),并成为网民质疑胡斌家靠钱买通官方,影响警方公正执法的"导火索"。5月9日,官方权威消息缺失,促使老百姓开始相互

---

① 陈力丹,董晨宇. 从个人事件到公共事件——以"杭州飙车案"为例 [J]. 民主与科学. 2009 (4): 21—25.
② 肖菁. 胡斌行为已涉嫌"危害公共安全" [N]. 钱江晚报, 2009 – 05 – 11.

打听猜测，各种流言成几何倍数增长，对肇事者本人及亲属的"人肉"搜索造成"误伤"。①

由此，草率的"70码"抹杀了政府的公信力，胡斌案引发了社会对如何限制富人"放肆"行为的担忧和讨论，这与贫富差距、仇富心理、社会公平正义、公权力能否受到社会舆论的监督与制约等讨论紧密结合，成为广大公众关注的核心。正如凤凰网所评论的："人们在担心'飙车族'成为新的社会公害时，更担心一些'富二代'在某些方面的自我膨胀，如果没有与这相适应的法律和社会规范加以限制，有朝一日会危害到普通百姓的基本权利。"② 显然，政府作为制度制定者、社会利益的平衡方、公平正义的维护者，被认为对事件走向恶化是有责任的。

回顾这次事件，政府一开始是解决型责任方，因为信息发布的失误和回应民众不及时，而成为舆论抨击的焦点，其中依次扮演了以下角色："调查执法者"（5月7日事故当晚现场勘查，次日刑拘胡斌）→"高层政令发布者"（杭州市市长蔡奇在5月8日报道上批示："骇人听闻"，要"痛下决心，彻底解决违法超速行驶问题"）和"新闻通报者"（5月8日杭州警方通报案件情况）→"被质疑和短暂失声者"（警方信息肇事车车速仅"70码"被网友和专家质疑，5月9日官方没有发出消息）。这段时间官方集体失语，使得事件的发展进入了一个新的阶段，使更多的媒体关注和报道此事。

舆论喧嚣迫使政府进行应对，杭州市公安局举办第二次新闻发布会，成为"秩序维护者"。

"对该案的处理，公安机关将以事实为依据、以法律为准绳，依法、严格、公正办理，确保事实清楚、证据确凿。案件办理的进展情况，将依照法律规定的程序及时向社会公布。该负责人表示，对广大人民群众反映强烈的超速行驶、酒后驾车等危害公共安全的违法行为，公安机关将进一步严格管理，加大整治力度，依法从重惩处，有效保护广大人民群众的生命财产安全，维护良好的道路交通秩序。"

从以上声明看，警方提出，自身应承担调查事实，严格办理案件并及时公开，同时查处违法行为，维护道路交通秩序的责任。但这份从职能部门实际职责出发的声明，显然不能完全响应舆论对事件的归因和期待。

警方发布声明后，政府开始成为"调查组织者"和"谣言澄清者"（5月12日警方组织专家实地调查，并称肇事者朋友翁振华与杭州市领导没有亲属关系，5月14日发布专家鉴定时速，为前期通报"不严谨"和"不妥当"道歉），最后政府发布了更严厉

---

① 肖菁，章晴. 文二西路交通肇事案启示录[N]. 钱江晚报，2009-05-12.
② 章苒，余靖静. 杭州"飙车族"撞死人事件引发对"富二代"关注[EB/OL]. 凤凰网 http://news.ifeng.com/mainland/200905/0512_17_1153465.shtml，2009-05-12.

的政令(市委书记王国平在与网友恳谈中说要对飙车、超速行为坚持"零容忍"方针)。

城市交通肇事的概率较高,从实体性危害层面看,胡斌飙车案造成1人死亡也并非特大事故,警方在进行调查和信息发布的时候,仅是例行处理。而媒体和民众对事件的解读和归因,则因为初期信息的戏剧性和冲突性,变得非常复杂。事件不仅引发了全国舆论沸腾,也造成了谭卓母校浙江大学的学子给市长写信、在事发地悼念等一系列行为。官方在这一阶段,便开始担忧事件是否引起了公众不必要的恐慌,造成社会不稳定。更为重要的是,公众开始质疑警方的工作效率,飙车问题可能有损城市形象,这就成为政府响应公众的外部压力。政府作为主要的官方信息来源,由于其背后代表的是公权力,这对于事件的调查和司法有着决定性的作用,是任何群体所不能替代的,所以政府的态度对于媒体进行新闻报道有着重大影响。该事件中,官方在前期采取的是简单发布、高调表态的惯有模式,这在信息多元化的今天已经不能使公众信服。而政府在后期基于事实开展专业调查、积极回应和澄清道歉,才重新获得了部分信任。

2009年7月20日,胡斌被杭州市西湖区法院一审判处有期徒刑3年,这一判决公布后,关于肇事者胡斌应该是以"交通肇事罪"起诉还是应该以"以危险方法危害公共安全罪"起诉,在民众和法律界再次产生了极大的争议。7月21日,"胡斌替身说"一夜之间迅速出现在各大论坛。有网友对比胡斌被捕时和出庭时的照片,认为胡斌有"被顶包"的嫌疑。尽管法院方面立即给予了回应,表示这些猜测纯属无稽之谈,且该案被害人谭卓的父亲谭跃在接受采访时表示相信在庭审现场的就是胡斌本人,但"替身说"仍然甚嚣尘上。胡斌"被顶包"的说法再一次激起了广大网民对于富人犯罪的议论。媒体认为,胡斌案体现并加速了民众群体之间的分化现象,随着当前中国的利益结构日益定型化,贫富分化的现状还在不断加剧,在底层民众和富人群体之间出现了"群体性断裂所产生的社会鸿沟"①。

如果说2004年到2009年初,"富二代"是一个令人好奇和羡慕的群体,杭州飙车案之后他们开始转变为一个令人质疑甚至批判的身份。在这个群体开始从普通民众中分化出来的时候,舆论中质疑公权的倾向也愈发明显。评论《"欺实马"如何使社会远离仇富陷阱》一文提到:"舆论越来越多的兴趣,开始集中到被称为'富家子弟'的肇事者胡斌的家庭背景上来。人们潜意识的努力,似乎刻意要以这种家庭背景,作为'欺实马'出现的一种合理前提,并试图最终指出一种权钱交易、权大于法以及权力通吃的'通病'。这也意味着,消除社会仇富情结,终有赖于权力的洁身自好以及公义的实现。"②政府前期的信息发布失误造成"欺实马"一词广泛传播,中期信息空白使民众误

---

① 梁丁. 杭州飙车案替身门后的社会溃败[EB/OL]. 新浪网,http://news.sina.com.cn/pl/2009-07-31/090418336893.shtml,2009-07-31.

② 杨耕身. "欺实马"如何使社会远离仇富陷阱[N]. 潇湘晨报,2009-05-13.

认为官方有意庇护有钱人,制造司法不公,虽然后期的司法判决基本在社会争议中达成了共识,但胡斌飙车案已经成为一个符号化、象征化的事件,作为一种集体记忆和报道框架影响着下一次类似主题的媒介话语和公共讨论。

二、深圳"5·26"车祸:惯性怀疑与程序正义

从诸多案例中我们可以看到,有关"富二代"的符号建构是一个动态变化的过程。借助科恩对道德恐慌的分析,可以更为清晰地看到符号化的三个过程。科恩在分析媒体如何建构起对摩登青年(the Mods)和摇滚青年(the Rokers)的道德恐慌时,指出了这样三步:"首先是一个单词(摩登族)成为某种身份的标志(罪犯或异常者),继而是对象(发型、服饰)成为单词的符号,然后是对象本身成为身份的符号(以及附着于身份上的情感)。"① 比照而言,"富二代"这个词首先成为民营企业家第二代或有钱人家子弟这一人群身份的标志,继而豪车、奢侈品、年轻又成了判定谁是"富二代"的标志,然后胡斌等人成为"富二代"的标志人物,媒体对"富二代"的报道中体现并影响了公众对"富二代"们"羡慕嫉妒恨"的复杂情感。②

"富二代"焦点事件频发,牵引着广大公众视线的同时也刺激着他们的神经。一旦出现"豪车""高消费""飙车肇事"等符号,人们就按照惯性思维将其跟富人及"富二代"联系起来,并引发"替罪""顶包""贿赂"等一连串的怀疑,这给代表公权力的政府和司法部门带来了很大挑战。认知心理学和社会心理学的研究表明,人们对于新闻文本的认知存在一个"悖论",即总是试图将偶发的、意外的甚至异于常态的新闻事件纳入常态的理解范畴之内。深圳"5·26"车祸事件就是一个典型的例子。

2012年5月26日凌晨3:08左右,深圳滨海大道一辆高速行驶的红色GTR跑车与同方向行驶的两辆出租车发生碰撞,致使其中一辆出租车起火,车内3人当场死亡,跑车内一男三女也不同程度受伤。5月26日上午10时许,跑车司机侯培庆在逃逸7小时后到交警部门自首,被刑拘。5月26日上午11:43,"@深圳交警"首次通过微博发布事件信息,称"初步调查,粤BG077R红色跑车司机侯某涉嫌超速行驶、酒后驾驶,在超越同方向车辆时与前方同方向车辆发生碰撞。"此条微博在两天内转发量就超过5000条,评论1000多条。26、27号当天"@深圳交警"还发布另外三条微博,介绍肇事者身份("侯某,29岁,广西平南县人")和酒精检测结果,以及死者身份已被确认的情况,表示警方"将会严格执法、公正处理"。5月27日,《南方都市报》以"跑车男夜载三女醉驾飙车 连撞两的士致三死四伤 事发深圳,电动的士着火车内三人全部死亡,男子逃逸7小时后自首"为题,首家发布了有关事故现场、跑车女、医院情况和交

---

① 阿雷恩·鲍尔德温,等.文化研究导论[M].陶东风,等,译.北京:高等教育出版社,2004:330.
② 张洁."富二代""官二代"媒介话语建构的共振与差异(2004—2012)[J].现代传播,2013(2):49—54.

警信息的详细报道。①

最初,这一起飙车案在新浪微博上只是作为一个单纯的交通事故被传播,网络上讨论的焦点主要是倡导交通安全、切勿酒后驾驶等议题。然而在深圳警方27号公布肇事者信息后,车祸中死者家属、朋友却对结果表示质疑,死者父亲张先生在交警大队看到侯某一脸干净,并未留下车祸造成的伤害,于是怀疑肇事者另有其人。5月27日晚,网友"@眼袋兔兔子"(死者朋友)发布了一条微博:"希望能揪出真正逃逸的肇事司机,还她们家人一个公道。"这条微博很快点燃了网友的热情,最终被转载42700多次,评论近9000条。

网上有知情人士透露,自首的侯某并非GTR的车主,真正的车主另有其人,是一家建筑公司的"富二代"。"跑车、深夜、美女、醉驾、逃逸"等一系列元素激发了网民的惯性怀疑,认为肇事司机可能是个"富二代","顶包"疑云在微博平台上蔓延。5月28日夜间,新浪微博发起一个名为"跑车撞的士3人亡肇事司机被顶包?"的投票活动,截至6月2日凌晨,共有96.1%的网友选择了"被顶包",2.8%的网友选择了"无法判断,不下结论",选择"没有被顶包"的网友只占1.1%。② 5月28日,《南方都市报》发表《醉驾飙车男,自首系顶包》一文,通过访谈死者家属、医生、交警和跑车女的方式,也对官方的信息发布提出质疑。对此,深圳交警称根据现有调查并不能证明有没有顶包,将尽快将事情调查清楚,给市民一个负责任的答复。③

2012年5月28日,距离事故发生60多个小时后,深圳交警召开了第一次新闻发布会,会上说明侯某来自农村,在车主许某公司打工,并向媒体公布了当晚侯某与三女进出酒吧、逃逸后到大梅沙游艇会的视频录像,否认了"顶包"一说。"警方的视频很快就被视频专业背景的网友所质疑,指出视频存在严重PS痕迹,使得警方陷入被动,网友对警方的口诛笔伐瞬间高涨。"④

5月29日,深圳交警召开第二次新闻发布会,公布一系列新的视频、照片证据,其中包括侯某及三位同车女子在酒吧电梯、酒吧前小广场、四人上车的视频。⑤ 同时公示了车主许某辉当日拍摄的照片,其身上并无伤痕。警方还称车上的指纹、DNA等证据的提取在案件发生时就已经在同步做,最迟30日公布结果。

然而,受害人家属对于侯培庆的身份问题等提出异议,希望警方尽快公布DNA比对结果。"当一个来自广西农村、没有特别背景的打工者,与豪车、酒驾、泡吧、飙车等看似完全割裂的生活方式发生联系,并成为这起交通事故的肇事嫌疑人后,这种'反

---

① 贺达源,李亚坤,杜啸天. 跑车男夜载三女醉驾飙车 连撞两的士致三死四伤 事发深圳,电动的士着火车内三人全部死亡,男子逃逸7小时后自首[N]. 南方都市报,2012-05-27.
② 于淑询. 深圳飙车案的猜测与回应[N]. 南方都市报,2012-06-04.
③ 贺达源,付可,李亚坤. 醉驾飙车男,自首系顶包[N]. 南方都市报,2012-05-28.
④ 朱明刚. 直面质疑善待民意动态回应,深圳危机应对受好评——三次发布会、全角度"微直播"开放透明修复政府公信力[EB/OL]. 人民网,http://society.people.com.cn/GB/18041087.html,2012-05-12.
⑤ 高靖,崔宁宁,蒋偲. 车主照片首度被公布下巴额头身上无伤痕[N]. 广州日报,2012-05-30.

常识'的结果迅速引发了来自公众的各种质疑之声。"① 众多所谓知情人士的"肇事司机有特权""记者遭封口""医院遭封口"等爆料帖的涌现让公众对事件真相的需求与质疑更加强烈。

在此过程中,深圳交警对网民和媒体早期对于"顶包"的报道,并没有官方的傲慢和抵触情绪,也没有抱怨公众的质疑无理无序,而是坦诚地理解质疑的发生有一定合理性。② 媒体对警方的行动也提出了一定肯定和期待,5 月 30 日《新京报》评论道:"面对受害者家属和公众的质疑,深圳警方已经积极做出回应,希望接下来公布的一系列证据,能够完全驱散公众心头的谜团。即使最终证明该案不存在'顶包'情况,公众对敏感案件提出疑点都是可以理解的,而只要警方真正做到'客观、公正、公平和理性',依法办案,及时拿出过硬的证据,自然就能消除质疑,捍卫司法的公信。"③ 当然,仍有部分媒体对警方前期信息发布工作的严谨性和完整性提出了质疑,如《中国青年报》5 月 30 日就发表评论《没有说服不了的公众,只有缺乏说服力的证据》,指出"顶包"的质疑背后虽然有情绪化的成分,但充满疑点的证据是舆论无法平静的原因。④

5 月 30 日中午,深圳市人民检察院发表声明称侦查监督部门已介入"5·26"重大交通事故侦查活动。下午 5 时,深圳交警公布了 DNA 鉴定结果。DNA 鉴定报告指出,车上的血迹与侯某 STR 分型一致,综合各类证据显示侯某为肇事者。在第三次新闻发布中,深圳交警除了借助传统新闻发布会平台,还通过微博召开"微访谈",与网友进行面对面的直接交流,解答网友提出的疑惑。

5 月 31 日,深圳交警第四次召开新闻发布会介绍,找到一张肇事车辆于 5 月 26 日凌晨 3 时经过滨河路香蜜湖立交西行的图片,从照片可见驾驶座为一名身穿紫红色格子衬衣男子,副驾驶座为一名白色无袖衬衣女子,佐证了侯某的肇事者身份,也回应了此前网上"肇事车当时司机为一白衣女子"的传言。相关怀疑至此逐步淡去。在事发后的一周内,深圳交警通过四次事故通报会和"微发布""微访谈",向社会及时地公布最新线索和调查进展,借助视频、图解、现场演示、当事人佐证等多种形式逐一回应公众的诸多质疑,使得事实真相得以越来越清晰、完整地呈现在公众面前。

6 月 1 日晚,央视《新闻调查》节目回顾深圳"5·26"车祸事件,深圳交警局副局长、新闻发言人徐炜的说法是:要将"5·26"飙车案办成"铁案"。正是基于严谨、完善的调查程序发布程序和对民众的多次积极回应,政府和媒体、公众才最后达成了共识。

---

① 王莹. 深圳飙车案漩涡:真相不"顶包"公众层层质疑,推动事件发展和信息公开 [N]. 南方都市报,2012 - 06 - 06.
② 彭晓芸. 深圳回应飙车案质疑限度何在? [N]. 东莞日报,2012 - 06 - 04.
③ 社论. 深圳车祸案不必急于"断言"[N]. 新京报,2012 - 05 - 30.
④ 曹林. 没有说服不了的公众,只有缺乏说服力的证据 [N]. 中国青年报,2012 - 05 - 30.

第三节 政府传播定位：促进事实还原和理性对话

在关联型风险中，社会主体的公共讨论一方面围绕着事实真相和责任，另一方面会超出事件本事，通过发起道德恐慌的方式，展开更大范围的讨论。因此政府所要参与和回应的风险议题则会更为宽泛和深入，还包括了对公众的各种情绪、联想、质疑的回应。而后者正是很多政府在传播沟通中所不擅长的部分，因为长期以来政府是依据客观责任和部门职级划分，来确定危机责任和回应策略。促进对事实本身的还原，引导社会公众围绕宏观问题展开理性对话，是政府在风险治理过程中需要面对的双重职责。

一、促成事实还原的复合结构因素

从"富二代"交通肇事的案例中可以发现，单靠"围观"并不能改变中国，"网民的胜利"背后带来的可能是公民意识的流失。发起对"富二代"等群体的"道德恐慌"，固然能在短期内引发人们对特定问题的关注，以舆论倒逼之势促成某项公共政策的推进，但基于道德指摘和情感宣泄之上的社会话语，会使人们忽视真正的核心问题，也使解决问题的方案偏离正确的方向。学者已经看到，道德恐慌常以群体分类、对立或敌视的方式来巩固主导的社会文化价值，但群体之间的隔阂与敌视严重削弱社会资本，而社会资本是社会联结以及伴随它形成的规范与信任。① 历史证明，一个社会资本薄弱的国家是很难在经济和社会等方面获得持续且平衡发展的。

在公共讨论中，通过"事实还原"带来的社会反思更具正面意义。"事实还原"是笔者在访谈中从编辑记者口中获得的一个词语，从学理上看，它跟新闻客观性密切相关。如果说新闻客观性是一种理想目标，那"事实还原"则更强调一个动态过程。落实到具体的报道操作和传播过程中，它包含两个层面的意思：一是在单个事件报道中，对现场情况、核心人物和事态过程的全面、准确、平衡报道，在传播内容中尽量去除情感倾向和价值判断；二是在事件后续报道或同类事件、人物报道中，反思各种刻板印象，还原事件细节与社会问题之间的必然联系，避免模式化的框架套用（如贫富对立、权钱结合），而要对其中的个体、群体及其所涉及的社会问题进行冷静分析。

在风险治理场域中，政府有责任降低道德恐慌的负面效应，推进针对事实本身的还原进程，这也有赖于一些结构性因素的共同进化：

第一，是政府沟通和管理的开明和务实。公共事件中政府如果反应迟缓、轻率发布、控制议程甚至封锁舆论，必然导致猜忌丛生。胡斌在事发近三个月后才首次对话新华社记者回应身份质疑，不得不说也是政府信息把控造成的迟滞。而深圳"5·26"车

---

① 邱鸿峰. 从"英雄"到"歹徒"：新闻叙事中心漂移、神话价值与道德恐慌［J］. 国际新闻界，2010(12)：66—71.

祸事件中交警的微博发布和多次有针对性地回应、澄清，则使舆论较快地归于理性。"富二代"作为一个更为民间的话题，讨论空间相对自由。笔者访问的官员表示，只要不涉及对社会主流价值观的影响、不造成巨大的舆论动荡，政府一般不会出面干涉。相比而言，如果涉及"官二代"或者与本地领导有关的人物，只要所涉及的官员达到一定层级或数量，媒体对制度的讨论上升到一定高度，这个问题马上会从个别官员的行为不端转变为政治问题，论述渠道就会变得非常狭窄。政府在涉官问题上，是否能进一步改变理念，促进事实公开，是下一步信息发布改革攻坚的难点之一。

第二，是媒介新闻专业性水平的提高。这涉及三个层次：一是媒介结构的变化。具有较高专业性水平的媒体在媒体总量中的比例应有所提高。二是媒介定位的调整。现代媒介最重要的角色应是传递信息和报道事实，而不是急于进行道德教化。三是媒介操作水平的提高。应重视采访核实和平衡报道，对报道的语言表达严格推敲。

第三，是核心信息源的增多。政府应该包容多方信源在网络上进行交流、比对和讨论。这不仅是指媒介主动搜集信源，更是指包括当事人、目击者和知情人、专家等在内的核心信源，借助可接触的媒介渠道或其他自有平台，主动表达，参与公共讨论，补充媒介和政府信息、观点的不足。比如很多事件中网友的线索提供都促进了案件调查，为个人权利维护和事件真相还原提供了很大帮助。

二、保障利益协调和理性对话

再从宏观上看，"富二代"交通肇事事件，成为媒介剖析转型期社会问题的靶心，是全社会质疑特权、倡导公平正义、保障公民权利和反思舆论理性的载体。这也体现了中国媒介动员的一个明显特点，即"具有多重目标，包括：个案解决、观念启蒙、法规修正、制度建设，等等。媒介不满足于个案涉及的具体问题的解决，力求从看似偶然、个别的个人'私事'中发掘制度层面的'大义'，并在运动的过程中启蒙大众，促进国家制度的变革。"①

从更广泛的政治经济文化视角来看，我国利益分配和社会结构存在失衡，特权泛滥和阶层固化问题亟待解决。"2010 年中国拥有 100 万美元净资产的富裕人士 53.5 万人，财富总额达到 2.66 万亿美元，占当年中国 GDP 的比重超过 40%，而这个数据到了 2011 年则接近了 50%，正是这样一种权力与财富累积不均，酝酿了一张让特权肆意滋长的温床。"② 这样的现实，难免让媒体和公众从个体的"×二代"事件"合理联想"到整个社会弥漫的特权。财富积累的悬殊也在很大程度上影响着社会成员在不同阶层之间的地位流动。个人的后天努力无法改变先天出身的命运，底层群体向上流动的通道被堵

---

① 孙玮. 中国"新民权运动"中的媒介社会动员：以重庆"钉子户"事件的媒介报道为例 [J]. 新闻大学，2008 (4)：13—19.

② 曾博伟. 制约精英溃败 [N]. 南方周末，2012-01-19.

塞，阶层流动产生了制度性的壁垒。虽然政界、学界和媒体界一再呼吁应以法治约束特权，以公平竞争推动阶层流动，但制度的健全尚需时日，可以预见有关"贫富悬殊""强弱对峙"的话语框架还将继续成为热点。

从社会心理的角度看，部分"×二代"的品行不端，公众的"羡慕嫉妒恨"也来源于变迁社会中的价值建构的"青黄不接"。政治学者任剑涛在"社会结构断裂与价值迷思"讲座中指出，改革开放30年，社会经历了持续、剧烈的结构性转变，在解决物质匮乏问题的同时，我们却丧失了很多兜底的道德原则，日常生活中对规则价值非常轻视。① 物质经济的高度发展并没能带给人们应有的自信与从容，面对迅速增长的压力，人们将"富二代"当成宣泄"社会焦虑"的出口。普通人在"崇富"的同时，也乐于将自己定位为"弱势群体"，并将生活的压力和竞争的失利归咎于"富二代"等某些特定强势群体的存在。政府需要在社会结构调整和价值观再造的过程中，发挥自己的作用。

在当前社会利益冲突的前提下，不仅要提倡作为公民社会表达的公共传播，同时也要强调政府以公共利益协调者的身份出现来进行公共传播。改革开放30多年，中国经历着社会大转变，一个新的挑战是怎样重新建立国家权威，新的治理模式如何与动态、开放和利益多元、诉求多样的时代相适应。新的治理模式的建立不只是政府和官员的事，全社会都有一个怎么适应新时代、改变传统管理方式和社会运行模式的问题。②政府在风险治理中，及时主动地发出权威、科学的声音是一个基础，同时还应注重官方舆论场和民间舆论场之间的鸿沟，倡导一种公民理性精神和协商规则，鼓励社会主体坚持理性、独立判断、敬畏事实、互相尊重。

---

① 任剑涛．"社会结构断裂与价值迷思"［EB/OL］．凤凰网，http：//phtv.ifeng.com/program/sjdjt/detail_2010_07/05/1718618_0.shtml，2010 - 07 - 15．
② 黄平．探索新的治理模式［J］．绿叶，2009（7）：36—42．

第七章 社会风险治理中的政府传播：变迁、差异与革新

如前文所言，社会风险治理的实质就是政府和其他治理主体针对"社会问题"和"公共事件"，通过各种形式的互动行为来调整和改变公共政策，从而降低社会危害、维护公共秩序、保障公共利益的活动与过程。政府传播是风险治理得以实现的基本条件和重要保障。与西方现代性成熟的"风险社会"不同，中国社会风险语境具有双重性：一是在全球化语境下西方范畴的风险范式发生空间转移，风险传播跨越区域壁垒，进入开放的中国，成为中国语境下的风险现实；二是中国社会转型过程中自身风险的生成与累积。中国特有的社会转型，赋予了中国特有的风险发生和治理机制。目前正是中国社会风险的高敏感时期，风险隐患的随处潜藏和危机事件的连环爆发，给政府造成巨大的风险压力。只有深入理解中国社会风险语境的复杂性，才能为理解政府传播的渐进式变革提供宏观的现实背景。

本书已从社会语境和制度变迁分析、理论推导和实证案例比较研究三个层面，综合考察了风险治理视野下政府传播的理论要素、现实表现和影响因素。本章将以"变迁""差异"和"革新"为关键词，进一步回应和总结全书的三个基本问题：①"非典"事件以来，政府传播的原有模式产生了何种渐进式的变革，其内外部动力结构如何？②政府在面对不同类型的社会风险时，尤其是"政府责任"程度有别时，采用了何种差异化的传播观念与行为策略，产生了什么样不同的传播效果，其主要影响因素是哪些？③如何正确认识多元治理结构中的政府传播，并在国家治理现代化体系下革新风险公共传播机制？

第一节 政府传播渐进式变革的内外部动力结构分析

从"非典"等一系列重大事件中，政府收获了不少因控制信息传播而陷于被动的教训，也在各种社会互动中学习、尝试和反思。经常遭遇风险、危机的淬炼，政府对风险的过敏有所弱化，对于风险的恐惧感也有所减轻。管理者应对风险的心态渐渐成熟起来，抗风险打击的能力在逐步增强。总体而言，近年来，政府以理性的、现实主义技术路线渐渐替代了对风险的意识形态化恐惧，不断升级的风险问题倒逼政府从"应急管

第七章 社会风险治理中的政府传播：变迁、差异与革新

理"思路缓慢转向"风险治理"模式。需要强调的是，新旧模式之间存在较长的磨合期，甚至会有明显的排斥反应，不同地区、不同部门政府的情况差异很大，危机事件发生也具有偶发性和多变性，成功的模式并不能总被有效复制。这种缓慢的新陈代谢，构成了中国风险治理实践中政府传播变革的渐进性特质。

政府传播的渐进式变革首先表现在观念层面，控制主导的思维定势已经被打破，政府与社会之间有关公开透明传播的共识已经有了根本性的提升。同时，政府传播的管理制度和操作技术在不断更新，风险治理中政府传播的基本功能定位包括四大方面：①尽快提供权威准确的公共信息；②回应媒体和社会的信息需求；③搭建社会协商沟通平台；④提供制度和规范保障信息和观点的有序流动。促成这种渐进性改变的既有来自外部的标志性事件的特定冲击，新的技术、传播环境和公众心态、行为变化的影响；也有源于政府体系内部的因素，这包括宏观上来自高层的政府传播制度的约束和指导，也有各地方政府和个体官员的自觉学习和积极作为。在内外部动力的共同影响下，历次的试错和调整推动政府改变着刚性的风险控制路线，转而趋向刚柔兼顾的风险治理。

一、政府传播转型的外部压力和条件

1. 公共危机事件的发生

重大公共危机事件往往会触发应激式的、剧烈的政策范式变迁，这些特定事件的爆发和演变是政府传播转型过程中极为重要的外部动因。从危机传播研究的批判取向来看，公共危机事件的发生扰动了政府传播行为的固有逻辑，打破了既有的制度框架和既定的角色功能，是建立新的社会共识的"机遇"。这些事件的爆发不断消解现有政策范式的解释力，在矛盾、冲突乃至灾难性的后果中宣告原有政策的失败，并促发"社会学习"的过程①，改变现有传播制度和权力结构，从而建立起一个更利于组织发展的传播机制和舆论环境。在中国政府传播范式的变革中，一系列标志性公共危机事件推动了政府传播从封闭向透明、从"官方单向宣教"向"官方民间双向沟通"、从"政府绝对控制媒体"向"媒体管制开放"的转变。

受害人群的广泛性、身体损伤的直接性和心理伤害的长久性使得突发性公共卫生事件在风险感知的扩散上具有先天的优势。② 其中，"非典"事件标志着政府传播开始更加重视公共危机事件的风险管理、主动进行"社会学习"和政策调整。"非典"事件爆发初期，政府采取"隐瞒危机实情，对真相讳莫如深，并封锁真实信息"的否认型或淡化型的传统危机传播策略，造成谣言漫布和社会恐慌，最终在国内外专家群体和外媒的作用下，对中国官方施压，倒逼其转向信息透明的政策方针。③ 其后，从中央到地方

---

① 张毅强. 风险感知，社会学习和范式转移 [D]. 上海：复旦大学，2010.
② 张毅强. 风险感知，社会学习和范式转移 [D]. 上海：复旦大学，2010.
③ 陈韬文. 全球与本土传播的同态化：传媒、个人、国家与全球机构在中国非典疫症中的互动 [C] //武汉大学"公共危机与跨文化传播国际论坛"论文集 [C]，2007：12.

政府进行了积极的政策学习，逐步建立透明公开的危机传播程序和机制。在此后的甲型H1N1流感等公共危机事件的爆发过程中，政府展开有序科学、公开透明的传播，取得了显著的成效，社会与民众承受的不确定性风险被极大地稀释。

2003年发生的孙志刚事件则推动了政府传播对民间非官方舆论场的重视。在此事件中，以滕彪、贺卫方等专家学者为代表的专业型、民间意见领袖，以及以南方系媒体为代表的市场化媒体，引导了巨大的"长尾式"舆论力量，最终导致了收容遣送制度的改变。自此，政府传播开始广泛运用官方话语空间与民间话语空间积极对话的"双向沟通模式"。① 在2007年的厦门PX事件中，地方政府与民众的积极互动，倾听民众诉求，重视民间力量，是危机得以成功化解的重要因素。

随着媒体技术的发展以及全球化趋势的加剧，危机的传播速度更快，范围更广。2008年前后，随着奥运年的到来，中国在国际舞台上的形象日渐凸显。借由媒介，一个地方性的危机事件能够迅速扩展为全球共同关注的事件，这种关注构成了政府传播快速响应的压力和动力。2008年"5·12"汶川地震发生后，国务院新闻办公室在两个多月的时间里，围绕抗震救灾的总体工作需求，不断联合各个部委，征询大量专家学者的建议，进行了三十余场新闻发布。从内容涉及的广度和深度，以及发布会的密集程度而言，都创造了国新办新闻发布的一个历史，这标志着我国政府面向国际社会进行危机传播的能力有了飞跃性的提高。同时，政府对于国内媒体、境外媒体的报道行动和外国救援组织都予以了开放性的支持。

"汶川地震报道的意义就在于媒体在突发重大灾难事件中的独立地位得以彰显。媒体的'信息传播功能'得到了空前的提高，媒体的议程设置能力也大为增强。媒介运行的逻辑不再完全受到政治逻辑的支配。"② 英国《经济学家》杂志评论道："在（中国和缅甸）两场具有同样毁灭性杀伤力的自然灾难中，全世界关注的焦点全部被中国政府快速、有效、及时的救灾反应所吸引。两位中国领导人先后来到抗震的第一线慰问视察。包括西方媒介在内的媒体记者第一时间到达地震现场，中国慷慨并且诚恳地欢迎外国救援组织的帮助和接受外援，使得最近一段时间因西藏和奥运火炬传递凸现的民众反西方情绪得到了舒缓。"境外学者和媒体对于中国政府和媒体第一时间、透明、开放地报道和信息发布，对于政府各种行动中体现出来的对人的价值和生命的充分重视，都给予了很高的评价。③ 可以说，来自国内民众和国际社会的正面评价与反馈，为新型的、开放式、多元化的政府传播模式的形成，提供了较大的动力。

不同危机和风险事件由于其发生时空、议题性质、影响人群等特征的不一样，对政

---

① 何舟，陈先红. 双重话语空间：公共危机传播中的中国官方与非官方话语互动模式研究［J］. 国际新闻界，2010（8）：21—27.
② 邵培仁，潘祥辉. 危机传播推动中国媒介制度的变迁——从汶川地震看危机事件与媒介制度创新的内在关联［J］. 现代传播：中国传媒大学学报，2008（4）：56—58.
③ 戴闻名，贾敏. 外媒"回暖"［J］. 瞭望东方周刊，2008-05-23.

府传播体系产生了不同的冲击和影响，政府在事件和问题处理过程中可能形成新的工作思路和行动方式。如果这些创新在后续的事件中能够获得正向反馈和制度性地沉淀，就有可能将非常态情境下的临场反应和应急行动转变为一种日常化的"常规路径"，带来政府传播范式的更新。

2. 新型媒介生态的演变

社会场景的演变常常是技术革新的产物。当信息流动模式发生变化时，人们的交往性质也随之变革①，新型媒介生态的演变也推动了政府危机传播范式的转变。媒体的发展打破了属地管理的格局，行政隶属关系的复杂化、媒体共生共存的多元化，使地方政府难以再用行政领导方式控制媒体。自20世纪90年代中期以来，伴随互联网络的迅猛发展，以互联网络为核心媒介而进行的政治传播活动随之出现，网络政治传播于是成了一种全新的政治传播形态。② 论坛、博客等新型传播渠道不断涌现，开辟了公民社会参与的新平台。新媒体颠覆了先前的信息不对称时代的社会管理方式，使得从战略层面认识传播的功能、建构平等合作的对话平台、通过社会化媒体培育和优化关系成为必然路径。③ 社会化媒体时代的到来更加剧了这种趋势，微博、微信等社会化媒体以其快速发布、及时共享、用户制造内容、高介入性及公共对话等性质，对政府应急处理、危机传播和风险沟通带来新的机遇和挑战。④

一方面，政府积极顺应微博等社会化媒体成为社会热点事件的"重要信息源、策源地和意见发酵池"⑤的现状，打通政务微博、政务微信等传播途径，充分利用社会化媒体推送相关信息，同时利用其进行危机预警信息及反馈信息等的监测。据腾讯发布的《2015年度全国政务新媒体报告》称，目前我国政务微博账号近28万，政务微信公号已逾10万。⑥ 另一方面，面对社会化媒体舆论场中大众碎片文化对严肃文化的抗争和解构，以及网民所表现出强烈的反体制、反权力和反规范倾向的特性⑦，为了改变新型媒介生态下政府传播"正面宣传飞沫化、负面危机常态化"的严峻局面，政府传播的传统结构被逐渐打破，四元政府主体的传播策略发生了显著的变化。顶层政府组织开始依据新媒体舆论形势进行时宜传播策略调整；基层政府则转变话语姿态，构建平等传播策略；顶层政府个体比以往更注重自身形象，采取去神秘朦胧化的亲民传播策略，基层政

---

① 约书亚·梅罗维茨，肖志军. 消失的地域：电子媒介对社会行为的影响 [M]. 北京：清华大学出版社，2002.
② 刘远亮. 当代中国政府与民众关系变化中的网络政治传播因素分析 [J]. 电子政务，2016（3）：70—77.
③ 黄河，王芳菲. 新媒体如何影响社会管理——兼论新媒体在社会管理中的角色与功能 [J]. 国际新闻界，2013（1）：100—109.
④ 许静. 社会化媒体对政府危机传播与风险沟通的机遇与挑战 [J]. 南京社会科学，2013（5）：98—104.
⑤ 李彪，郑满宁. 从话语平权到话语再集权：社会热点事件的微博传播机制研究 [J]. 国际新闻界，2013（7）：6—15.
⑥ 李丹. 政府网站和政务新媒体的融合发展 [J]. 新闻战线，2015（7）：140—141.
⑦ 罗俊丽. 微博时代政府传播面临的三大挑战 [J]. 中国党政干部论坛，2013（3）：75—76.

府个体面对社会化媒体全民监督的新形势,向更加谨慎的传播策略转变。①

新型媒介生态环境向我们揭示了,传播媒介越是倾向于融合信息世界,媒介就越鼓励平等的交往方式。② 新媒体的发展使社会模式从"全景监狱"向"共景监狱"转变。借助新媒体的传播力量,管理者在信息资源把控方面的优势已经不复存在,这使得传统的试图通过信息不对称实现的社会管理遭遇前所未有的危机。③ 在新型媒介生态的作用下,政府信息趋向透明,与民众沟通更加平等,媒体有了更大的自主空间。媒体结构的多元化使得以政府为主导的控制型风险管理模式不再畅通无阻。在湘西非法集资事件中,风险酝酿期地方政府在巨大的控制本能和惯性作用之下,选择"息事宁人"和封闭信息。但地方政府难以控制所有媒体,因为除了地方媒体之外,还有更为强大的外地媒体和活跃的网络信息传播,地方政府不具备足够的干预能力。在这种情况下,控制型模式的失灵,就为风险治理提供了一定的空间,地方政府开始在省级领导的指导下,借助省级媒体的力量展开广泛的社会沟通,最后成功化解了风险。从这个意义上说,媒体作为传播主体和传播平台,更深入地参与了社会风险治理。新型媒介生态提供了一种网络化的、多中心的、即时互动的社会交往方式,促进政府适应和主动融入,掌握新的危机处理方式。

3. 公众的表达与行动

近年来,社会结构的多元化、媒介生态的演变和公众权力意识的觉醒同步进行,互相促进。公众的媒介接触、使用日益便捷化,他们的意见表达及行动组织成为推动政府传播转型的积极外部动力。从政治表达到政治参与,从舆论监督到社会预警,民众的话语形态逐渐渗透到了政治生活的诸多方面。④ 政府在风险、危机的治理中,面临来自公众的三大挑战,而政府传播方式必须作出相应调整:

一是有关事实传播的层面,过去单方面的、迟缓的、简单的、定论式的政府信息发布很难奏效。很多具有一定专业素养和公共热情的公众,会基于自己的多重信源和综合判断,在各类平台上展开讨论,对事实提出挑战、质疑乃至否定。对华南虎照谎言的曝光,对杭州警方"70码"数据的批驳,都来自网民的监督。政府闭门造车式的发布方式已经不再适用,只有提供内容更为丰富的、程序严谨细致的、滚动更新的信息,并随时准备面对新的风险,才能获得广泛信任。在深圳"5·26"交通事故中,深圳交警的迅速反应并未马上得到认可,但他们没有浅尝辄止而是在多次"质疑—澄清"的事实还原过程中,不厌其烦地提供"铁证",细心讲解,体现出他们服务媒体、沟通公众的

---

① 毛湛文,刘小燕. 新媒体环境下政府传播的新变化——基于传播主体视角的考察 [J]. 当代传播,2015 (2):23—26.

② 约书亚·梅罗维茨,肖志军. 消失的地域:电子媒介对社会行为的影响 [M]. 北京:清华大学出版社,2002.

③ 喻国明. 媒体变革:从"全景监狱"到"共景监狱" [J]. 人民论坛,2009 (8):21—21.

④ 吴惠凡. 网络公民的启蒙与觉醒:从话语重构到政治参与 [J]. 当代传播,2015 (1):17—22.

诚意和能力。

二是在态度和情感层面，政府如何在单个事件的信息发布之外，关注社会转型和区域治理中长期存在的社会心态问题，更好地抚慰民众弥散性的、复杂的、波动的社会情绪，是一个很大的难题。在诸多社会风险和事件中，各种形式的"相对剥夺感""社会怨恨"① 和"悲情抗争"②，成为非常典型的社会心态和舆论倾向。当下我国是一种传统媒体与互联网新旧媒体并存的媒介生态格局，媒介一方面呈现、扩散社会怨恨，另一方面还通过意义的生产和转换建构社会怨恨情绪，从而形成社会怨恨情绪的新表征。"新媒体在弥补传统媒体表达通路不足的同时，深度嵌入社会情绪的生产与再生产的结构和过程中，与网民的情绪框架产生互动共鸣，深刻影响网民的认知、判断和行动倾向。"③试图"就事论事"的应急式发布不能从根本上化解矛盾。观察各种群体性事件的处理过程就可以发现，政府解决问题的关键，不仅仅在于围绕事件本身的信息发布，还在于高层领导、基层官员，都能够重新重视群众工作，相对全面地、近距离地倾听公众在各个方面长期以来担忧的问题，就更深层次的管理漏洞和干群关系问题，与公众进行对话沟通，并通过媒体向更大范围的公众进行公开发布，获得社会的理解和认同。

三是在行动管理层面，政府一方面要承担保障治安、维护稳定的基本政治责任，另一方面又要对各种"抗争性话语"和集体行动予以一定的包容和恰当的回应。抗争性话语是集体行动和社会运动参与者利用各种人际、群体以及大众的渠道建构与传播的符号集合。④ 公众的抗争诉求往往会获得媒体的关注和同情，公众和媒体的某种"联合"会使区域事件变为公共议题。郑雯、黄荣贵、桂勇对2003—2012年来40个具有一定社会影响力的拆迁抗争案例进行多案例归纳，发现当前中国抗争框架的三个基本特征，第一是"传统底层道义型框架""社会主义意识形态框架"和"现代法理型框架"三大抗争文化框架并存；第二是"现代法理型框架"相对弱势；第三是抗争者会策略性地同时使用多种框架，近年来"公民权"和"推动法制进步"议题较为突出。⑤这些与集体行动相结合的抗争性话语，迫使政府要进一步提高事前的风险研判和风险沟通能力，在决策和执行的各个环节能给出更为"合情、合理、合法"的回应，同时也要避免走向"一闹就停""花钱买平安"的误区。

公众表达与行动能力的增强已经成为一个不可否认的事实，他们一是形成舆论，二

---

① 于建嵘. 社会泄愤事件中群体心理研究——对"瓮安事件"发生机制的一种解释［J］. 北京行政学院学报，2009（1）：1—5.
② 王金红，黄振辉. 中国弱势群体的悲情抗争及其理论解释——以农民集体下跪事件为重点的实证分析［J］. 中山大学学报：社会科学版，2012（1）：152—164.
③ 余红，王庆. 社会怨恨与媒介建构［J］. 华中科技大学学报：社会科学版，2015（3）：125—130.
④ 周裕琼，齐发鹏. 策略性框架与框架化机制：乌坎事件中抗争性话语的建构与传播［J］. 新闻与传播学刊，2014（8）：46—70.
⑤ 郑雯，黄荣贵，桂勇. 中国抗争行动的"文化框架"——基于拆迁抗争案例的类型学分析（2003—2012）［J］. 新闻与传播研究，2015（2）：5—27.

是采取社会行动。这两方面的力量会交互影响,加大风险治理的不确定性。在风险场域中,公众不仅是一个解决风险危机的实体性力量,也是影响事态演化的舆论主体。公众的舆论倾向正慢慢成为衡量政府行为合法性的标识,民意越来越成为检测政府行为效度的社会指标。多主体参与会慢慢催逼政府收敛、放弃控制性风险应对策略,转而寻找协商、对话的可能。

二、政府传播转型的内在动力

1. 制度的约束和指导

如第二章所分析的,自 2003 年以来,围绕治理范围、主体责任、互动机制等问题,政府对传播制度进行了六大调整:一是传播主体上从中央主控型到地方责任型发布;二是传播内容上从推动局部类别化的信息公开走向全局广泛性的公开;三是传播对象上从强调政府内部信息通报到面向社会大众传播;四是传播过程中从进行政府单向把关到重视多元互动沟通;五是传播渠道上从管理传统媒体到积极利用和规范新媒体;六是传播规制上从惩处泄密者到保障舆论监督。这些都说明政府在制度建设和完善上作出了长足的努力。

上述制度调整的内容可以划分为两大版块。第一个版块是政府问责制度的建设,即将政府传播作为政府风险治理、危机管理中的重要职责进行规划和考核,并通过强化特定机构和个人责任的方式,促使相关部门和人员重视传播工作。第二个版块是政务公开和新闻发布制度,即通过对信息管理和发布的主体、内容、渠道、流程、版块形式等要素的细化管理,来提升政府传播的效果。

从制度建设的主体来看,2003 年以来,全国人大、中共中央办公厅、国务院办公厅、国务院新闻办公室、国家互联网信息办公室等中央机构高度重视政府传播和媒体管理工作,他们所制定、发布的各项制度逐步在各地有了地方版本,并在具体工作中有所落实,这对于强化各级政府开展政府传播工作的责任心,提高他们的行动力,客观上起到了较好的约束、指导和规范性作用。例如,近两年来,国新办在全国推动建设"4·2·1+N"新闻发布模式,并于 2015 年开始由全国省部级新闻发布工作"评估"转为进行工作"考核",即进一步强调了这项工作的重要性。在"4·2·1+N"新闻发布模式中,"4"是指宏观经济、民生关系密切和社会关注事项较多的部门(单位),每季度至少举行一次新闻发布会,每年 4 次;"2"是指这些部门(单位)的负责同志,每半年至少出席新闻发布会一次,每年 2 次;"1"是指这些部门(单位)的主要负责同志,每年至少出席新闻发布会 1 次;而以此为基础,这些部门(单位)还可根据实际情况适当增加发布频率(N)。这一制度安排,进一步明确了新闻发布的主题方向、发布频率和领导责任等。

但是需要重视的是,制度本身可能具有双刃剑作用,执行制度的机构和个人也存在各种问题。例如公共危机管理中的问责制,一方面可以形成良好的激励和警示效应,强化政府主管的责任感,降低官员违规和不作为的概率,有助于社会风险的高效处理;另一方面,也可能因为问责制度本身及其执行过程中存在问题(如问责主客体不清、问责方式不规范、问责结果不落地等)而造成问责低效,或者由于官员畏惧高压问责而产生机会主义行为等。新闻发布工作的制度中,强调了新闻发言人或地方主管领导所承担的责任,但如果不能解决机构本身职能交叉、权限不足,或者新闻发言人参与决策的权力保障不够等问题,发生事件后容易产生个人为组织过度担责的情况。

2. 政府间的学习与竞争

除了通过顶层制度设计和各地制度建设带来的主动革新之外,各个地方政府围绕风险治理问题,在具体的危机事件中展开的反思、学习与竞争,是政府传播转型的又一内在动力。我国中央—地方关系的变革为这种政府间学习和竞争提供了条件,这种政府间互动产生了很多积极效应,也具有一定局限性。

"在改革开放过程中,地方政府是破解旧体制弊端、孕育制度创新的重要力量。中国许多重要的改革都是由地方政府发起、推动和直接参与的。"① 2003年以来,传播制度上从中央主控型向地方责任型的调整,既是中央对地方责任的强化,也说明了中央政府在风险治理层面上权力的下放,给予了地方政府传播革新的空间。不同的学习竞争动力决定了政府在风险治理时采取的形式及达到的成果,也是这些治理行为是否具有持续性、是否行之有效的关键。

有学者将地方政府创新的源动力分为"问题倒逼型""绩效竞争型"和"主动发展型"三种,并指出"问题倒逼型"占主体。② 这三种类型的划分,也可以用来分析地方政府对传播治理问题采取的学习或竞争态度,以及由此产生的制度、活动革新。

"问题倒逼型"是促使政府反思、学习的首要动力。所谓问题倒逼,简而言之就是遭遇发展障碍的地方政府为解决摆在眼前的现实难题,不得不在体制框架内发起具有可操作性的创新举措,以提升地方治理绩效。杨雪冬针对"中国地方政府创新奖"的研究表明,在第四届和第五届的入围项目中,平均高达77.1%的项目源于"解决当时工作中出现的突出问题"。这充分说明,问题倒逼已然成为地方政府创新的重要动力。③地方政府在发展时遭遇了传播方面的现实难题,而类似的难题可能也曾经出现在其他政府面前,这些政府采取的举措成功解决了难题,并被公开传播,其他政府就会学习借鉴相关经验。在湘西非法集资事件中,湖南省政府就学习汶川地震等事件中的经验,考虑到集资事件给群众带来的较大心理伤害,通过专家、报纸评论和群众自己现身说法等各种形式对群众进行心理疏导,使他们接受现实,提升信心。

"绩效竞争型"是促使政府提高竞争优势的动力。政府为了在竞争中获取差异化的

---

① 周黎安,转型中的地方政府:官员激励与治理[M].上海:格致出版社,2009.
② 陈朋.地方政府创新的三个基本命题[J].行政管理改革,2015(2):40—44.
③ 杨雪冬.过去10年的中国地方政府改革——基于中国地方政府创新奖的评价[J].公共管理学报,2011(1):81—93.

优势，降低成本和提高效率，会选择和效仿其他政府的创新做法。在传播方面采取革新手段使地方政府获得了政绩回馈，传播沟通能力正日益成为一种必要的行政素质，成为衡量地方政府综合治理水平的重要指标。传播领域的良好表现，能帮助地方政府获得上级的认可、重视和民众的支持。

"主动发展型"则是政府基于长期观察和综合考虑之后，为配合本部门或地方发展需求而推动的更为积极的、全面的政府传播转型。我国北上广等一线城市和东南沿海区域的政府，面对更为发达的传媒环境、积极主动的公众和更为频繁的风险挑战，其政府传播的学习创新模式，已经逐步由问题倒逼型走向了主动发展型。

这里值得提出的是，为避免地方政府的反思、学习和竞争流于表面或短期化，需要重点注意几个问题。一是要加强制度保障及提高其规范性。地方政府对创新举措上的学习与竞争，"通常是地方领导出于自身意愿或接受上级暗示下产生的"[1]，这类行为如果缺乏上级的书面指示或肯定，没有中央和法律的保护，就容易被上级政府轻易否决，或者出现"人在政推，人走政息"的情况，只能在短期内局限在本地执行，难以在更大范围内推广。

二是要具有针对性和本土化特色。由于各个地方政府间资源分配的不平衡、主导官员部分举措具有不可复制性[2]，或者在具体执行上出现认知偏差、使用工具不符等现象，导致效力打折扣，如何避免机械套用他人经验，将传播举措本土化、加强落实效果，是地方政府在学习和竞争中亟须解决的重要问题。

三是避免地方主义。有学者分析市辖区政府间竞争时指出了不当竞争导致的地方主义问题[3]，就传播机制学习与竞争中可能出现的地方主义来看，一方面由地方发展出来的传播机制越来越追求地方利益，另一方面省及省以下的放权意味着在传播发展上可能超出上级限制，在发展过度和缺乏限制的双重危机下，需要警惕地方主义的泛滥。

四是防止"面子工程"，重视传播实效。传播举措有可能出现只重结果不重过程的"面子工程"现象，例如许多地区为了达成上级考察的要求开通政务公开平台，然而在开通政务新媒体后并未切实有效地运营、在建设信息公开网站时并未能及时更新信息，使之成为空架子。根据人民网舆情监测室调查显示，政务微博存在"僵尸"微博，甚至为了让数字"好看"不惜"刷粉、刷评论、刷转发"等现象[4]。

五是要明确绩效审核标准。传播问题由于量化困难、效果不一、持续时间模糊等问题，造成了政府绩效考评时审核标准不明确的问题。需要一套在政府传播举措上切实可行的绩效评估标准，来提高和保障地方政府及其基层工作人员在传播方面革新的动力。

---

[1] 郑永年. 中国的"行为联邦制"：中央—地方关系的变革与动力[M]. 北京：东方出版社，2013：9—11.
[2] 林雪霏. 政府间组织学习与政策再生产：政策扩散的微观机制——以"城市网格化管理"政策为例[J]. 公共管理学报，2015（1）：17.
[3] 颜昌武. 我国市辖区政府间竞争：制度环境与策略选择[J]. 社会主义研究，2008（5）：90.
[4] 人民网舆情监测室. 2014年上半年新浪政务微博报告[EB/OL]. 人民网，2014－07－24.

3. 个体官员的积极意识

应该看到的是，在政府这一重要的治理主体内部，存在着复杂的结构和关系纠葛。"政府"并不是一个铁板一块的机械性概念，政府传播中体现了政府与执政党两大系统之间的张力与冲突、政府内部系统部门之间的制衡与矛盾，还有地方政府与中央政府、不同层级政府之间的合作与利益冲突等。同时，还有作为个体官员和具体部门的"政府"。个体官员和基层传播岗位人员的积极意识，是促进政府传播革新的重要内在动力。"领导人作为在革新行为中最活跃的因素，其个人因素很大程度上决定了该政府进行改革的可能性"。杨雪冬对第四、五届中国地方政府创新奖入围项目涉及官员的调查显示，有一半的被调查者认为创新的想法是"某位有见识的领导率先提出的"①。本部门具体工作人员的创造也是政府创新想法的重要源泉之一。

如果我们更为细致地观察具体问题和事件中"组织"和"人"的关系，就可以发现政府传播转型中，"人"的主动作为发挥了很大的推动作用。毛湛文、刘小燕将政府传播主体分为顶层政府组织、基层政府组织、顶层政府个体和基层政府个体四个类别，其基本关系如图 7.1 所示②。

图 7.1　双重维度下的政府传播主体

不同层级的政府人员扮演了不同的角色，具体表现为以下三个方面：

第一，中央领导人的领头效应。国家领导人的政治形象是一个国家软实力的重要组成部分。社会转型期，政治人物尤其是国家领导人的公共形象是民主社会重要的符号语言，其有效传播有利于增强民众的凝聚力和向心力，成为稳固政治合法性资源的一个新的途径和视角。③

党的十八大以后，习近平、李克强等中央领导人的生活化报道频频见于各类媒体。2013 年 10 月在优酷网出现的《领导人是怎样炼成的》视频，巧妙运用了中外领导人的

---

① 杨雪冬. 过去 10 年的中国地方政府改革——基于中国地方政府创新奖的评价 [J]. 公共管理学报, 2011 (1): 81—93.
② 毛湛文, 刘小燕. 新媒体环境下政府传播的新变化——基于传播主体视角的考察 [J]. 当代传播, 2015 (2): 23—26.
③ 郎劲松, 侯月娟, 唐冉. 新媒体语境下政治人物的公共形象塑造——解析十八大后领导人的媒介符号传播 [J]. 现代传播, 2013 (5).

卡通形象，生动地对比了中外选举制度，被外媒视为中国政府开始重视公共关系的体现。① 2013年12月28日，网友"@四海微传播"发布微博称，习近平总书记在北京一家包子铺排队买包子。新华网随即发布相关消息，并配发了7张照片。照片中，习近平与民众一起排队买包子，接过收银员找的钱，并落座就餐。周围不少民众用手机拍照，习近平则面带笑容，还伸手抚摸身旁小朋友的头。对这组照片，网友纷纷转发，并大赞习近平亲民。2014年2月26日，中国政府网发布一组名为《图解2月26日国务院常务会议》的图片新闻，这组图片新闻的开头是国务院总理李克强的漫画。漫画采取了卡通化的处理，放大了人物的头部，保留了李克强的神态。这也是中国官方首次发布李克强的漫画。这些国家核心领导人通过传播自身亲民、通俗的形象，向社会表明中国政府传播在渠道、内容和理念三个层面上的变化，率先为新时期国家在政府传播领域的态度定下积极基调。

在面对腐败问题、食品安全、医患冲突、自然灾害等各类风险时，中央领导人也积极回应民意，作出了非常迅速、直接、详尽的表态，这促使政府体系更加重视透明化地处理风险问题，并强化了责任心和使命感。

第二，高级官员的模范作用。各地方或各部门的高级官员，其个人的媒体素养很大程度上决定了地方、部门在处理危机事件中的传播策略和传播效果，同时有文章认为，新时期官员的媒介素质是衡量其执政能力的重要标志。② 通过分析部分在危机事件中积极作为、态度开明的高级官员，不难发现其媒体素养与个人性格、教育背景、职业经历息息相关。

曾任公安部新闻发言人的武和平，曾因出版多部理论著作和小说、真实参演刑侦类电视剧成为家喻户晓的警界明星，同时，他在多年的新闻宣传工作中秉持着"打开天窗说亮话"的原则，在总结"李刚门"事件时，武和平认为："解铃还须系铃人，主导方仍在政府，首先需要深化政治体制改革，革新吏治，与此同时畅通人民群众的表达权，广开言路，让媒体说话。"③ 石宗源（原新闻出版总署署长）对"瓮安事件"主动公开道歉，坚持信息透明的反思；毛群安（原卫生部新闻宣传中心主任、现计生委宣传司司长）在各次公共卫生事件中推动风险沟通理论体系建设，多次与媒体、记者展开交流沟通活动；张春贤（新疆维吾尔自治区党委书记）于2011年全国"两会"期间开通微博，成为首批政务大V。

这些行动的背后有一定的组织授权和制度保障，但也充分体现了个体官员的智慧、勇气和积极尝试。官员可以通过大众媒体和社交网络进行公众沟通、增强社会认同，展开更为人性化的对话；公众也凭借媒体传递的直观信息形成对领导者的主观印象，并进

---

① 寇佳婵. 从领导人卡通视频看政府形象传播新趋势 [J]. 对外传播，2013（12）：17—18.
② 张品良. 新网络环境下领导干部媒介素养的提升 [J]. 求实，2010（6）：32—35.
③ 武和平. "李刚门"：信息倒挂的苦果 [EB/OL]. 财新网，2012-04-16.

一步了解、观察、监督和评价领导者,增强了人际信任。高级官员提升自身媒介素养能够达到双赢局面,不但是政府传播转型的内在动力,也是新时期提升政府官员执政能力的重要要求。

第三,公务人员新媒体平台的创新效用。在国家领导人和高级官员的倡导和示范之下,在制度的推动和引导下,许多基层组织和个体公务人员开通的政务新媒体也被广泛应用于信息公开、危机处理、政务服务等方面,在新媒体平台上大为活跃。个体公务人员也许是出于社交、处理公务或者是上级要求等需求出发开通微博,但经过良好的运营,与政务紧密结合的内容可被广泛传播,达到明星效应,通过个体形象塑造实现组织形象塑造。

根据《人民日报》和新浪微博联合发布的《2015年上半年人民日报·政务微博影响力报告》,截至2015年6月,新浪认证的政务微博为145016个,其中公务人员微博36901个。如朱永新、陈士渠、刘五一、陈里等人的微博,从微博活跃度、微博传播力、微博引导力等方面来看,在政务新媒体排行中均名列前茅。

第二节 不同类型社会风险中的政府传播比较

本章第一节从总体上分析了"非典"以来我国政府传播发生的渐进式变革及其内外部动力结构,在这种变革中,主流的方向是进步的,正如涂光晋等学者作出的评价:"政府在'一案三制'体系指导下的快速反应、高效救援、稳妥善后以及整个过程中呈现出的人文关怀,均体现出其在危机管理上的日益专业与成熟。"① 但是从中观和微观角度看,在不同类型的社会风险中,特别是事件中政府责任程度高低有别的时候,政府传播的表现以及风险治理的效果会有很大差异。本书的四至六章正是采用了一种内部观察的视角,回到政府治理风险的"现场"和深层次的多元互动结构中,验证政府责任高低对政府传播"控制—开放"程度的根本性影响,以及在"风险—危机"动态演变中影响政府传播观念、行为策略和实际效果的其他核心因素。本节将对前文的发现再作出总结和提炼,并重点分析限制风险治理效果的问题性领域。

一、"政府责任"程度与政府传播状况的相关性分析

初始性事件中政府"原因型责任"程度的高低,是影响具体情境下政府传播观念和行为策略的核心因素。本文的三个基本假设获得了实证验证,经过多案例比较研究发现,在初始性事件中,政府的原因型责任程度越高,政府越倾向于采用控制型传播策略(速度迟缓、内容有限、互动不强);政府责任程度较低时,政府则倾向于主动、及时发布信息,并且已经具备较好的意识和能力进行信息公开和社会互动。但是风险和危机

---

① 涂光晋,陈曦. 非典十年来中国政府危机特点的变化与反思[J]. 国际新闻界,2013(5):16—25.

处于动态变化之中，媒介、公众与政府相比，对事件的事实感知、责任归因和解决期待都存在明显差异，再加之社会信任脆弱、社会结构失调等宏观问题，如果政府不能敏锐地发现并有效回应这些变化和差异，就会造成政府传播效果不佳，风险可能进一步扩散。媒体报道和公众的表达和行动，给政府带来了很大压力，但维护社会稳定和政府形象仍是政府传播的主要目标，在这一过程中，公共利益有可能受到政府自利主义倾向的影响。

具体而言，在内源型风险中，初始事件主要由政府内部组织、个人的决策错误、管理不当或违法失职等造成。以湘西非法集资事件为例，地方政府因政绩观偏差、贪腐行为和弱化企业监管，造成区域经济畸形发展、濒临险境。早期政府采取内紧外松和低调处理的策略，试图维护政府合法性和社会稳定。但民众的集体行动、上级政府的积极介入和舆论的激化使基层政府转而采用透明沟通策略。最后政府通过走群众路线和进行回应性传播，顺利化解了风险。

在诱发型风险中，初始事件的肇因主要归属于政府外部的组织、个人，政府前期在监管、领导或制度设计上的缺失也是部分诱因。以上海倒楼事件为例，前期政府以企业安全事故定性事件，采取了积极开放的态度，迅速传播事故信息，将自身定位为开发商和业主之间的"依法协调者"。但随着舆论对事故背后官商关系、土地制度的溯源，以及民众因对赔偿方案有异议而上访，政府传播呈现出控制性特征，希望对事件进行低调和局部处理，依法处理、多元协商的实践面临挑战。

在关联型风险中，初始事件完全由外部组织、个人或自然因素造成，政府并无直接导致危机的行为，但事件发生后，政府在与社会互动时可能造成新的风险放大。以两起"富二代"交通肇事案为例，事发后政府虽然第一时间发布了信息，但是由于事件调查正在进行，信息发布不够准确和完整，以及媒体、网民对事实理解得不充分，引发公众对政府的质疑和批判。虽然初始事件中并无政府责任，但是有关事件的讨论加剧了公众对贫富对峙、阶层固化、特权泛滥、社会焦虑等社会问题的认知，造成了某种"道德恐慌"。政府后期对事实还原和理性对话的推动，有利于重塑社会信任。

本书对案例的解剖，也在某种程度上呼应了涂光晋对中国政府危机管理重点与难点的分析。她通过梳理"非典"10年来65件代表性政府危机事件后指出了三个显著变化：从"外因诱发"为主向"内因导致"为主衍变；从"事件性危机"向"结构性危机"衍变；从"管理危机"向"信任危机"衍变。这意味着"一案三制"的系统框架已经不足以应对，政府尚需调整心态、转换姿态和改变语态。①

当前，政府在"风险—危机"的治理过程中处于一种极其重要而又非常尴尬的地位。"重要"之处体现在政府对各类事件都担负着不同程度的"原因型责任"和"解决型责任"，很多看似偶发而独立的网络议题、企业危机、社会事件都在演化中"殊途同

---

① 涂光晋，陈曦. 非典十年来中国政府危机特点的变化与反思[J]. 国际新闻界，2013（5）：16—25.

归"地转为"政府危机",或者由于社会自组织和公民社会力量的薄弱,问题无人能管,只能由政府"兜底",各种风险逐步变成政府需要直接处理的危机。"尴尬"之处则在于,政府的初始信任度不够高,事件中的表现又往往不符合社会多元主体的期待,导致"费力不讨好"或者"拔出萝卜带出泥"的现象非常普遍。

这就引出了另一个重要问题,那就是决定风险治理和政府传播效果的关键,并不仅仅是在客观的、制度的、技术层面上,政府有没有承担其"原因型责任"并履行其"解决型责任",还在于政府在"风险—危机"建构和沟通的过程中,是否能够清晰地把握多元社会主体的认知差异,有没有建立起一种有效面对争议、处理争议、包容争议的开放性认知体系,并在这个观念体系之上选择正确的行为模式和话语方案。"争议(Controversy)是共识(Consensus)或妥协(Compromise)达成之前,持有不同意见的行动者之间经由话语而呈现的竞争或对抗的态势。"① 从风险的本质看,争议的存在是难以避免的。其实,在社会利益和价值多元化,社会主体众声喧哗、加速互动,注意力资源分散的今天,争议具有聚合社会关注,提高多方参与度的积极效应。政府主动地换位思考,与社会进行协商沟通,将有助于避免各主体间的矛盾加深和共识撕裂。

二、风险治理情境中政府传播的问题领域

尽管不同类型的风险情境中政府策略和风险治理效果会有所区别,但总体上政府传播仍存在如下三个共同的难点和问题,它们与深层次的现实社会结构、权力关系和制度安排等因素紧密相关,直接制约着政府的传播行为和沟通效果。在对治理主体、对象的认识层面,政府需要充分认识到风险治理与政府合法性、公信力之间的关联;在治理方式的选择上,政府亟待降低"运动式"治理的消极影响;在治理目标的定位上,政府必须避免自利主义倾向的蔓延。只有这样,才能真正打通官方舆论场和民间舆论场之间的区隔,凝聚力量共同解决社会问题,维护社会稳定和谐。

1. 信任危机

在风险语境中,政府最为关心的是政府合法性及公信力问题,这直接决定了政府传播的方向和效果。政府合法性体现为公众在如下四个层面对政府的认同和支持:政府所主导和维护的政治理念与价值,政府所主导和维护的政治制度,政府所制定和实施的经济社会政策,政府的施政行为及其施政效果。重大决策失误和重大危机会触发政府合法性的"激变型消减",相伴的是政府声誉和公信力的不断减持。②

在内源型风险中,初始事件主要由政府内部组织、个人的决策错误、管理不当或违法失职等造成。也就是说,政府在一开始就遭遇着合法性危机,至少在上述的经济社会

---

① 陈刚,魏文秀. 作为新闻的争议性事件:内涵、传播特征与新闻价值观的变迁 [A] //中国媒体发展研究报告 [M]. 武汉:武汉大学出版社,2013:194—208.
② 黄健荣. 论现代政府合法性递减:成因、影响与对策 [J]. 浙江大学学报:人文社会科学版,2011 (1):19—33.

政策制定、施政行为和效果两个层面上暴露出政府的能力下降和疏于职守，引起公众不满。湘西非法集资事件中，政府默许和推动企业高风险集资行为，大批官员注资企业获得高额利息，在危机爆发前期采用"内紧外松"政策加速了资金链断裂，这些问题都使政府在传播初期处于两难境地。如果彻底、全面地承认错误，会使大批官员乌纱落地，并极大摧毁干群关系和政府公信力，诱发社会稳定风险；如果有限公开，则会使政府传播内容桎梏丛生，说服力不足。政府是选择控制舆论、推卸责任以维系脆弱的合法性，还是公开透明、承认问题以重塑合法性和新信任？接连爆发的群体上访乃至社会骚乱，上级政府的指令和制度安排，以及伴随着各种谣言在内的公众舆论沸腾，迫使政府选择了后者。学者认为，政府信任包括认知/信念、社会/关系、制度/机制三个维度，在危机后的修复过程也需要从这三方面同时入手。政府全面、坦白地揭露自身失误在短期内可能会进一步损害社会公众的信任，但从长期看，公众会预期政府揭露事情是出于汲取教训并防止未来类似事件再次发生的目的，则会提高公众对政府善意和正直的信任。① 事实上，湖南省政府和湘西州政府通过公开解释说明政策规定，关心群众生活困境和入户沟通，建立新闻发布、公众举报、大接访等机制，用大半年的时间，逐步建立了新的信任。

在诱发型风险和关联型风险中，虽然政府在初始事件中的直接责任程度不高，但政府合法性和信任度也可能会遭遇一个逐步流失的过程，需要有针对性地处理，其原因有三个：

第一，社会主体对危机事实的认定、溯源和归因是一个主观建构和不断互动的过程，多元风险争议与政府的一元表达差异大，难以达成信任共识。不同社会主体对风险的感知不像过去一样简单、明确，而是一个伴随着反思、论证、解释、界定和认可的过程。② 风险治理中存在着广泛的社会争议，这涉及实际危害、评价、归因、影响和解决方案等多个议题。③ 上海倒楼事件中阙敬德事件的网络曝光，舆论对地方土地开发管理模式和集体企业改制过程中的领导和公务员参与问题的关注，使外部性的安全事故转化为一场政府本身的危机。公众难以直接相信政府委派的专家组从技术角度作出的事故鉴定，而是对于危机中的人为因素（非完全自然因素所致）、道德/伦理/制度破坏因素、事故历史等"愤怒因素"更加敏感，这使公众感知到比专家更严重的风险，并觉得无法信任和接受政府的解释。

第二，单一事件舆论在不断演化的过程中与更广泛的社会结构性问题相链接，凸显出政府在保障社会公平公正，供给优质制度资源和公共服务层面上的能力不足和关切不

---

① 徐彪．公共危机事件后的政府信任修复中国行政管理［J］．2013（2）：31—35.

② 黄旦，郭丽华．媒体先锋：风险社会视野中的中国食品安全报道——以2006年"多宝鱼"事件为例［J］．新闻大学，2008（4）：6—12.

③ O. Renn. *White Paper on Risk Governance: Toward an Integrative Framework* [M]. Global Risk Governance. Springer Netherlands, 2007：12.

够,造成政府信任度下降。例如"风险—危机"事件中当事的官员、富人等身份经常被聚焦,相关讨论将个案事件提升至社会普遍存在的身份特权、财富悬殊、阶层固化等问题;又如胡斌母亲在事发现场捂嘴打电话"求助"的细节,警方对胡斌飙车速度的错误发布、打工仔为"富二代"顶包的可能性,都被舆论视为公共部门普遍存在"执法不公"的信号和标志。在这种情况下,事件中的政府传播便面临一种"以一对多"、"以点对面"的难题,具体部门和官员需要坚持长期努力,解释沟通并宽容理解公众的质疑,否则都难凭一己之力扭转长期以来宏观层面上的社会结构失衡和政府"信任赤字"。

第三,由于政府决策过程的内在要求和能力局限、信息掌握程度和传播能力的多种限制,政府处置行为与公众期待存在落差而带来信任不彰。从心理层面看,谢晓非系统地分析了"风险—危机"情境下的"期望差异效应",认为各方在期望维度和程度上的差异会带来风险沟通的障碍和信任下降。例如人们天生具有负面信息主导的心理特征,这在危机中更加突显。公众会更多地关注事件的负面报道,并且容易信以为真。然而很多事情不能做到零风险和十全十美,期望不能达成的状态又会让个体对相关部门失去信任,长此以往,风险沟通陷入恶性循环。① 从社会层面上看,虽然政府一直在向有限政府转型,但常常会因为惯性思维而"多管多错"。而公众仍对政府抱有一种"父母官"的期待,认为一切都应该在政府掌控之中,甚至期待政府用行政力量来帮他们争取更多利益。但是政府难以达到全知全能的境界,也不能有越界的行为,公众需求和政府作为之间存在隔阂。政府只有用法治原则厘清社会管理的范围和机制,并与各个主体协商、沟通,调节公众心态和自身行为,才能在合理的职责和效果期待中,重新获得信任。

从信任的结构来看,政府信任是最大的信任,整个社会信任都是基于政府信任来推动和发展的。② 建立良好的政府信任关系是政府获得合法性的价值基础。③ 康晓光曾指出,1978年以来中国政府的合法性基础在逐步发生转变,从主要依靠经济增长到90年代后期强调维护和提高社会公正,以及新世纪初进一步加强民主法治,进入了新一轮合法性基础调整与重建的时期。④ 高风险社会下,政府具有有效治理风险和良性沟通的能力已经成为获取合法性的又一条件,政府要将坦然面对问题、坚持透明传播上升到保障政府合法性和公信力的高度来认识。

2014年3月,习近平总书记在河南省兰考县委指导党的群众路线教育实践活动时曾说:"古罗马历史学家塔西佗提出了一个理论,说当公权力失去公信力时,无论发表

---

① 谢晓非,胡天翊,林靖,路西.期望差异:危机中的风险沟通障碍[J].心理科学进展,2013(5):761—774.
② 李德国,蔡晶晶.当代西方政府信任危机述评[J].广东行政学院学报,2006(6):90—94.
③ 范碧鸿.政府信任危机与合理化建构路径[J].广西师范大学学报:哲学社会科学版,2010(5):29—32.
④ 康晓光.经济增长、社会公正、民主法治与合法性基础——1978年以来的变化与今后的选择[J].战略与管理,1999(4):72—81.

什么言论、无论做什么事，社会都会给以负面评价。这就是'塔西佗陷阱'。我们当然没有走到这一步，但存在的问题也不谓不严重，必须下大气力加以解决。如果真的到了那一天，就会危及党执政基础和执政地位。"① 他强调，党员干部要从严要求自己，保持好在群众中的形象和公信力。在风险事件中，政府的集体失语、反应滞后、表达不当、掩盖过失和推卸责任等行为，都会削弱政府公信力，严重影响政府传播效果；只有基于事实、直面责任、程序科学、内容详细、信源多元、滚动发布的互动式传播，才能重新树立政府的社会信任。

2. 运动式治理

党的十八大报告和十八届三中全会文件中，都多次提到我国正面临多种形式的风险挑战，危机与风险管理已经日益成为国家战略的重要组成部分，但是中国的社会风险治理仍然存在明显的"事件驱动"下运动式治理的特质。"运动式治理作为一种权宜之计，可以短期内最大限度地动用行政资源，集中人力、物力和财力，以弥补官僚系统常态治理的不足，但同时也容易带来破坏法治、助长投机、治乱循环的后果。"② 客观上说，在中国特色的革命和执政环境下，运动式治理有一定的合理性和积极意义。在某种程度上，这是政府面临复杂客观环境下理性选择的结果，"受到公共问题的多样性、管理资源的匮乏、政府部门间合作的缺乏的影响"③。

如果能够正视风险问题，深挖事件"病灶"，运动式治理能在短期内形成较好的治理效果。比如，湘西非法集资事件处理中，由于形势严峻、危害重大，中央和湖南省政府在财政、公安、审计、宣传等各方面给予了湘西极大的支持。具有丰富经验和宏观把握能力的省级官员空降湘西，全盘接手政府传播的规划和实施工作；省级媒体骨干人员加入传播工作，负责指导和亲自写作；大量硬件设备更新换代，使当地政府传播能力在三个月内有飞跃式的提高。如果没有这些超常规动作，事件不可能那么顺利地解决。

但运动式治理也存在明显的弊端。首先，如果只是采用个案式、游击战的解决方法，追求短期见效，就无法实现长效治理。"就一事、在一地、打一枪"的运动式治理，解决的是单个案例，通常不能从制度的本质上对某一社会问题进行解决。在传播层面上，政府常常将危机处理的目的矮化为"应对媒体"和"搞定刁民"，这种治标不治本的措施，只是机会主义地躲避了公共监督，而问题依旧不断。也有学者指出，政府对于意向性明显的"结构性危机"，出于"维稳"的考虑，在处理上往往使用"高额赔偿""罢免官员""项目迁址或停建"等全面妥协的方法以求迅速平息事态，而不是着力探索制度化解决方案。这种处理方式不仅无法积累制度"财富"，还可能在公众中产

---

① 习近平在兰考县委常委扩大会上的讲话［EB/OL］. 新华网，2015-09-08.
② 郭小安. 从运动式治理到行政吸纳——对网络意见领袖专项整治的政治学反思［J］. 学海，2015（5）：161—167.
③ 唐贤兴. 中国治理困境下政策工具的选择——对"运动式执法"的一种解释［J］. 探索与争鸣，2009（2）：31—35.

生"小闹小解决,大闹大解决,不闹不解决"的示范效应,为未来的"结构性"危机爆发与管理埋下恶性循环的隐患。① 相比之下,闵行区政府顶住压力,在几个月的时间里促成业主、企业、律师、社区多方协商,坚持依法解决的思路来协调业主赔偿问题,是一种有益的尝试,但也碰到很多阻力和障碍,相关机制需要更为完善的制度化提升。

同时,运动式治理过程中存在损害法律权威和侵犯个人权利的现象。② 政府对公共问题的高调表态、集中整治,"泛政治化动员"的倾向,容易激发具体执法过程中的滥用法律和简单粗暴行为,也容易带来社会公众行为和舆论层面上的"道德恐慌"。历次有关"官二代""富二代"交通事故的处理过程中,就存在因为"道德恐慌"引起的理性缺失和行为失范问题。"道德恐慌"固然能在短期内引发人们对特定问题的关注,以舆论倒逼之势促成某项公共政策的推进,但基于道德指摘和情感宣泄之上的社会话语,会使人们误解事实真相,忽视真正的核心问题,也使解决问题的方案偏离正确的方向。运动式治理多伴随着对某一个现象或人群的"污名化",例如小贩与城管的纷争中,双方都自视为"弱势群体",如果政府没有一个整体性的制度解决方案,并就政策解读和执行过程进行多层次多角度的公共沟通,这将成为城市管理中一个挥之不去的痼疾。我们不倡导为了改革社会现有的某些问题而忽视对个体利益的维护,对现象或群体的过度重责和污名化也无益于社会宏观问题的改革。

杨志军和彭勃认为,坚持运动式治理过程与效用的统一,应该持以"有限否定"的价值取向,选择"类型化承认"的价值判断,确立多中心协同治理模式(PCGM)的方位坐标。③ 从政府传播的角度看,一方面政府要高度重视公众反应强烈、"急难险重"的政策议题,围绕其展开全面、及时、深入的调查研究和社会沟通;另一方面也要避免工具理性的过度膨胀,盲目追求"行动统一、声势浩大和效果显著",而是细致入微地对公众的思想动态和真实生活进行观察,注重人文关怀和平等对话,获取公众自愿自觉的共鸣和配合。更为重要的是,政府要广泛接受社会监督,预防出现以形式化、表面化的运动式治理掩盖实质性问题的情况,特别是涉及官员和制度本身的问题,不应该成为漏网之鱼,否则治理的实效就会大打折扣。

3. 自利主义倾向

当前,政府的全能政府惯性未能全面消退,存在一定的经济职能失范、社会职能失范等问题,这使政府在传播管理过程中容易落入功利主义的陷阱。在风险情境中,政府代表作为一个集公共利益与自身利益于一体的矛盾体,其传播行为往往带有比较明显的自利主义倾向。我们经常可以看到一些地方政府在危机事件中替自己或者某些利益群体

---

① 涂光晋,陈曦. 非典十年来中国政府危机特点的变化与反思[J]. 国际新闻界, 2013 (5): 16—25.
② 曹龙虎. 国家治理中的"路径依赖"与"范式转换":运动式治理再认识[J]. 学海, 2014 (3): 81—87.
③ 杨志军,彭勃. 有限否定与类型化承认:评判运动式治理的价值取向[J]. 社会科学, 2013 (3): 15—24.

背书而屡次陷入信任危机，导致政府的执政合法性不断降低。政府的自利性集中表现为三个方面①：职能部门的自利性、各级地方政府的自利性、政府官员的自利性，这些直接影响着政府面对危机时采取何种传播策略。

第一，职能部门的自利性也常被称为"部门保护主义"。在实际的政府运作中，职能部门常常以法律规章来牟取部门利益，争取可以牟利的职权，造成部门间的恶性竞争，增加区域政府间协调合作的成本和难度。在政策执行阶段选择对本部门有利的有所作为，不利的则不作为或假作为。常见的传播问题有：具体职能部门或较低层级的政府部门，了解到风险信息后试图"内部处理"，为了防止自身被问责而延迟或者隐瞒不做通报。与危机有关的各个职能部门为了避免被媒体曝光或被公众质询，在危机中减少部门间以及对外的信息供给，甚至以"请找政府新闻发言人/宣传部门"为由封堵信息。又如，主管新闻发布和媒体沟通的部门为了完成绩效考核及获取更多政治升迁机会，往往采取控制言论从而显著降低负面新闻的传播策略。为了尽快平息事件的舆论风波，化解自身"灭火不力"的工作压力，他们还会向上级夸大媒体报道和公众行动可能造成的社会危害，从而促使上级部门用更高层的行政命令压制舆论。

第二，地方各级政府的自利性，也常被称为"地方保护主义"。地方政府常常周旋在中央与地方、地方与地方的利益博弈当中。例如分税制改革使中央政府与地方政府存在着财权与事权不平衡的问题，导致一些地方政府依靠出让土地使用权来维持地方财政支出。虽然按照国务院 2007 年生效的规定，地方政府土地财政对社会保障支出存在补给效应，但由于受地方政府自利性的影响，这种社会保障补给存在的诸多问题也由此导致了大量"拆迁问题"。② 由于这类社会风险中存在着各种"说不清，道不明"的复杂利益关系，政府存在不少实质性的不当作为，政府在对相关问题进行对外沟通的时候，往往也底气不足。同时，政府为了保证本地的税收和经济发展，可能会为了本地大型企业打起"保护伞"。2008 年 9 月 11 日"三鹿"奶粉事件首次被《东方早报》曝光，石家庄政府直到 10 月初才公开道歉，其中一条讲到"对企业考虑信任支持的多，对支持信任后带来的负面影响考虑不周……由于信息的迟报，贻误了上级机关处理问题的最佳时机，给群众生命安全造成重大危害，严重影响了党和政府的形象。"③ 石家庄市政府副秘书长、新闻发言人王建国在接受《人民日报》访谈时透露了 8 月 2 日"三鹿"集团就毒奶问题向市政府做了请示，"请政府加强媒体的管控和协调，给企业召回存在问题产品创造一个良好环境，避免炒作此事给社会造成一系列的负面影响。"④ 政府默认和协助了"三鹿"的信息掩盖行为，这种置经济利益于公众生命安危之上的做法最终

---

① 于宁．政府职能重塑与政府自利性的约束机制［J］．中国行政管理，2008（1）：33—35．
② 杜春林，张新文，张耀宇．土地财政对地方政府社会保障支出的补给效应［J］．上海财经大学学报，2015（3）：50—59．
③ 张鸣．石家庄市政府的道歉太有才了［EB/OL］．网易新闻，2008-10-03．
④ 韩咏红．石家庄市政府突承认三鹿曾要求掩盖消息［EB/OL］．联合早报网，2008-10-02．

导致了整个中国制造和中国政府诚信的蒙羞。

第三，政府官员的自利性。政府官员从事公务活动的收益包括工资收入、奖金福利、政治升迁机会、灰色收入、社会声誉、工作稳定性等等，这种显著的利益驱使政府官员展现出明显的自利性。从近几年非常突出的环境治理领域看，行政集权以及考核自上而下的单向性使得政府官员为了增加晋升资本、提高政绩，采取降低环境标准的方式提高本地竞争优势从而吸引投资，导致环境污染事件增加和污染损失严重。① 各地环境类抗争事件频发，大型项目上马之前风险预警意识薄弱（或故意低调处理），缺乏意见公开征询过程，环评程序和结果漏洞丛生，媒体和公众抗议后政府又不能勇于担当，缺乏沟通的勇气和能力，这与政府怕出事、求太平的自利倾向紧密相关。目前，政府常用上下级政府切割和抓典型以平民愤的方式处理此类问题，但从长远来看还有赖于更为深入的绩效体系改革和反腐倡廉工作，才能使政府官员更关注公共利益。

在自利主义倾向的影响下，封闭控制和单向宣教模式曾成为最常见的中国官方危机公关模式之一——把新闻发布看作一种政治表态。在这种思维的引导下，政府往往在面对危机时首先考虑部门利益、地区利益，采取消极的、压制的态度，或者片面发布信息，忽视了公众知情权等公共利益，这样的危机应对策略往往为更大的风险埋下伏笔。随着社会传播透明度的提高，政府传播的另一种自利倾向开始萌芽，即政府在确定危机无法掩盖，需要公开传播的基础上，动用大量人力物力，吸引媒体资源进行大规模报道，试图将传播效果和事件处置结果做成一种政绩，在科层制内争取"能见度"。如很多地方政府将矿难抢险直播做成官员的政治秀场；对待记者采用好吃好住好玩的"三包"政策；一些地方处理好某个社会问题后，花钱买机会上央视、作专题等。这种表面看上去公开透明的政府传播行为，并没有真正地将公共利益取向作为最重要的考量，其实是另一种形式的滥用职权和浪费资源。政府传播自利主义倾向的普遍存在，会导致沟通的扭曲和失效，由于价值目标发生了偏离，政府越是深谙所谓传播策略和话语技巧，就越是造就出更多的谎言和误解，与公共利益背道而驰。

第三节　构建国家治理现代化体系下的风险公共传播机制

2013年11月12日，十八届三中全会公报指出："全面深化改革的总目标是完善和发展中国特色社会主义制度，推进国家治理体系和治理能力现代化。"这标志着在实践中被悄然应用和在书斋中被广泛研究的治理理论，开始作为推动中国全面发展的有效方略，步入国家治理和社会治理的正式范畴。② 有学者指出，国家治理体系与能力现代化

---

① 张楠，卢洪友. 官员垂直交流与环境治理——来自中国109个城市市委书记（市长）的经验证据［J］. 公共管理学报，2016（1）：131—154.

② 唐亚林. 国家治理的登场及其方法论价值［J］. 复旦学报：社会科学版，2014（2）：128—137.

本质上是国家治理体系与其面临的公共问题性质与特征之间不断契合的过程,当代公共问题具有"复杂动态性"特征。①

笔者认为,为适应和面对当前我国社会政治、经济、文化情境的复杂动态变化,常态化的、综合型的风险治理必须取代非常态的、单主体的危机管理,风险治理与公共传播作为应对公共问题的关键环节,也是衡量国家治理能力和水平的重要维度。"公共传播是多元主体基于公共性展开的沟通过程、活动与现象,旨在促进社会认同与公共之善。"②政府作为公共资源的拥有者、民意的回应者、协商平台的搭建者和制度规范的制定者,虽然不再是包办一切的管制者,但理应作为核心主体角色构建风险公共传播机制,激活和促进各类治理主体协同并进,积极参与。国家治理现代化水平的提升,意味着在风险治理领域要实现更为民主、平等、公平、公开、开放的沟通互动,政府传播应该首先作出根本性的和基础性的努力,在此基础上塑造社会的理性共识,并最终形成解决公共问题的合力。

一、新风险观下的政府传播理念变革

传统危机管理中的政府传播以"信息公开"和"舆论引导"为主要内容。前者通过新闻发布,借助政府平台或传统媒体的传播,告知公众危机事件的现状、原因和政府举措;后者侧重于信息调控和观点灌输,试图通过调节舆论场,影响公众的情感和态度。张志安认为,传统舆论引导方式大体遵循"事件导向"的引导模式,即主要是在网络事件发生后或出现舆情危机时才实施舆论引导,缺乏足够的预警和长期规划,公众在舆论引导中更多只是建立其对具体事件的认知观念,而很难基于这些碎片化的事件形成对社会公共议题的整体性共识。这些无疑会导致其存在相对表面和短期控制等问题,为此有必要更深层次、更科学、更专业地提升舆论引导策略。③ 基于本书的分析,在风险治理的视野下,政府传播在理念层面需要分别针对"风险—危机"的复杂特征、政府责任定位和根本价值取向,建构和强化三方面的认识。

1. 充分认识"风险—危机"的动态性、嵌入性和建构性

随着中国社会转型、新型媒介生态和全球化的进一步深入发展,各种社会矛盾和问题日渐凸显,潜在的社会风险不断演化为现实层面的危机频发。"在当前形势下,虽然突发事件层出不穷,各级政府应急管理的任务很重,但越是如此,越要清醒地看到应急管理的功能之所在,不能形成对'应急'的过度依赖,更不能仅仅满足于'应急'。"④政府传播要培育"大风险观",即要从全过程来考量风险。理论上的风险治理包括社会

---

① 杨冠琼,刘雯雯. 公共问题与治理体系——国家治理体系与国家治理能力现代化的问题基础[J]. 中国行政管理, 2014 (2):15—23.
② 胡百精,杨奕. 公共传播研究的基本问题与传播学范式创新[J]. 国际新闻界, 2016 (3):61—80.
③ 张志安,张美玲. 网民社会心态与舆论引导范式转型[J]. 社会科学战线, 2016 (5):143—149.
④ 童星,张海波. 基于中国问题的灾害管理分析框架[J]. 中国社会科学, 2010 (1):132—146.

风险识别、社会风险预警、社会风险消减、公共危机爆发、应急处理、情境恢复等六个阶段。风险—危机是动态演化的，并不是一种简单的线性关系，其发展路径具有极大的不确定性；各个危机事件是嵌入整体的社会风险当中的，个案无时无刻不与社会的结构性问题发生碰撞和链接；"风险—危机"不仅仅是一个政府单方面定性的、客观技术和数据的问题，而是一个多元主体主观建构的过程，其"紧迫性和存在随着不同的利益和价值而变化不定"①。因此，风险治理中的政府传播不应止于应急管理的层面，更不能狭隘地认为是应对媒体、控制舆情，而应该持续地围绕公共问题，找准各个利益相关者的关切点，以对话的姿态进行互动沟通。政府传播特别要注意危机前期预防（社会问题潜伏期）中的社会心态搜集研判、话题建构、公众参与和知识传播，以及危机后期恢复（制度修复及执行期）的政策解读、反馈分析和循环沟通。

2. 强化政府传播的权责意识

在中国风险语境下，政府扮演了十分重要的角色。在风险治理过程中，政府传播层面的权力既应该限制，又应该提升，关键看权力与责任是不是匹配的。导论中提到，政府传播分为显性传播（政府在台前通过行动和话语进行）和隐性传播（在幕后通过管理、引导和控制进行）两部分。后者体现了政府传播的控制性，来源于它对核心信息源的独占性，以及它对主要媒体渠道的行政强制力，包括下发宣传通知、引导关键媒体等行为。但现实证明，政府传播控制性在可行性和有效性上，都受到极大挑战。一些政府部门在传播中依然在越俎代庖、抵制舆论监督，强行干预信息和观点自由流动，这种控制性权力需要加以限制。相比部分政府对待媒体和公众的强势，很多政府传播部门在政府体系内部又常被边缘化，无法参与核心决策，缺少人力物力。这需要各地主政领导予以高度重视和战略性地支持，政府传播的调研、策划、传播、反馈等各环节应与风险治理的各项工作紧密融合，避免"做一套、说一套"的问题出现。同时，政府也应充分关注新媒体环境中的谣言传播、隐私侵犯、标签化、污名化等风险问题，政府不应被各种舆论乱象所胁迫，而要通过提供规范性文件、执法清理、澄清解释等方式来加强管理。

在责任层面上，政府作为风险治理的第一责任主体，有责任获取、披露、回应相关信息。"以公开为原则，以不公开为例外"，《突发事件应对法》《政府信息公开条例》等相关法律规定表明，发布与风险、危机有关的信息，满足社会的需要，已经不再是政府的权力，而是一种必须完成的责任。值得重视的是，2004年，喻国明就曾指出我国在信息披露方面所存在的责任不对称情况，"表现在作为某一级主管的官员，不披露某类信息不会承担任何责任。但如果他一旦披露了，却可能要承担由此而来的全部后果。人的天性是趋利避害。责任不对称使官员倾向于沉默，倾向于不披露，倾向于不接触媒

---

① （德）乌尔里希·贝克. 风险社会[M]. 上海：译林出版社，2004：31.

体。这是体制问题。"① 10多年过去了，虽然政府连续出台多项法规条例、工作指南，这种"信息机会主义"在各地依然不同程度的存在。制度建设为政府传播"客观责任"的确定提供了依据，但如果执行者的观念不改变，制度的效果就无法发挥。更重要的是，新媒体舆论和社会风险情境处于不断快速地变化中，政府的相关制度更新难以完全跟进现实的要求，政府在传播过程中就更不能仅仅满足于从"客观责任"的角度规范和约束自身行为，而更应从主观上强化和提升责任意识，充分理解利益相关者对政府责任的归因和期待，积极回应，多方协商，持续优化和提升自己的执政和服务能力。

3. 以公共利益为政府传播的基本价值取向

案例研究表明，政府客观存在的自利主义倾向会带来封闭控制的传播模式、造成风险的恶化升级和危机的加速爆发，削弱政府的风险预警和社会合作能力，也导致其他主体无法在信息共享的基础上参与风险治理。重塑合法性和公信力要求政府转变思维，始终把公共利益作为其传播的核心价值取向，解决政府公共性和自利性矛盾所导致的角色困境。学者指出，坚持公共性，弘扬公共精神，才能从强化价值基石的路径上遏制政府合法性的递减。现代公共管理的公共性特征，指向公共利益取向、公共服务导向和公共参与合作共治三层意涵，它们是一种应然性要求，并非可以在任何政府管理体系中天然形成和产生作用，它们需要培育、维护、彰显与不断强化。②

以政府对待社会抗争事件的态度为例，政府应该广泛学习各地经验教训，改变"机械稳定观"，不要动辄将民众的群体聚集视为社会不稳定因素，一概以"别有用心""恶意破坏"等进行政治化的定论，只看到民众给自身的政绩考核带来的麻烦。政府应倾听和理解民众的诉求和关切，理解抗争"是弥补制度化途径不足，寻求途径以化解社会矛盾和冲突的解压阀和缓冲器，对国家的民主和善治程度都有提高"③。政府在事件中应该成为公正的信息发布者、利益仲裁者和协调者，不能直接为自身和其他特定利益代言，甚至为参与利益争夺而左右舆论方向。

从现实效用看，以公共利益为价值取向，才能为政府信任资源的获取提供扎实基础。Renn总结了信任的七个成分，包括能力（应对问题所需要的技术和专业知识）、客观（在他人看来，信息和表现都没有偏见）、公平（充分代表所有相关方的意见）、一致（能够根据以往经验对现有论点、行为和沟通努力程度进行预测）、真诚（诚实，开放）、共情（理解和团结潜在的风险受害者）、信念（被感知到的表现和沟通的好意）。④ 只有践行公共精神的政府传播，才能体现出上述的客观、公平、真诚和共情等

---

① 喻国明. 防止新闻发言人封锁新闻 [N]. 瞭望东方周刊，2003-12-08.
② 黄健荣. 论现代政府合法性递减：成因、影响与对策 [J]. 浙江大学学报：人文社会科学版，2011（1）：19—33.
③ 孙培军. 当前中国社会抗争研究：基于抗争性质、动因与治理的分析 [J]. 社会科学，2011（1）.
④ 国家食品药品监督管理总局，国家食品安全风险评估中心编著. 食品安全风险交流理论探索 [M]. 北京：中国标准出版社，2015：27.

信任要素,才可能被公众认可和支持。

二、建立良性互动的风险共治机制

在国家治理现代化体系下,学者们相继提出"复合治理""合作治理""协同治理"等概念,强调除政府这一治理中心之外还存在着多元的治理主体。十八届三中全会提出,要改进社会治理方式,"坚持系统治理,加强党委领导,发挥政府主导作用,鼓励和支持社会各方面参与,实现政府治理和社会自我调节、居民自治良性互动"。这就要求建立政府主导、多方参与的风险共治机制。风险公共传播机制正是这种风险共治机制在信息共享和互动层面上的一种制度设计,它的形成需要有完善、细致、具有操作性的法治基础,需要政府健全开放式决策和政府回应机制,并以参与式沟通模式促成协商对话。这一系列的机制建立,首先是有宏观上、共识性的法治安排,也强化了政府的自我反思和社会互动的机制,同时还通过吸纳、激励、赋权和包容等方式,使更多的社会主体理性有序地参与进来,从而向风险"善治"的目标趋近。

1. 共治的前提基础是完善"法治"

法治是现代国家治理的重要手段,具有指引、规范、推进和制约作用,实现法治更是现代国家治理的基本目标。①风险共治的前提基础是"法治"而不是"自治"。过度强调多中心的"自治"相当于无中心,结果往往带来公共事务的混乱。而"法治"在于提供一套共治的规则,正如十八届四中全会所提出的,"法律是治国之重器,良法是善治之前提。"国家治理现代化进程中,要把法治作为社会治理体系中的"最大公约数",即不论政府、企业、社会组织或是公民个人,都是平等的法律主体,都需要以法律作为社会普遍遵守的行为规则。② 下面将以食品安全风险治理的法治化为例,来说明法治对于风险公共传播的基础性作用。

截至2015年底,"食品安全"已连续4年在"中国全面小康进程中最受关注的十大焦点问题"中居于榜首,食品安全问题是我国关注度最高、牵涉面最广、复杂程度最大的社会风险类型之一。从1995年颁布的《食品卫生法》,到2009年在一系列重大食品安全事故下催生出台的《食品安全法》,再到2015年新修订实施的《食品安全法》,两部食安法有关事件处理、风险治理、信息公布和风险交流的规定逐步完善,对现实问题的解决产生了较大的促进作用。

第一,新《食品安全法》首次强调了"预防为主、风险管理、全程控制、社会共治"的风险治理原则,试图突破政府突发事件应急管理和单一中心管理的局限。这将为风险公共传播提供重要的法理基础。

---

① 姜明安. 改革、法治与国家治理现代化 [J]. 中共中央党校学报,2014 (4):47—54.
② 李晓燕:社会治理现代化的必由之路:从运动式治理走向法治——党的十八届四中全会精神的解读 [J]. 理论探讨,2015 (1):14—18.

第二，新《食品安全法》在《食品卫生法》和2009年《食品安全法》基础上，进一步规定了风险传播的多个主体，明确了包括政府在内的各方的传播义务和守则。如1995年《食品卫生法》中规定县级以上地方人民政府卫生行政部门行使食品卫生监督职责，包括宣传食品卫生、营养知识，进行食品卫生评价，公布食品卫生情况。而新《食品安全法》提高了传播主体的规格，从政府职能部门到强调"各级人民政府"应当加强食品安全的宣传教育，普及食品安全知识。另外，还新增"食品生产经营者"这一传播主体，强化其传播责任，这样就形成了食品行业协会、政府、社会组织、基层群众性自治组织、食品生产经营者、新闻媒体、消费者在内的，相对完整的风险传播多元主体结构，各方的传播内容及其目标各有侧重。对于各主体传播的要求和禁区，法律也增加了具体规定，如强调媒体"有关食品安全的宣传报道应当真实、公正"，"任何单位和个人不得编造、散布虚假食品安全信息"。

第三，新《食品安全法》首次在第二章"食品安全风险监测和评估"中提出建立"食品风险交流制度"，风险交流制度的明确出现和前置定位（风险交流不再是有了评估和决策后再作发布，而是贯穿于风险管理全过程），表明这项工作受到了极大重视。新《食品安全法》确立了风险交流的组织者（县级以上人民政府食品药品监督管理部门和其他有关部门、食品安全风险评估专家委员会及其技术机构）、参与者（食品生产经营者、食品检验机构、认证机构、食品行业协会、消费者协会以及新闻媒体等）、沟通原则（科学、客观、及时、公开）和沟通内容（食品安全风险评估信息和食品安全监督管理信息）等。如果说2009年《食品安全法》相比《食品卫生法》的一大亮点，是在信息内部通报之外，设立了面向社会的"食品安全信息统一公布制度"，构建了"统一与分散相补充、中央与地方相结合"的信息发布网络①；新《食品安全法》的另一进步，则是从政府负责的食品安全信息统一公布制度到多元互动的风险交流制度。政府的单向发布虽然重要，但总有其问题和局限，也存在信息接收量不高、理解度偏低的情况，只有各方在交流中相互沟通、化解矛盾、形成共识，才能进一步找到合理的问题解决方案。

另外值得一提的是，新《食品安全法》首次提出"县级以上人民政府应当将食品安全工作纳入本级国民经济和社会发展规划，将食品安全工作经费列入本级政府财政预算"，这将为食品安全管理和风险沟通提供有力的物质和制度保障。

2015年下半年，广东省食品监督管理局已经开始围绕新《食品安全法》的要求，与中山大学、华南农业大学等高校的公共卫生、传播、食品产业相关院所一起合作，开展食品风险管理和风险交流机制的研究，并在2016年初委托广东省食品检验所，筹备针对20多个食品行业的风险交流会议。截至2016年6月，已经举办了有关酒类和乳制品行业的两次活动，会上，监管部门、专家、企业、媒体和消费者代表进行了广泛交

---

① 孔繁华. 我国食品安全信息公布制度研究［J］. 华南师范大学学报：社会科学版，2010（3）：5—11.

流,取得了较好的效果。省食药局的官员在发言中提到,过去相比于风险监测和风险评估,风险交流所受到的重视很不够,正是新《食品安全法》的规定促使他们更加重视食品风险交流工作,法律总体上明晰了交流的职责和机制,相关部门未来还要在不断实践和尝试中坚持做好风险交流。

综上所述,可以看到正是法治完善使各方传播交流的责任"刚性化",提高了政府对风险交流职责的重视程度和完成职责的紧迫感,也为相关部门进行资源配置和调用提供了保障和合法性。

2. 健全开放式决策和政府回应机制

政府传播贯穿于风险共治的全过程,除了应急阶段外,既需要重视风险的源头治理,针对涉及公众生产生活的重大活动、重大项目、公共服务事项重大调整等政策议题,建立开放式决策机制,防止因为决策的程序不正义或决策失误而产生风险聚集;也要关注过程管理,持续通过科学有效的政府回应机制来了解民意,求同存异,搭建共识。

"开放式决策"的特征是强调决策过程每一个环节的公开,强调专家和各个阶层的意见表达,强调公众参与,以及公众参与的制度化保障。例如,听证会;对决策审议会议进行网络直播;对各类意见需要进行汇总并告知处理信息;对政策执行过程中评估的信息还需要公开。① 如果决策过程封闭,或者政府决策主体和传播主体脱节,就会带来政府传播的失败和风险的社会放大。邱鸿峰对福建东山 PX 事件的研究表明,由于大型高风险项目的产业转入决策往往由省或地级市政府作出,在县政府的行政权限范围内,基层政府往往无法向民众解释产业转入带来的分配不正义。环境正义的另一个要素是程序正义,它对公众是否接受高风险风项目、持有"邻避"态度和是否用"散步"表达环境关切有明显的预测作用,这意味着地方政府的风险传播应当围绕公众介入环境风险评估与决策而组织相应的传播,而非只是依赖于技术安全框架。②前端决策罔顾民意,后端的沟通就会事倍功半。

政府回应是指现代政府公共管理过程中,对公众的需要和所提出的问题作出积极敏感的反应和回复的政策决策过程。③ 良好的政府回应性或协商性是搭建协同治理平台的关键,搭建平台的方式在于建立多方对话谈判的机制。孟天广、李锋针对全国性网络问政平台人民网"地方领导留言板"的研究表明,2006 年以来网民向各省市区书记和省长发帖表达的诉求逐年迅猛发展,截至 2014 年上半年,各省党政机关回应了 69803 条网民诉求,占总发帖量的 32.8%,2012—2014 年的政府回应性是 2008 年的 20 多倍。各省间回应率的差异源于各省对网络民意的重视程度及回应机制建设情况(如是否以

---

① 朱德米. 决策与风险源:社会稳定源头治理之关键[J]. 公共管理学报,2015(1):137—144.
② 邱鸿峰. 技术安全框架还是环境正义框架?——从东山 PX 事件看政府风险传播的困局与破解[J]. 中国地质大学学报:社会科学版,2016(1):91—101.
③ 何祖坤. 关注政府回应[J]. 中国行政管理,2000(7):7—8.

"红头文件"形式建立固定工作机制)的差异。不可否认的是,地方政府对公众诉求采取选择性回应策略,相对强势的诉求主体(如城市居民,企业主)和较低复杂度的议题更容易得到政府回应,而环境保护、就业、拆迁征地等议题的政府回应显著更低。①由此可见,政府在回应和处理网民提出的典型社会风险议题的过程中,仍然需要健全机制和提高能力,进一步摸索新方法,打通部门之间的协调关系,对民众进行更为及时、有效的回应,并落实到政策问题的解决中去。

我们看到,媒体融合与移动互联网的快速发展,为基层政府治理创新提供了机遇。良好的治理传播思路、科学的治理架构与先进技术相结合,正在有效提升公众的满意度和认同感。深圳市罗湖区以"家园网"为核心平台,建立了83个社区子网站(群),运用互联网技术,整合报纸、电子杂志、门户网站、网络视频、微信等全媒体资源,构建了辖区内资讯发布平台、公共议事平台、舆情反馈平台和政务服务平台。建立"党—政—社群—社区"的多主体协同治理模式,以区别于其他"党—政—居"(即党、政府、居委会)三位一体或"大综管"等模式,强调社区公共治理中的居民参与。②

总体上看,对决策机制的开放和优化能够减少"内源型风险""诱发型风险"的发生,也能避免政府因为自身行为合法性不足而造成传播公信力弱化的情况。而"政府回应"机制对各类风险都是非常重要的话语和行为互动机制,特别在"关联型风险"中,政府要尽量拓宽回应的范围,提高回应的灵活性和亲民度。如果说开放式决策强调的是政府要严于律己、兼听则明的话,那么政府回应强调的是政府要换位思考、不断改进。学者指出,"后新闻传播时代",政府应该采取话语—行为交叉的"双螺旋"模式,来弥合政府和民众之间的"天然距离"(因社会地位差异以及相关政治制度的局限性而造成)和"现实距离"(因交流渠道不畅达或政府对于民意的回应不合理而造成),同时怀有自省之心对"理想距离"(政府当前的行为表现与民众期待的完美政府行为之间的差距)进行前瞻性地回应。③

3. 以参与式沟通模式促成协商对话

政府主导下多中心之间的关系是合作而非竞争,在政府开放决策和积极回应的过程中,也需要其他主体进行角色调整与配合,以建设性的方式参与沟通,进行协商对话。"当代治理成功与否关键在于包括政府在内的社会网络组织的构建、信任关系的形成与合作方式的建立。"④ 西方风险沟通理论虽然主要用于有关技术、环境、健康和安全等类型的公共议题,但对于我国的风险治理和公共沟通也有极强的启发意义,风险沟通正

---

① 孟天广,李锋. 网络空间的政治互动:公民诉求与政府回应性——基于全国性网络问政平台的大数据分析[J]. 清华大学学报:哲学社会科学版,2015(3):17—29.

② 中山大学互联网与研究中心研究专报(决策报告,未刊稿). 倡导公众参与治理 有效化解社会风险——来自深圳罗湖模式的启示,2015(3).

③ 刘小燕,秦汉. 政府回应民意的理性选择[J]. 新闻大学,2015(1):119—125.

④ 孙伯瑛. 当代地方治理——面向21世纪的挑战[M]. 北京:中国人民大学出版社,2004.

第七章 社会风险治理中的政府传播：变迁、差异与革新

从科技范式向民主范式转变，围绕各种类型的社会风险，政府应该发起各主体间的参与式沟通。曾繁旭指出，"参与式沟通"应该确立公众的主体地位，尊重不同的风险知识，提升风险沟通的专业能力和关注公众的情绪。① 本书认为，建立参与式沟通机制，应该考虑角色定位、程序设计、话语建构和信任培养四个主要维度。

第一，角色定位上，政府要改变管控者和说教者姿态，尊重媒体、公众、专家、企业、社会组织等主体的传播权力，各方也要明确自身定位和沟通目标。如政府要有进行长期的、多层次沟通的计划和耐心，不要试图一次性改变各方的态度，也不应认为只有其他主体向政府妥协让步才是最佳的沟通结果，而要葆有包容心和自我调整的空间。媒体应在坚持公共利益和新闻专业主义的基础上，全面、准确地掌握和阐明各类专业性、行业性知识，作出客观公正的解读，避免道德审判和恶意炒作等行为，在舆论监督中注意保护公众人物的隐私权和名誉权②，防止人为放大风险。公众在了解各方信息时，也要意识到自己可能产生的认知偏差，要避免习惯性地"反权威""反专家"，而应该提高自身的信息辨别和解读的能力，之后再对风险问题作出表达。只有各主体对自身可能存在的问题持有反思精神，秉持求同存异、彼此尊重的沟通目标和态度，才有可能进行良性互动。

第二，程序设计上，必须提高各方参与的制度化和科学化程度，保障公平、公正、公开、透明，同时具有便利性和可操作性。"要在议题选择、参与主体、人员与经费安排、运作程序与机制以及如何在项目或政策实施中体现民意反馈等方面做出周密准备。"③四川省环保厅厅长姜晓亭在接受《南方周末》记者采访，提到什邡事件需要改进的地方时说道："当地政府和有关部门就这个项目让公众参与得更充分一些，宣传解释做得更到位一些，或许最后的效果会好一些。在类似这样大的敏感项目上，我觉得公众接受度应该是一个非常重要的前置条件。换言之，包括环评等所有前期工作，应按照法定程序让公众充分参与其中，把相关方面工作全部公开透明，比如项目利弊，既要说带动就业、带来税收的好处，也要说带来污染的问题，而且项目投产后到底会产生什么污染物，污染到什么程度，当地政府都应该说透，并接受各方询问，到最后就是公众选择权的问题。如果公众能接受的话，项目就做；不接受，就只有放弃项目。"④

第三，话语建构上，政府首先需要理解公众等不同主体的知识结构和认知模式，然后在此基础上选择能够引发兴趣、容易理解、唤起共鸣的话语方式来进行沟通。风险所造成的影响并不完全取决于风险的实际危害。公众风险认知的影响因素包括特定风险属性、公众心智模式、情感过程等微观因素和社会、政治、文化等宏观因素。"公众的风

---

① 曾繁旭，戴佳．风险传播：通往社会信任之路［M］．北京：清华大学出版社，2015：129—130．
② 童兵．构建舆论监督的法律体系——兼议依法治国和舆论监督的改革［J］．新闻爱好者，2015（02）：20—24．
③ 贾鹤鹏，苗伟山．公众参与科学模型与解决科技争议的原则［J］．中国软科学，2015（5）：58—66．
④ 吕宗恕．四川环保厅长回顾什邡钼铜争议 公众参与多一点，结局或不同［EB/OL］．南方周末网，2014－01－24．

险知识主要建立在经验和直觉的基础上,他们通过相似的经历、联想、图像、情感等获得知识,一般不具有专家的专业知识。"① 因此,政府和专家要更为全面深入地理解公众的风险认知,在保持准确性的基础上,多使用事例、有人情味的故事和具体的类比,多运用简单的视觉材料和图表,避免提供太多技术性的细节和法律性的行话等。否则,未经"转译"的行政话语或技术声明就可能被公众解读为一种权力和知识的傲慢,形成沟通和参与的壁垒,甚至带来对抗式的解读。一场希望彼此接近的努力,最后因为话语的误解,还产生了更多的防御和敌意,就得不偿失了。风险治理中,不同主体可以根据各自的沟通对象采用具有特色的话语风格,虽然彼此间有一定差异,但只要都坚持专业、负责、对话的精神,就能实现互相配合协作。以食品安全话题为例,科普网站(果壳网、知乎)、《南方周末》"健言"栏目、国家食品安全风险评估中心等平台的专家、记者和科普作者,在很多事件和争议中频频发言,在科普和提升公众理性方面互相呼应,做了很多工作。

第四,信任培养上,我们要看到彼此信任是促进参与的前提基础,信任也是参与式沟通要达成的重要目标。新媒体环境下,产生了信息的飞沫化和传者的去中心化,危机情境下人们首先要信任某一机构,视其为"中心",才可能认真倾听对方,捕捉收集散落的信息飞沫,也才可能调整行为。② 在与公众对话的过程中,Gerry Kruk 对建立信任提出了八大战术:"创立友好的氛围;保持谦恭;公开与诚实;承认自己对于一些事情还并不了解;兑现自己的承诺;承认错误并道歉;尊重对方并设身处地考虑问题;强烈的社会和道德责任感。"③ 这些实战技巧体现出这样一种新的风险认识论——在风险面前,专家和决策者承认自己并不是全知全能的。风险是一种涉及多方利益和权力、社会文化和道德问题的社会建构物,需要多方参与和协商解决。需要注意的是,传播过程中还要避免以下可能破坏信任的做法:"专家之间的互不认同;风险管理组织之间的缺乏协作;风险管理权威不够重视公众对倾听、对话和公共参与的强烈要求;不愿意及时发布和分享信息;许多风险信息提供者有经常失真、夸大、保密或者其他更恶劣行为的历史。"④

参与式沟通有助于改变"危机公关"模式下过于强调组织利益和负面影响控制的问题,也有利于化解"科技范式"中专家和权威对公众的压制和说教,体现了民主协商的精神。

---

① 黄新华. 风险规制研究:构建社会风险治理的知识体系 [J]. 行政论坛, 2016 (2): 73—80.
② 胡百精. 健康传播观念创新与范式转换——兼论新媒体时代公共传播的困境与解决方案 [J]. 国际新闻界, 2012 (6): 6—10.
③ G. Kruk. Risk Communications and the Management of EMF Risks, EMF Risk Perception and Communication. *Proceedings International Seminar on EMF Risk Perception and Communication*, Ottawa, Ontario, Canada, 1998: 95—118. 转引自谢晓非, 郑蕊. 风险沟通与公众理性 [J]. 心理科学进展, 2003 (3): 375—381.
④ V. Covello, R. Peters, J. Wojtecki, & R. Hyde. Risk Communication, the West Nile Virus Epidemic, and Bioterrorism: Responding to the Communication Challenges Posed by the Intentional or Unintentional Release of a Pathogen in an Urban Setting [J]. *Journal of Urban Health*. Bulletin of the New York Academy of Medicine, 2001, 78 (2): 382—391.

三、在深化改革中实现传播能力的协同进化

客观而言，我国风险治理中的政府传播能力已经有了很大提高，这表现为各地信息公开和问责制度建设全面提速，全国各个层级的新闻发言人体系已经逐步健全，政府越来越重视公共问题和危机事件中的公共沟通，对"时、度、效"的把握上渐趋专业化，政府运用"两微一端"等新媒体进行服务和沟通的能力也迅速提高。与此同时，面临改革攻坚期、发展关键期和社会转型期的中国社会，各类风险不确定性仍在增加，公众对社会安全、公平发展和政府效能的期待不断提升，整个社会对政府传播能力提出了更高的要求。

我们必须清醒地看到，政府行为效能与政府传播之间的辩证关系。一方面，政府传播是其公共管理职能的延伸和外化，政府传播状态受到政府职能发挥有效程度的直接影响。所谓"巧妇难为无米之炊"，如果没有正确的、科学的、民主的决策，如果没有良好的政府绩效和社会治理成果，政府传播就没有充分的、有价值、有吸引力的内容。光靠空洞的表态或无法实现的承诺，就没有足够的科学性和权威性，只能进一步伤害政府与社会的互信关系。另一方面，政府传播对其管理职能具有促进和"反哺"功能。政府传播有助于提高政府的办事效率，双向沟通能够优化提升政府的观念和工作机制，获取社会的配合与认同，加强社会凝聚力和向心力。正如习近平总书记所强调的："加强和改善党对新闻舆论工作的领导，是新闻舆论工作顺利健康发展的根本保证。各级党委要自觉承担起政治责任和领导责任。领导干部要增强同媒体打交道的能力，善于运用媒体宣讲政策主张、了解社情民意、发现矛盾问题、引导社会情绪、动员人民群众、推动实际工作。"① 认清了政府传播与治国理政、风险治理之间的辩证关系，未来我们需要在深化改革的进程中解决以下四大问题，实现政府传播能力的协同进化：

第一，促进公众参与，加快建立健全监督制约机制，有效避免政府及其工作人员的负面特征和不当行为，最大限度地消除政府信任危机爆发的导火索。② 只有这样，才能减少内源型社会风险的爆发，也避免政府在诱发型风险中从传播协调者变为被归咎者。只有身正才能不怕影子斜，政府自身不是风险源头，才能在治理风险的过程中具有公信力、引导力和影响力。

第二，进一步促进政府机构调整，厘清政府职能，理顺管理机制，建设服务型、责任型政府。各地主管领导要提高自身的媒介素养，高度重视传播工作的重要性和紧迫性，给予相关部门足够的政策和资源支持。提高政府传播部门参与重大决策和全面了解具体职能部门信息的权限，避免部门分割和"政出多门"，增强各级各部门政府的共享

---

① 习近平：切实提高党的新闻舆论传播力引导力影响力公信力［EB/OL］. 新华网，2016-02-20.
② 邹育根. 当前中国地方政府信任危机事件的型态类别、形成机理与治理思路［J］. 中国行政管理，2010（4）：43—45.

协调机制，建立统一权威的信息披露机构和平台。这一系列措施能够使政府传播更为准确、通畅、迅速。

第三，推动利益分配协调机制改革，平衡社会利益格局，提高公共服务和社会保障的效率和质量，更好地解决公众广泛关注的教育、医疗、就业等基本民生问题，拉近公众主观感受、心理期待与政府传播话语之间的距离。正如学者所言："在风险治理的框架内研究社会稳定议题，其焦点不仅仅是集中在风险应对上，而是关注地方公共决策与不稳定风险之间的逻辑关联。社会不稳定是社会利益系统失衡的一种表现，其根本在于决策制度安排。"① 只有调解好社会利益分配体系，让公众切切实实地感知到社会的公平正义，公众才能更信服政府的政策传播和思想观点，从宏观上逐步消解社会对抗和群体对峙的心态，为政府传播效果的提高培养良好的社会舆论环境。在这一过程中，政府也要改变全能型、管制型、人治型政府的思维和做法，在建立规则、依法治理的同时，尊重、包容和吸纳民意。

第四，充分利用网络新媒体技术，提高网络理政能力。这意味着政府传播在治理体系调整、制度建设、心态改变的基础上，可以充分引入技术创新机制来更好地实现传播效能的提高。"网络理政并非就是把网络作为手段进行理政那么简单，而是强调以人民为中心，涉及政府信息公开、公众参与决策、多主体协同治理以及个性化便民服务等一系列重大问题。网络理政要求建立服务型数字政府，使政府依托数字信息技术进行决策、管理和服务。在实践中包括了网络民意测量、数据信息公开、网络政务服务、政府回应和网络协商等一系列机制创新。"② 杜骏飞也指出，政府应以虚拟社会的动态管理、差异管理、认同管理、协商管理、学习管理来应对治理挑战，并且，"现实—虚拟"的跨管理协同应成为虚拟社会管理机制的最终归宿。③

风险治理中的政府传播，在社会转型、公共事件、媒介和公众的共同推动下发生了渐进式的变革，在制度建设、政府间学习竞争和个体组织创新上都有所突破。政府在治理内源型风险、诱发型风险和关联型风险的过程中，既需要正视自己的责任，勇于担当，积极沟通；也需要保障公众的知情权、表达权、参与权、决策权和监督权，在对话协商中寻找问题解决之道。政府应当避免信任危机和自利主义倾向，以全面的风险治理取代运动式治理，始终以公共利益作为政府传播的基本价值取向。"十三五"开局伊始，风险治理任重道远，习近平总书记强调，"要清醒认识面临的风险和挑战，把难点和复杂性估计得更充分一些，把各种风险想得更深入一些，把各方面情况考虑得更周全一些，搞好统筹兼顾。"④只有建立具有合法、开放、透明、高效、责任、回应性、参与等善治特征的政府传播体系，在深化改革的过程中推动政府传播能力的现代化，才能更好地实现国家治理现代化。

---

① 朱德米．决策与风险源：社会稳定源头治理之关键［J］．公共管理学报，2015（1）：137—144．
② 沈国麟，李良荣．政府应善于进行网络理政［N］．人民日报，2016－07－11．
③ 杜骏飞，李永刚，孔繁斌，虚拟社会管理的若干基本问题［J］．当代传播，2015（01）：4—9．
④ 新华社电．习近平：谋划"十三五"要清醒认识风险和挑战［EB/OL］．网易新闻，2015－05－29．

附录

附录一 湘西非法集资事件《团结报》报道内容分析编码表

编号	变量	理论定义	操作定义	备注
1.	版面位置	信息在版面上占据的版序及区序	1. 头版头条 2. 头版其他位置 3. 综合新闻版 4. 任何其他位置	《团结报》周六和周日两天为"晚报版",其"湘西新闻"版就相当于日报版的"综合新闻版"。因此在录入时,将出现在"晚报版"的"湘西新闻"版面视为"3. 综合新闻"版
2.	版面大小	版面的面积大小	1. 小篇报道 2. 中篇报道 3. 大篇报道	为用尺测量版面的面积:面积小于60平方厘米定为小篇报道,大于等于60平方厘米而且小于等于300平方厘米定为"中篇报道",大于300平方厘米定为"大篇报道"
3.	主议题	报道内容中出现或涉及最多、最关键的核心议题	1. 群体性事件处理及社会维稳工作 2. 各级领导对处非工作的指示和意见 3. 省、州领导的慰问关心 4. 群众工作组的日常入户工作 5. 非法集资的特点、危害、法制解读 6. 党政干部的处理及结果 7. 湘西涉案企业的相关情况 8. 群众的生活状况、意见表达和心理动态	主题根据标题、主要内容及其报道篇幅来确定 10. "处非核心工作进展"具体是指有关集资登记和确认、企业清产核资、清退方案制定、集资款清退等工作的报道。这一系列工作是"处非"系统工作的主体部分,因此列为"处非核心工作" 11. 指该报道涉及三个及以上的议题

续上表

编号	变量	理论定义	操作定义	备注
			9. 各方面的心理疏导和情感沟通工作 10. 处非核心工作进展 11. 综合性议题	
4.	辅议题	通过议题嵌套、侧面呈现、附带说明等方式在报道内容中凸显的第二主题	0. 无主题二 1—11 的类目与主议题分类相同	
5.	体裁	信息呈现的外在方式	1. 消息 2. 通讯/特写 3. 深度报道 4. 评论 5. 读者来信及网络留言 6. 专家访谈 7. 政府新闻发布实录 8. 政府通告/通缉令 9. 其他	
6.	主角	报道中出现的主要人物角色	1. 湖南省和中央级官员 2. 市州主要领导和市州人民政府 3. 市州各部门和基层干部 4. 非法集资企业 5. 群众 6. 违法犯罪当事人 7. 公安机关 8. 专家学者 9. 各级官员 10. 公安和违法犯罪分子 11. 政府与群众 12. 其他多主角	3. "基层干部"包括县乡镇的干部以及社区干部等
7.	信源	指新闻事实或内容的提供者	1. 政府 2. 团结报记者自采 3. 新华社及湖南省媒体报道组 4. 专家 5. 群众 6. 公安机关	政府会议新闻、通告、新闻发布实录的信源列为政府,读者来信和网络留言的信源列为群众,通缉令和由公安机关直接发布的通告、情况信源列为公安机关

附录二 案例研究访谈列表

部分被访者的单位和名字，因其个人要求做了特殊处理。访谈时间长度一般在半个小时至两个小时之间，部分被访者接受了追踪访谈。

一、湘西非法集资事件访谈列表

1. 湘西《团结报》记者胡昭，2009年7月25日访谈。
2. 湖南省政府新闻办官员A，2009年8月5日访谈。
3. 湖南省政府新闻办官员B，2009年8月4日访谈。
4. 吉首大学某教授，2009年12月23日访谈。
5. 《湖南日报》记者林之礼，2010年2月10日访谈。
6. 《湖南日报》记者钱章，2010年2月28日访谈。
7. 《湖南日报》社驻湘西站记者尹和章，2010年3月31日访谈。

二、上海倒楼事件访谈列表

1. 闵行区宣传官员A，2009年9月11日访谈。
2. 闵行区宣传官员B，2009年9月15日访谈。
3. 闵行区宣传官员C，2009年9月11日访谈。
4. 闵行区宣传官员D，2009年9月16日访谈。
5. 闵行区委常委E，2009年9月11日访谈。
6. 上海某报记者A，2009年9月25日访谈。
7. 上海某报记者B，2009年9月25日访谈。
8. 上海某报记者C，2009年9月25日访谈。
9. 闵行区信访办官员A，2009年9月30日访谈。

三、"×二代"事件访谈列表

1. 原《南方周末》编辑傅剑锋，现任腾讯公司大浙网总裁，2011年1月13日访谈。
2. 财新传媒首席调查记者，《新世纪》周刊记者王和岩，2011年12月22日访谈。
3. 《羊城晚报》深度报道部记者鲁钇山，2012年3月18日访谈。
4. 《南方都市报》网眼版编辑王佳，2012年4月8日、5月20日访谈。
5. 原《第一财经日报》编辑，"接力中国"协会（国内较大新生代民营企业家的组织）秘书长陈雪频，2012年4月12日访谈。
6. 广东省委某宣传官员，2012年5月6日访谈。

7. 广东省公安厅宣传处官员，2013年5月5日访谈。
8. 香港中文大学教授陈韬文，2012年5月9日访谈。
9. 原《南方周末》记者陈鸣，2012年5月19日访谈。

参考文献

1. Regan, Á.; Raats, M.; Shan, L. C. et al. Risk Communication and Social Media during Food Safety Crises: A Study of Stakeholders' Opinions in Ireland [J]. *Journal of Risk Research*, 2016, 19 (1): 119 – 133.
2. Krystallis, A.; Frewer, L.; Rowe, G.; Houghton, J.; Kehagia, O. & Perrea, T. A Perceptual Divide? Consumer and Expert Attitudes to Foodrisk Management in Europe [J]. *Health, Risk & Society*, 2007, 9 (4): 407 – 424
3. Cho, H.; Reimer, T. & Mccomas, K. The Sage Handbook of Risk Communication [M]. *SAGE*, 2014.
4. Covello, V. T. & Peters, R. G. The Determinants of Trust and Credibility in Environmental Risk Communication: An Empirical Study [J]. *Risk Analysis An Official Publication of the Society for Risk Analysis*, 1997, 17 (1): 43 – 54.
5. Covello, V.; Peters, R.; Wojtecki, J. & Hyde, R. Risk Communication, the West Nile Virus Epidemic, and Bio-terrorism: Responding to the Communication Challenges Posed by the Intentional or Unintentional Release of a Pathogen in an Urban Setting [J]. *Journal of Urban Health. Bulletin of the New York Academy of Medicine*, 2001, 78 (2): 382 – 391.
6. Covello, V. T.; von Winterfeldt, D. & Slovic, P. Communicating Scientific Information about Health and Environmental Risks: Problems and Opportunities From Social and Behavioral Perspective [C]. //Covello, Moghissi & Uppuluri. *Uncertainties in Risk Assessment and Risk Management* [M]. New York: Plenum Press, 1986.
7. Ropeik, D. *How Risky Is It, Really? Why Our Fears Don't Always Match the Facts* [M]. New York: McGraw-Hill Education, 2010.
8. Stevens, I. *The Government as Risk Communicator: Good Communication Practices in the Context of Terrorism* [A]. Paper Presented at the Annual Meeting of the International Communication Association, http://www.allacademic.com/meta/p232338_index.html.
9. Ju Y; Lim, J.; Shim, M. et al. Outrage Factors in Government Press Releases of Food Risk and Their Influence on News Media Coverage [J]. *Journal of Health Communication*, 2015, 20 (8): 1 – 9.

10. Salamon, L. M. *Tools of Government: A Guide to the New Governance, Oxford* [M]. New York: Oxford University Press, 2002.
11. Suchma, M. C. Managing Legitimacy: Strategic and Institutional Approaches [J]. *The Academy of Management Review*, 1995, 20 (3): 571 – 610.
12. You, Myoung-soon & Ju, Youngkee. The Influence of Outrage Factors on Journalists' Gatekeeping of Health Risks [J]. *Journalism & Mass Communication Quarterly*, 2015, 92 (4): 959 – 969.
13. National Research Council (1989): *Improving Risk Communication* (Free Executive Summary) [EB/OL]. http://www.nap.edu/catalog/1189.html.
14. Renn, O. & Benighaus, C. Perception of Technological Risk: Insights from Research and Lessons for Risk Communication and Management [J]. *Journal of Risk Research*, 2013, 16 (3 – 4): 293 – 313.
15. Otway, H. J. & Thomas, K. Reflections on Risk Perception and Policy [J]. *Risk Analysis*, 1982, 2 (2): 69 – 82.
16. Palenchar, M. J. & Heath, R. L. Strategic Risk Communication: Adding Value to Society [J]. *Public Relations Review*, 2007, 33 (2): 120 – 129.
17. Renn, O. & Levine, D. Credibility and Trust in Risk Communication. //Kasperson and Stallen (eds.). *Communicating Risks to the Public* [M]. Dordrecht, the Netherlands: Kluwer Academic Publishers, 1991.
18. Renn, O. *White Paper on Risk Governance: Toward an Integrative Framework* [M]. Global Risk Governance. Springer Netherlands, 2007.
19. Renn, O.; Burns, W.; Kaperson, J.; Kasperson, R. & Slovic, P. The Social Amplification of Risk: Theoretical Foundations and Empirical Applications [J]. *Risk Analysis*, 1992, 48 (4), 137 – 60.
20. Reynolds, B. & Seeger, M. *Crisis and Emergency Risk Communication*. [EB/OL]. http://stacks.cdc.gov, 2014 – 08 – 10.
21. Kasperson, R. E. & Stallen, P. J. M. *Communicating Risks to the Public: International Perspectives* [M]. Dordrecht, the Netherlands: Kluwer Academic Publishers, 1991.
22. Simmons, W. M. Toward a Critical Rhetoric of Risk Communication: Producing Citizens and the Role of Technical Communicators [J]. *Technical Communication Quarterly*, 1998, 7 (4): 415 – 441.
23. Slovic, P. The Perception Gap: Radiation and Risk [J]. *Bulletin of the Atomic Scientists*, 2015, 68 (29): 67 – 75.
24. Earle, T. C. & Siegrist, M. Morality Information, Performance Information, and the Distinction Between Trust and Confidence [J]. *Journal of Applied Social Psychology*, 2006,

36（2）：383－416.

25. Covello, V. & Sandman, P. M. Risk Communication: Evolution and Revolution [C]. // Anthony Wolbarst（ed.）. *Solutions to an Environment in Peril* [M]. Baltimore: John Hopkins University Press, 2001.

26. Coombs, W. T. Crisis Management and Communications [EB/OL]. http://www.institute-forpr.org/crisis-management-and-communications/ 2007-10-30.

27. Wilcock, A.; Pun, M.; Khanona, J. et al. Consumer Attitudes, Knowledge and Behaviour: A Review of Food Safety Issues [J]. *Trends in Food Science & Technology*, 2004, 15（2）：56－66.

1. C.赖特·米尔斯著. 社会学的想像力 [M]. 陈强, 张永强, 译. 北京：生活·读书·新知三联书店, 2008.

2. W.兰斯·班尼特. 新闻：政治的幻想 [M]. 杨晓红, 王家全, 译. 北京：当代中国出版社, 2005.

3. 阿雷恩·鲍尔德温等著. 文化研究导论 [M]. 陶东风, 等, 译. 北京：高等教育出版社, 2004.

4. 芭芭拉·亚当, 乌尔里希·贝克, 约斯特·房龙. 风险社会及其超越：社会理论的关键问题 [M]. 赵延东, 马缨, 等, 译. 北京：北京出版社, 2005.

5. 保罗·斯洛维奇. 风险的感知 [M]. 北京：北京出版社, 2007.

6. 编辑部. 以公共的政治参与化解群体性事件 [N]. 瞭望东方周刊, 2010－04－08.

7. 蔡放波. 论政府责任体系的构建 [J]. 中国行政管理, 2004（04）：48－51.

8. 曹君. 从汶川地震看中国政府的危机公关传播策略 [J]. 珠海市行政学院学报, 2009（01）：55－57.

9. 曹林. 没有说服不了的公众, 只有缺乏说服力的证据 [N]. 中国青年报, 2012－05－30.

10. 曹林. 舆情回应将告别倒逼模式, 开启国务院直通模式 [EB/OL]. 搜狐网, 2016－08－03.

11. 曹龙虎. 国家治理中的"路径依赖"与"范式转换"：运动式治理再认识 [J]. 学海, 2014（03）：81－87.

12. 曹青. 论突发事件中新闻发布制度如何发挥实效——从崇州事件谈起 [J]. 齐齐哈尔大学学报：哲学社会科学版, 2007（02）：77－79.

13. 曹英. 群体性事件中信息处理的策略 [J]. 东南传播, 2010（01）：20－22.

14. 曾博伟. 制约精英溃败 [N]. 南方周末, 2012－01－19.

15. 陈刚, 魏文秀. 作为新闻的争议性事件：内涵、传播特征与新闻价值观的变迁 [A]. //中国媒体发展研究报告 [M]. 武汉：武汉大学出版社, 2013：194－208.

16. 陈刚. 范式转换与民主协商：争议性公共议题的媒介表达与社会参与 [J]. 新闻与

传播研究，2011（02）：15－24.

17. 陈力丹，董晨宇. 从个人事件到公共事件——以"杭州飙车案"为例［J］. 民主与科学. 2009（04）：21－25.

18. 陈力丹，孙江波. 从"违规擅自发布"受罚到信息公开——关于《突发事件应对法草案》两条款的删改引发的思考［J］. 民主与科学，2007（04）：14－17.

19. 陈力丹，易正林. 信息机会主义：山西黑砖窑的隐身衣［J］. 新闻记者，2007（08）：15－17.

20. 陈力丹. 信息公开制度——危机传播实施的政策前提［A］.//武汉大学"公共危机与跨文化传播国际论坛"论文集［C］. 2007.

21. 陈朋. 地方政府创新的三个基本命题［J］. 行政管理改革，2015（02）：40－44.

22. 陈堂发. 新闻媒体与微观政治——传媒在政府政策过程中的作用研究［M］. 上海：复旦大学出版社，2008.

23. 陈韬文. 全球与本土传播的同态化：传媒、个人、国家与全球机构在中国非典疫症中的互动［A］.//武汉大学"公共危机与跨文化传播国际论坛"论文集［C］. 2007.

24. 陈向明. 质的研究方法与社会科学研究［M］. 北京：教育科学出版社，2007.

25. 成伯清. "风险社会"视角下的社会问题［J］. 南京大学学报：哲学·人文科学·社会科学，2007，02：129－135.

26. 程光泉. 全球化事业中的风险治理［J］. 社会主义研究，2006（05）：101－103.

27. 程曼丽. 新媒体对政府传播的挑战［J］. 对外大传播，2007（12）：38－41.

28. 崔亚东. 群体性事件应急管理与社会治理——瓮安之乱到瓮安之治［M］. 北京：中共中央党校出版社，2013.

29. 戴佳，曾繁旭，郭倩. 风险沟通中的专家依赖：以转基因技术报道为例［J］. 新闻与传播研究，2015（05）：32－45.

30. 戴闻名，贾敏. 外媒"回暖"［J］. 瞭望东方周刊，2008－05－23.

31. 单光鼐，蒋兆勇. 县级群体性事件的特点及矛盾对立——单光鼐、蒋兆勇对话录（上）. 领导者，2012，29.

32. 邓蓉敬. 信息社会政府治理工具的选择与行政公开的深化［J］. 中国行政管理：2008公务创新专刊：56－58.

33. 邓聿文. 2009：创造社会和谐新契机［N］. 东方早报，2009－01－06.

34. 邓媛，陈璟贝. 中国发言人制度改革仍须攻坚［N］. 国际先驱导报，2009－06－11.

35. 丁柏铨. 论政府的媒介形象［C］，政府新闻学与中国国际传播国际研讨会，上海交通大学，2008.

36. 丁烈云，何家伟，陆汉文. 社会风险预警与公共危机防控：基于突变理论的分析［J］. 人文杂志，2009（06）：161－168.

37. 丁元竹，等. 中国2010年风险与规避［M］. 北京：中国大百科全书出版社，2005.

38. 杜春林,张新文,张耀宇. 土地财政对地方政府社会保障支出的补给效应［J］. 上海财经大学学报,2015（03）：50-59.

39. 杜骏飞,等. 政府网络危机［M］. 北京：中国发展出版社,2011.

40. 杜骏飞,李永刚,孔繁斌. 虚拟社会管理的若干基本问题［J］. 当代传播,2015（01）：4-9.

41. 杜骏飞. 通往公开之路：汶川地震的传播学遗产［J］. 国际新闻界,2008（06）：34-38.

42. 范碧鸿. 政府信任危机与合理化建构路径［J］. 广西师范大学学报：哲学社会科学版,2010（05）：29-32.

43. 范敬群,贾鹤鹏,张峰,彭光芒. 争议科学话题在社交媒体的传播形态研究——以"黄金大米事件"的新浪微博为例［J］. 新闻与传播研究,2013（11）：106-116.

44. 范敬群,贾鹤鹏. 极化与固化：转基因"科普"的困境分析与路径选择［J］. 中国生物工程杂志,2015（06）：124-130.

45. 范以锦,陈晨. 权威媒体在和谣言的博弈中如何胜出［J］. 中国记者,2009（09）：40-41.

46. 范以锦,张涛甫. 胸襟 德才 创新——范以锦访谈录［J］. 新闻记者,2007（06）：49-51.

47. 方芗. 社会信任重塑与环境生态风险治理研究：以核能发展引发的利益相关群众参与为例［J］. 兰州大学学报：社会科学版,2014（05）：67-73.

48. 方芗. 我国大众在核电发展中的"不信任"：基于两个分析框架的案例研究［J］. 科学与社会,2012（04）：63-78.

49. 风笑天. 社会学研究方法［M］. 北京：中国人民大学出版社,2001.

50. 冯必扬. 社会风险与风险社会关系探析［J］. 江苏行政学院学报,2008（05）：76-81.

51. 高波. 政府传播论［M］. 北京：中国传媒大学出版社,2008.

52. 高靖,崔宁宁,蒋偲. 车主照片首度被公布 下巴额头身上无伤痕［N］. 广州日报,2012-05-30.

53. 格里·斯托克. 作为理论的治理：五个论点［J］. 华夏风,译. 国际社会科学杂志：中文版,1999（01）：19-29.

54. 龚爱林. 关于信息发布的两点思考［J］. 红旗文稿,2009（07）：27-29.

55. 顾训中. 上海倒楼事件的警示［J］. 南风窗,2009-08-16.

56. 郭蕊,麻宝斌. 全球化时代地方政府治理能力分析［J］. 长白学刊,2009（04）：67-70.

57. 郭小安. 从运动式治理到行政吸纳——对网络意见领袖专项整治的政治学反思［J］. 学海,2015（05）：161-167.

58. 郭小平. 风险社会的媒体传播研究［M］. 北京：学习出版社，2013.
59. 郭小平. 风险传播研究的范式转化［J］. 中国传媒报告，2006（03）：15－23.
60. 国家食品药品监督管理总局，国家食品安全风险评估中心. 食品安全风险交流理论探索［M］. 北京：中国标准出版社，2015.
61. 国务院新闻办公室新闻局. 政府新闻发布工作手册［M］. 北京：五洲传播出版社，2007.
62. 韩咏红. 石家庄市政府突承认　三鹿曾要求掩盖消息［EB/OL］. 联合早报网，2008－10－02.
63. 何舟，陈先红. 双重话语空间：公共危机传播中的中国官方与非官方话语互动模式研究［J］. 国际新闻界，2010（08）：21－27.
64. 何舟. 双重话语空间：公共危机传播中的中国官方与非官方话语互动模式研究［C］. 2008公关与广告国际学术论坛，香港城市大学，2008年12月.
65. 何祖坤. 关注政府回应［J］. 中国行政管理，2000（07）：7－8.
66. 贺达源，付可，李亚坤. 醉驾飙车男，自首系顶包［N］. 南方都市报，2012－05－28.
67. 贺达源，李亚坤，杜啸天. 跑车男夜载三女　醉驾飙车连撞两的士致三死四伤　事发深圳，电动的士着火车内三人全部死亡，男子逃逸7小时后自首［N］. 南方都市报，2012－05－27.
68. 亨廷顿. 民主的第三波［A］. //哈维尔，等. 民主与民主化［M］. 刘军宁，译. 北京：商务印书馆，1999.
69. 侯迎忠. 突发事件中政府新闻发布公众认知与社会效果的实证研究——基于广州、兰州的调查分析［J］. 新闻与传播研究，2013（03）：16－32.
70. 胡鞍钢，王磊. 社会转型风险的衡量方法与经验研究（1993—2004年）［J］. 管理世界，2006（06）：46－54.
71. 胡百精，李由君. 互联网与信任重构［J］. 当代传播，2015（04）：19－25.
72. 胡百精，杨奕. 公共传播研究的基本问题与传播学范式创新［J］. 国际新闻界，2016（03）：61－80.
73. 胡百精. 公共关系学［M］. 北京：中国人民大学出版社，2008.
74. 胡百精. 群体性突发事件中的官民对话模式——以贵州瓮安"6·28"群体性事件为个案［A］. //胡百精. 中国危机管理报告［R］，北京：中国人民大学出版社，2009.
75. 胡百精. 危机传播管理——流派、范式和路径［M］. 北京：中国人民大学出版社，2009.
76. 胡百精. 危机中的传播管理［M］. 北京：中国人民大学出版社，2014.
77. 胡百精. 政府网络危机三问［J］. 国际公关，2009（04）：19－20.

78. 胡泳．"一言堂"VS"众言堂"［EB/OL］．南方报业网．2014-07-28．
79. 黄旦，郭丽华．媒体先锋：风险社会视野中的中国食品安全报道——以2006年"多宝鱼"事件为例［J］．新闻大学，2008（04）：6-12．
80. 黄河，王芳菲．新媒体如何影响社会管理——兼论新媒体在社会管理中的角色与功能［J］．国际新闻界，2013（01）：100-109．
80. 黄健荣．论现代政府合法性递减：成因、影响与对策［J］．浙江大学学报：人文社会科学版，2011（01）：19-33．
82. 黄平．探索新的治理模式［J］．绿叶，2009（07）：36-42．
83. 黄新华．风险规制研究：构建社会风险治理的知识体系［J］．行政论坛，2016（02）：73-80．
84. 黄秀丽．警惕媒体与民意的断裂［J］．南方传媒研究，2009（19）：27-29．
85. 黄懿慧．重建公众信任的危机［J］．哈佛商业评论，2015（09）：54-57．
86. 黄懿慧，陈先红．黄懿慧：公关的核心价值是建立信任（F）［J］．公关世界，2015（11）：35-39．
87. 黄懿慧．风险社会中的危机传播［J］．全球传播学刊，2015（03）：60-63．
88. 黄懿慧．企业网络危机管理初探［J］．武汉理工大学学报：社会科学版，2011（02）：197-202．
89. 贾广惠，戴毅．论大众传媒与环保公共参与议题的构建［J］．新闻爱好者，2008（12）（下半月）：83-84．
90. 贾鹤鹏，范敬群，闫隽．风险传播中知识、信任与价值的互动——以转基因争议为例［J］．当代传播，2015（03）：99-101．
91. 贾鹤鹏，苗伟山．公众参与科学模型与解决科技争议的原则［J］．中国软科学，2015（05）：58-66．
92. 贾鹤鹏，谭一泓．争议中的科学——促进热点议题的社会融合［M］．北京：科学普及出版社，2011．
93. 姜明安．改革、法治与国家治理现代化［J］．中共中央党校学报，2014（04）：47-54．
94. 康晓光．经济增长、社会公正、民主法治与合法性基础——1978年以来的变化与今后的选择［J］．战略与管理，1999（04）：72-81．
95. 康晓光．中国特殊论——对中国大陆25年改革经验的反思［J］．战略与管理，2003（04）：56-62．
96. 孔繁华．我国食品安全信息公布制度研究［J］．华南师范大学学报：社会科学版，2010（03）：5-11．
97. 孔飞力（Philip A. Kuhm）．叫魂：1768年中国妖术大恐慌［M］．陈兼，等，译．上海：上海三联书店，1999．

98. 寇佳婵. 从领导人卡通视频看政府形象传播新趋势 [J]. 对外传播, 2013 (12): 17-18.

99. 郎劲松, 侯月娟, 唐冉. 新媒体语境下政治人物的公共形象塑造——解析十八大后领导人的媒介符号传播 [J]. 现代传播: 中国传媒大学学报, 2013 (05): 36-40.

100. 雷吉娜·E. 朗格林, 安德莉亚·H. 麦克马金. 风险沟通: 环境, 安全和健康风险沟通指南. 5版 [M]. 黄河, 蒲信竹, 刘琳琳, 译. 北京: 中国传媒大学出版社. 2016.

101. 李彪, 郑满宁. 从话语平权到话语再集权: 社会热点事件的微博传播机制研究 [J]. 国际新闻界, 2013 (7): 6-15.

102. 李从军. 人民日报: 牢牢掌握舆论工作主动权 [EB/OL]. 人民网, 2013-09-04.

103. 李丹. 政府网站和政务新媒体的融合发展 [J]. 新闻战线, 2015 (07): 140-141.

104. 李德国, 蔡晶晶. 当代西方政府信任危机述评 [J]. 广东行政学院学报, 2006 (06): 90-94.

105. 李凡. 公众参与需要高制度化 [N]. 南方周末, 2007-09-29.

106. 李辉. 嵌入性腐败与政绩驱动的地方国家——基于一个国有企业破产腐败案的研究 [D]. 上海: 复旦大学, 2008.

107. 李佳洁, 李楠, 罗浪. 风险认知维度下对我国食品安全系统性风险的再认识 [J]. 食品科学, 2016 (09): 258-263.

108. 李杰, 钱玲, 马煜, 葛红. 我国政府风险沟通理念及实践——以卫生部应对甲型H1N1流感疫情为例 [N]. 科技日报, 2009-11-09.

109. 李良荣, 方师师. 互联网与国家治理: 对中国互联网20年发展的再思考 [J]. 新闻记者, 2014 (04): 22-26.

110. 李良荣, 于帆. 网络舆论中的"前10效应"——对网络舆论成因的一种解读 [J]. 新闻记者, 2013 (02): 50-53.

111. 李良荣, 张华. 参与社会治理传媒公共性的实践逻辑 [J]. 现代传播: 中国传媒大学学报, 2014 (04): 31-34.

112. 李良荣, 张盛. 互联网与大众政治的勃兴——"新传播革命"研究之一 [J]. 现代传播: 中国传媒大学学报, 2012 (03): 29-31.

113. 李良荣, 郑雯, 张盛. 网络群体性事件爆发机理: "传播属性"与"事件属性"双重建模研究——基于195个案例的定性比较分析 (QCA) [J]. 现代传播: 中国传媒大学学报, 2013 (02): 25-34.

114. 李良荣. 论中国新闻媒体的双轨制——再论中国新闻媒体的双重性 [J]. 现代传播, 2003 (04): 1-4.

115. 李良荣. 中国新闻业新的传播生态 [J]. 新闻前哨, 2009 (03): 14.

116. 李聆群. 《政府信息公开条例》实施中遭遇的挑战 [EB/OL]. 中国选举与政治网, 2009 – 08 – 24.

117. 李路路. 社会变迁：风险与社会控制 [J]. 中国人民大学学报, 2004 (02)：10 – 16.

118. 李蔬君. 当代中国政府责任问题研究 [D]. 北京：中共中央党校, 2006.

119. 李伟权. 政府自利性对政策回应机制建设的制约研究 [J]. 江西社会科学, 2010 (05)：221 – 225.

120. 李晓燕：社会治理现代化的必由之路：从运动式治理走向法治——党的十八届四中全会精神的解读 [J]. 理论探讨, 2015 (01)：14 – 18.

121. 梁丁. 杭州飙车案替身门后的社会溃败 [EB/OL]. 新浪网, 2009 – 07 – 31.

122. 林爱珺, 孙姣姣. 新媒体环境下的政府危机管理与舆论引导 [J]. 中国应急管理, 2011 (03)：20 – 25.

123. 林鸿潮. 公共危机管理问责制中的归责原则 [J]. 中国法学, 2014 (04)：267 – 285.

124. 林雪霏. 政府间组织学习与政策再生产：政策扩散的微观机制——以"城市网格化管理"政策为例 [J]. 公共管理学报, 2015 (01)：17.

125. 刘靖华, 姜宪利, 张胜军, 罗振兴, 张帆. 中国政府管理创新——施政卷. 第3册. [M]. 北京：社会科学文献出版社, 2007.

126. 刘霞, 向良云, 严晓. 公共危机治理网络：框架与战略 [J]. 软科学, 2009 (04)：1 – 6.

127. 刘晓鹏. 公民服务：社会变革中的政府传播理念 [J]. 延安大学学报：社会科学版, 2007 (04)：10 – 12.

128. 刘远亮. 当代中国政府与民众关系变化中的网络政治传播因素分析 [J]. 电子政务, 2016 (03)：70 – 77.

129. 刘兆亮, 王真, 冯云浓, 任烨. 文二西路飙车夺命 [N]. 都市快报, 2009 – 05 – 08.

130. 刘子富. 新群体事件观——贵州瓮安"6·28"事件的启示 [M]. 北京：新华出版社, 2009.

131. 龙志. 邓玉娇案, 一个记者的立场 [J]. 南方传媒研究, 2009 (19)：42 – 49.

132. 卢家银, 孙旭培. 新媒体在地方治理中的作用——以厦门PX事件为例 [J]. 湖南大众传媒职业技术学院学报, 2008 (05)：10 – 14.

133. 鲁津、徐国娇. 论政府危机公关的效益——"躲猫猫"事件的媒介传播案例解析 [J]. 现代传播, 2009 (03)：32 – 34.

134. 鲁明勇. 湘西州域经济与产业发展 [M]. 长沙：国防科技大学出版社, 2009.

135. 罗俊丽. 微博时代政府传播面临的三大挑战 [J]. 中国党政干部论坛, 2013 (03)：75 – 76.

136. 吕宗恕. 四川环保厅长回顾什邡钼铜争议 公众参与多一点, 结局或不同 [EB/OL]. 南方周末网, 2014 – 01 – 24.

137. 马光选. "风险治理悖论"与风险治理转型——基于风险政治学的考察［J］. 云南行政学院学报, 2015 (03): 17-21.

138. 马凌. 媒介化社会与风险社会［J］. 中国传媒报告, 2008 (05): 38-44.

139. 马凌. 新闻传媒在风险社会中的功能定位［J］. 新闻与传播研究, 2007 (04): 42-46.

140. 毛寿龙. SARS危机与治道变革［A］. //迟福林. 警钟:中国SARS危机与制度变革［M］. 北京:民主与建设出版社, 2003.

141. 毛寿龙. 公共行政学［M］. 北京:九州出版社, 2003.

142. 毛寿龙. 应对媒体也是应对民意［N］. 解放日报, 2005-08-25.

143. 毛湛文, 刘小燕. 新媒体环境下政府传播的新变化——基于传播主体视角的考察［J］. 当代传播, 2015 (02): 23-26.

144. 孟建, 卞清. 我国舆论引导的新视域——关于官方话语和民间话语互动、博弈的理论思考［J］. 新闻传播, 2011 (02): 6-8.

145. 孟建, 董军. 自我赋权的受众与我国新闻传播业的重构［J］. 新闻传播, 2012 (01): 6-8.

146. 孟建, 林溪声. 中国共产党新闻发布活动的历史与现状［J］. 广播电视大学学报:哲学社会科学版, 2011 (02): 66-69.

147. 孟建, 裴增雨. 突发事件中的新闻应急处置与传播效果分析——以"深圳9·20特大火灾事故"为案例的研究［J］. 当代传播, 2011 (01): 40-43.

148. 孟建, 赵元珂. 媒介融合:粘聚并造就新型的媒介化社会［J］. 国际新闻界, 2006 (07): 24-54.

149. 孟建. 单一意志的实现与双向互动的趋同［EB/OL］. 中华传媒学术网, 2005-11-28.

150. 孟天广, 李锋. 网络空间的政治互动:公民诉求与政府回应性——基于全国性网络问政平台的大数据分析［J］. 清华大学学报:哲学社会科学版, 2015 (03): 17-29.

151. 苗伟山, 隋岩. 2015年中国网络事件研究概述［J］. 国际新闻界, 2016 (01): 53-61.

152. 苗伟山. 网络事件:学术取向与现状趋势——美国宾夕法尼亚大学杨国斌教授访谈录［J］. 新闻记者, 2015 (08): 40-45.

153. 苗伟山. 新媒体与网络群体性事件——访哈佛大学燕京学社社长裴宜理教授［J］. 学术交流, 2015 (03): 209-213.

154. 南都社论. 现代版杞人忧天是不能忽视的警示［N］. 南方都市报, 2009-07-20.

155. 南方周末编辑部. 化解民怨:司法应替政治划出"缓冲带"［N］. 南方周末, 2008-11-12.

156. 聂平平．治理理论的语义阐释及其话语分析［J］．江西社会科学，2004（07）：124－127．

157. 欧文·戈夫曼．污名——受损身份管理札记［M］．宋立宏，译．北京：商务出版社，2009．

158. 欧文·E. 休斯．公共管理导论［M］．北京：中国人民大学出版社，2001．

159. 潘忠党．序言：传媒的公共性与中国传媒改革的再起步［J］．传播与社会学刊，2008（06）：1－16．

160. 彭晓芸．深圳回应飙车案质疑限度何在？［N］．东莞日报，2012－06－04．

161. 齐美胜．公共危机的成因及其治理路径［EB/OL］．中国社会学网，2009－05－21．

162. 邱鸿峰，熊慧．环境风险社会放大的组织传播机制：回顾东山PX事件［J］．新闻与传播研究，2015（05）：46－57．

163. 邱鸿峰．环境风险的社会放大与政府传播：再认识厦门PX事件［J］．新闻与传播研究，2013（08）：105－117．

164. 邱鸿峰．技术安全框架还是环境正义框架？——从东山PX事件看政府风险传播的困局与破解［J］．中国地质大学学报（社会科学版），2016（01）：91－101．

165. 邱鸿峰．从"英雄"到"歹徒"：新闻叙事中心漂移、神话价值与道德恐慌［J］．国际新闻界．2010（12）：66－71．

166. 邱楷．从瓮安事件看网络环境下的政府危机公关［J］．武汉工程大学学报，2010（02）：27－29．

167. 人民网舆情监测室．2014年上半年新浪政务微博报告［EB/OL］．人民网，2014－07－24．

168. 任剑涛."社会结构断裂与价值迷思"［EB/OL］．凤凰网，2010－07－15．

169. 邵春霞．公民知情权：和谐社会的合法性基础［J］．政治与法律，2007（03）：32－36．

170. 邵春霞．局部性传媒公共领域的呈现——以报纸的批评性报道为分析对象［J］．中共浙江省委党校学报，2006（03）：66－70．

171. 邵春霞．控制与合作：当前我国国家与媒体四种关系模式的分析，未刊稿．

172. 邵培仁，潘祥辉．危机传播推动中国媒介制度的变迁——从汶川地震看危机事件与媒介制度创新的内在关联［J］．现代传播：中国传媒大学学报，2008（04）：56－58．

173. 社论．深圳车祸案不必急于"断言"［N］．新京报．2012－05－30．

174. 沈国麟，李良荣．政府应善于进行网络理政［N］．人民日报，2016－07－11．

175. 史安斌．危机传播研究的"西方范式"及其在中国语境下的"本土化"问题［J］．国际新闻界，2008（06）：22－27．

176. 斯科特·拉什．风险社会与风险文化［J］．王武龙，编译．马克思主义与现实，

2002（04）：52-63.

177. 宋林飞. 中国社会风险预警系统的设计与运行［J］. 东南大学学报：哲学社会科学版，1999（01）：69-76.

178. 宋明哲. 现代风险管理［M］. 北京：中国纺织出版社，2003.

179. 隋岩，苗伟山. 中国网络群体事件的主要特征和研究框架［J］. 现代传播：中国传媒大学学报，2014（11）：26-34.

180. 孙立平. "过程—事件分析"与当代中国国家—农民关系的实践形态［A］. 思想的碎片［M］. 武汉：长江文艺出版社，2001.

181. 孙立平. 断裂——20世纪90年代以来的中国社会［M］. 北京：社会科学文献出版社，2004.

182. 孙立平. 信息是如何被屏蔽的［N］. 经济观察报，2007-07-24.

183. 孙立平. 中国正进入利益分化时代 市场经济下的和谐社会［N］. 中国经济时报，2005-03-15.

184. 孙培军. 当前中国社会抗争研究：基于抗争性质、动因与治理的分析［J］. 社会科学，2011（01）：57-65.

185. 孙帅，周毅. 政务微博对突发事件的响应研究——以"7·21"北京特大暴雨灾害事件中的"北京发布"响应表现为个案［J］. 电子政务，2013（05）：30-40.

186. 孙玮，张小林. 突发自然灾害事件中网络舆论的表达与引导——以东日本地震海啸事件为例［J］. 学术探索，2011（06）：115-118.

187. 孙玮. 中国"新民权运动"中的媒介社会动员：以重庆"钉子户"事件的媒介报道为例［J］. 新闻大学，2008（04）：13-19.

188. 唐（Tang，W.F.）. 中国民意与公民社会［M］. 广州：中山大学出版社，2008.

189. 唐娟. 政府治理论［M］. 北京：中国社会科出版社，2006.

190. 唐贤兴. 中国治理困境下政策工具的选择——对"运动式执法"的一种解释［J］. 探索与争鸣，2009（02）：31-35.

191. 唐亚林. 国家治理的登场及其方法论价值［J］. 复旦学报：社会科学版，2014（02）：128-137.

192. 陶学荣，朱旺力. 当代中国政府危机管理的困境与构建［J］. 江西社会科学，2005（01）：116-120.

193. 滕朋. 从组织传播到大众传播［D］. 武汉：华中科技大学，2007.

194. 田军. 政府传播概念探析［J］. 学习与探索，2004（02）：35-36.

195. 田中初. 当代中国灾难新闻研究——以新闻实践中的政治控制为视角［D］. 上海：复旦大学，2005.

196. 童兵. 提升新闻舆论传播力和引导力的几点思考——学习习近平总书记"2·19"讲话的体会［J］. 新闻与写作，2016（05）：7-11.

197. 童兵. 构建舆论监督的法律体系——兼议依法治国和舆论监督的改革 [J]. 新闻爱好者, 2015 (02): 20-24.

198. 童兵. 突发公共事件和信息公开与传媒的宣泄功能 [J]. 南京社会科学, 2009 (08): 37-44.

199. 童星, 张海波. 群体性突发事件及其治理——社会风险与公共危机综合分析框架下的再考量 [J]. 学术界, 2008 (02): 35-45.

200. 童星, 张海波等. 中国转型期的社会风险及识别——理论探讨与经验研究 [M]. 南京: 南京大学出版社, 2006.

201. 童星, 张海波. 基于中国问题的灾害管理分析框架 [J]. 中国社会科学, 2010 (01): 132-146.

202. 童星. 社会学风险预警研究与行政学危机管理研究的整合 [J]. 湖南师范大学社会科学学报, 2008 (02): 66-70.

203. 涂光晋, 陈曦. 非典十年来中国政府危机特点的变化与反思 [J]. 国际新闻界, 2013 (05): 16-25.

204. 涂重航. 山东河南手足口病扩散: 疫情上报遭行政干预 [N]. 新京报, 2009-04-08.

205. 汪凯. 转型中国: 媒体、民意与公共政策 [M]. 上海: 复旦大学出版社, 2005.

206. 汪臻真, 褚建勋. 情境危机传播理论: 危机传播研究的新视角 [J]. 华东经济管理, 2012 (02): 98-101.

207. 王大鹏, 钟琦, 贾鹤鹏. 科学传播: 从科普到公众参与科学——由崔永元卢大儒转基因辩论引发的思考 [J]. 新闻记者, 2015 (06): 8-15.

208. 王二朋, 卢凌霄. 消费者食品安全风险的认知偏差研究 [J]. 中国食物与营养, 2015 (12): 40-44.

209. 王焕勋. 实用教育大词典 [M]. 北京: 北京师范大学出版社, 1995.

210. 王金红, 黄振辉. 中国弱势群体的悲情抗争及其理论解释——以农民集体下跪事件为重点的实证分析 [J]. 中山大学学报: 社会科学版, 2012 (01): 152-164.

211. 王俊秀. 2010—2011年中国社会心态研究报告. 北京市: 社会科学文献出版社, 2011.

212. 王萌林. 我国政府传播主体角色定位的困境分析 [J]. 学习月刊, 2006 (11): 21-22.

213. 王平, 谢耘耕. 突发公共事件中微博意见领袖的实证研究——以"温州动车事故"为例 [J]. 现代传播: 中国传媒大学学报, 2012 (03): 82-88.

214. 王锡锌. 公众参与和行政过程: 一个理念和制度分析的框架 [M]. 北京: 中国民主法治出版社, 2007.

215. 王锡锌. 靠什么持续推动信息公开? [N]. 新京报, 2009-05-23.

216. 王雅琳. 中国社会转型研究的理论维度 [J]. 社会科学研究, 2003 (01): 87-93.

217. 王莹. 深圳飙车案漩涡: 真相不"顶包"公众层层质疑, 推动事件发展和信息公开 [N]. 南方都市报, 2012-06-06.

218. 温琼娟. 组织—公众关系视角下的情境危机传播理论研究 [D]. 武汉: 华中科技大学, 2014.

219. 翁昌寿. 健康风险沟通中的传播者形象建构: 以甲型HINI流感为例 [J]. 国际新闻界, 2012 (06): 19-24.

220. [德] 乌尔里希·贝克. 风险社会 [M], 上海: 译林出版社, 2004.

221. 吴惠凡. 网络公民的启蒙与觉醒: 从话语重构到政治参与 [J]. 当代传播, 2015 (01): 17-22.

222. 吴家庆, 王毅. 中国与西方治理理论之比较 [J]. 湖南师范大学社会科学学报, 2007 (02): 58-65.

223. 吴坤. 非常时期的"非常"法规——解读"突发公共卫生事件应急条例"[J]. 吉林人大, 2003 (06): 68-69.

224. 吴廷俊, 夏长勇. 论公共危机传播中的主流媒介角色——以贵州"6·28瓮安事件"为例 [J]. 现代传播, 2009 (02): 36-38.

225. 吴娅雄. 从认知角度探析信任修复方式的作用机理 [J]. 商业时代, 2010 (33): 93-94.

226. 吴宜蓁. 危机传播——公共关系与语艺观点的理论与实证 [M]. 苏州: 苏州大学出版社, 2005.

227. 伍麟, 王磊. 风险缘何被放大? ——国外"风险的社会放大"理论与实证研究新进展 [J]. 学术交流, 2013 (01): 141-146.

228. 武和平. "李刚门": 信息倒挂的苦果 [EB/OL]. 财新网. 2012-04-16.

229. 习近平. 切实提高党的新闻舆论传播力引导力影响力公信力 [EB/OL]. 新华网, 2016-02-20.

230. 习近平在兰考县委常委扩大会上的讲话 [EB/OL]. 新华网, 2015-09-08.

231. 夏雨禾. 突发事件中的微博舆论: 基于新浪微博的实证研究 [J]. 新闻与传播研究, 2011 (05): 43-51.

232. 夏玉珍, 吴娅丹. 中国正进入风险社会时代 [J]. 甘肃社会科学, 2007 (01): 20-24.

233. 肖菁, 章晴. 文二西路交通肇事案启示录 [N]. 钱江晚报, 2009-05-12.

234. 肖菁. 胡斌行为已涉嫌"危害公共安全"[N]. 钱江晚报, 2009-05-11.

235. 肖擎. 上海倒楼事件调查能否修复人心 [N], 长江日报, 2009-07-02.

236. 萧功秦. 从发展政治学看中国转型体制 [J]. 浙江学刊, 2005 (05): 100-107.

237. 萧功秦. 中国的大转型 [M]. 北京: 新星出版社, 2008.

238. 小约瑟夫·S. 奈，菲利普·D. 泽利科，戴维·C. 金. 人们为什么不相信政府 [M]. 朱芳芳，译. 北京：商务出版社，2015.
239. 谢尔顿·克里姆斯基，多米尼克·戈尔丁. 风险的社会理论学说 [M]. 徐元玲，孟毓焕，徐玲，等，译. 北京：北京出版社出版. 2005.
240. 谢进川. 媒治理论：社会风险治理视角下的传媒功能研究 [M]. 北京：中国传媒大学出版社，2009.
241. 谢晓非，胡天翊，林靖，路西. 期望差异：危机中的风险沟通障碍 [J]. 心理科学进展，2013（05）：761－774.
242. 谢晓非，徐联仓. 风险认知研究概况及理论框架 [J]. 心理学动态，1995（02）：17－22.
243. 谢晓非，朱冬青. 危机情境中的期望差异效应 [J]. 应用心理学，2011（01）：18－23.
244. 熊光清. 当前中国社会风险形成的原因及其基本对策 [J]. 教学与研究，2006（07）：17－22.
245. 熊易寒. 文献综述与学术谱系 [J]. 读书，2007（04）：82－84.
246. 徐彪. 公共危机事件后的政府信任修复 [J]. 中国行政管理，2013（02）：31－35.
247. 徐军. 当代中国社会风险问题及对策研究 [J]. 时代人物，2008（09）：66－68.
248. 徐勇. 治理转型与竞争—合作主义 [J]. 开放时代，2001（07）：25－33.
249. 徐智晨. 论政府回应的理论依据、现状以及改进思路 [J]. 理论界，2008（07）：31－32.
250. 许静. 社会化媒体对政府危机传播与风险沟通的机遇与挑战 [J]. 南京社会科学，2013（05）：98－104.
251. 薛澜，周玲，朱琴. 风险治理：完善与提升国家公共安全管理的基石 [J]. 江苏社会科学，2008（06）：7－11.
252. 薛晓源，周战超. 全球化与风险社会 [M]. 北京：社会科学文献出版社，2005.
253. 颜昌武. 我国市辖区政府间竞争：制度环境与策略选择 [J]. 社会主义研究，2008（05）：90.
254. 颜海林，张秀. 论有限政府的基本特质 [J]. 湖南大学学报：社会科学版，2010（01）：54－56.
255. 杨耕身. "欺实马"如何使社会远离仇富陷阱 [N]. 潇湘晨报，2009－05－13.
256. 杨耕身. 横竖都是丑闻缠身 [N]. 晶报，2009－07－30.
257. 杨冠琼，刘雯雯. 公共问题与治理体系——国家治理体系与国家治理能力现代化的问题基础 [J]. 中国行政管理，2014（02）：15－23.
258. 杨雪冬. 风险社会与秩序重建 [M]. 北京：社会科学文献出版社. 2006.
259. 杨雪冬. 过去10年的中国地方政府改革——基于中国地方政府创新奖的评价

[J]．公共管理学报，2011（01）：81-93．

260. 杨雪冬．全球化、风险社会与复合治理[J]．马克思主义与现实，2004（04）：61-77．

261. 杨雪冬，等．风险社会与秩序重建[M]．北京：社会科学文献出版社，2006．

262. 杨正国．关于处置湘西州非法集资群体性事件的做法与启示[J]．湖南公安高等专科学校学报，2009（10）：122-126．

263. 杨志军，彭勃．有限否定与类型化承认：评判运动式治理的价值取向[J]．社会科学，2013（03）：15-24．

264. 叶皓．政府在突发事件处置中的舆论引导[J]．现代传播，2007（04）：6-8．

265. 伊冯·朱克思．传媒与犯罪[M]．赵星，译．北京：北京大学出版社，2008．

266. 尹佳，李凤海．新时期我国政府传播的转型与趋向[J]．湖南大众传媒职业技术学院学报，2009（03）：27-29．

267. 尹建军．社会风险及其治理研究[D]．北京：中共中央党校，2008．

268. 于建嵘．社会泄愤事件中群体心理研究——对"瓮安事件"发生机制的一种解释[J]．北京行政学院学报，2009（01）：1-5．

269. 于宁．政府职能重塑与政府自利性的约束机制[J]．中国行政管理，2008（01）：33-35．

270. 于淑逼．深圳飙车案的猜测与回应[N]．南方都市报，2012-06-04．

271. 于霄．大数据如何参与谣言治理[J]．网络传播，2016（01）：39-39．

272. 余红，王庆．社会怨恨与媒介建构[J]．华中科技大学学报：社会科学版，2015（03）：125-130．

273. 俞可平．推进国家治理体系和治理能力现代化[J]．前线，2014（01）：5-13．

274. 俞可平．增量民主与善治[M]．北京：社会科学文献出版社，2005．

275. 郁建兴，吕明再．治理：国家与市民社会关系理论的再出发[J]．求是学刊，2003（04）：34-39．

276. 郁建兴，周俊．中国公民社会研究的新进展[J]．马克思主义与现实，2006（03）：36-40．

277. 喻国明．中国社会舆情年度报告（2015）[M]．北京：人民日报出版社，2015．

278. 喻国明．当前社会舆情场：结构性特点及演进趋势[J]．前线，2015（12）：35-37．

279. 喻国明．关于网络舆论场供给侧改革的几点思考——基于网络舆情生态的复杂性原理[J]．新闻与写作，2016（05）：43-45．

280. 喻国明．互联网是一种高维媒介[J]．教育传媒研究，2016（01）：39-41．

281. 喻国明．媒体变革：从"全景监狱"到"共景监狱"[J]．人民论坛，2009（08）：21-21．

282. 喻国明. 防止新闻发言人封锁新闻 [J]. 瞭望东方周刊, 2003-12-08.

283. 喻国明: 喻国明自选集——别无选择: 一个传媒学人的理论告白 [M]. 上海: 复旦大学出版社, 2004.

284. 约翰·金登. 议程、备选方案与公共政策 [M]. 北京: 中国人民大学出版社, 2004.

285. 约书亚·梅罗维茨. 消失的地域: 电子媒介对社会行为的影响 [M]. 肖志军, 译. 清华大学出版社, 2002.

286. 臧志军. 治理: "乌托邦" 还是现实 [J]. 探索与争鸣, 2003 (03): 9-10.

287. 曾繁旭, 戴佳, 王宇琦. 技术风险 VS 感知风险: 传播过程与风险社会放大 [J]. 现代传播: 中国传媒大学学报, 2015 (03): 40-46.

288. 曾繁旭, 戴佳, 杨宇菲. 风险传播中的专家与公众: PX 事件的风险故事竞争 [J]. 新闻记者, 2015 (09): 69-78.

289. 曾繁旭, 戴佳. 风险传播: 通往社会信任之路 [M]. 北京: 清华大学出版社, 2015.

290. 曾繁旭, 钱琪瑶. 传播链条、社会网络与公众回应: 社会化媒体时代的风险沟通效果研究 [J]. 新闻与写作, 2015 (06): 34-38.

291. 曾繁旭, 王宇琦, 戴佳. 超越危机公关: 参与式沟通作为新范式 [J]. 新闻界, 2015 (05): 17-22.

292. 曾繁旭, 钟智锦, 刘黎明. 中国网络事件的行动剧目——基于 10 年数据的分析 [J]. 新闻记者, 2014 (08): 71-78.

293. 曾光, 陈靓. 从汶川地震看政府公关能力的提升 [J]. 东南传播, 2008 (07): 23-24.

294. 展江. 以新闻立法促进社会进步——第八个记者节感言 [J]. 青年记者, 2007 (21): 35-37.

295. 张彬. 政策执行中的地方政府自利性研究 [J]. 商业经济研究, 2015 (02): 110-113.

296. 张成福, 陈占锋, 谢一帆. 风险社会与风险治理 [J]. 教学与研究, 2009 (05): 5-11.

297. 张成福. 责任政府论 [J]. 中国人民大学学报, 2000 (02): 75-82.

298. 张海波, 童星. 公共危机治理与问责制 [J]. 政治学研究, 2010 (02): 50-55.

299. 张海波. 社会风险研究的范式 [J]. 南京大学学报: 哲学·人文科学·社会科学, 2007 (02): 136-144.

300. 张洁, 张涛甫. 美国风险沟通研究: 学术沿革、核心命题及其关键因素 [J]. 国际新闻界, 2009 (09): 95-101.

301. 张洁. 突发事件政府新闻发布的体制性瓶颈 [J]. 新闻爱好者, 2010 (12): 11-12

302. 张洁. "富二代" "官二代"媒介话语建构的共振与差异（2004—2012）[J]. 现代传播，2013（02）：49-54.

303. 张洁. 转型期的媒体诉求[J]. 新闻大学，2009（04）：45-51.

304. 张康之，熊炎. 风险社会中的风险治理原理[J]. 南京工业大学学报：社会科学版，2009（06）：5-9.

305. 张康之. 公共管理伦理学[M]. 北京：中国人民大学出版社，2003.

306. 张昆，郭小平. 危机传播中的创伤记忆与媒体的"心理危机干预"[A]. 香港：香港城市大学公关与广告国际论坛，2008.

307. 张乐，童星. 加强与衰减：风险的社会放大机制探析——以安徽阜阳劣质奶粉事件为例[J]. 人文杂志，2008（05）：178-182.

308. 张鸣. 石家庄市政府的道歉太有才了[EB/OL]. 网易新闻，2008-10-03.

309. 张楠，卢洪友. 官员垂直交流与环境治理——来自中国109个城市市委书记（市长）的经验证据[J]. 公共管理学报，2016（01）：131-154.

310. 张宁. 公共危机事件中的政府新闻发言与议题管理[J]. 思想战线，2007（05）：85-88.

311. 张宁. 公众认知：公共危机信息传播管理的视角[J]. 思想战线，2006（06）：24-28.

312. 张宁. 政治时间与冲突现场：外压型议题如何进入政策视野[J]. 新闻与传播研究，2014（10）：66-77.

313. 张宁. 政府传播：公共管理视野中的传播课题[M]. 吉林：吉林人民出版社，2007.

314. 张品良. 新网络环境下领导干部媒介素养的提升[J]. 求实，2010（06）：33.

315. 张涛甫. 当代社会转型与中国传媒业改革[J]. 复旦学报：社会科学版，2005（01）：90-95.

316. 张涛甫. 风险社会中的环境污染问题及舆论风险[J]. 西南民族大学学报：人文社科版，2008（04）：97-101.

317. 张涛甫. 舆论"软风险"正急剧上升[J]. 人民论坛，2014（09）：7.

318. 张涛甫. 再论媒介化社会语境下的舆论风险[J]. 新闻大学，2011（03）：38-43.

319. 张璇，伍麟. 风险认知中的信任机制：对称或不对称？[J]. 心理科学，2013（06）：1333-1338.

320. 张璇. 食品安全管理中的信任结构和机制[D]. 吉林：吉林大学，2014.

321. 张依依. 公共关系理论的发展与变迁[M]. 合肥：安徽人民出版社，2007.

322. 张毅强. 风险感知，社会学习和范式转移[D]. 上海：复旦大学，2010.

323. 张志安，曹艳辉. 政务微博微信使用手册[M]. 广州：南方日报出版社，2014.

324. 张志安，张美玲. 网民社会心态与舆论引导范式转型[J]. 社会科学战线，2016

(05)：143－149．

325. 张志安．新闻执政：干部能力新要求——访复旦大学新闻学院院长助理张志安博士［N］．安吉日报，2009－03－06．

326. 章苒，余靖静．杭州"飙车族"撞死人事件引发对"富二代"关注［EB/OL］．凤凰网，2009－05－12．

327. 赵靖芳．政府治理工具的选择与应用研究［D］．上海：华东师范大学，2008．

328. 赵静．政府治理的工具选择［J］．山西煤炭管理干部学院学报，2007（04）：167－168．

329. 赵路平．公共危机传播中的政府、媒体、公众关系研究［D］．上海：复旦大学，2007．

330. 赵士林．政府对待媒体的突发事件报道要有"平常心"［J］．领导之友，2007（05）：38－39．

331. 赵勇．上海楼房倒塌与狂欢话语分析［N］．南方都市报，2009－07－01．

332. 郑杭生．社会学概论新修［M］．北京：中国人民大学出版社，1994．

333. 郑雯，黄荣贵，桂勇．中国抗争行动的"文化框架"——基于拆迁抗争案例的类型学分析（2003—2012）［J］．新闻与传播研究，2015（02）：5－27．

334. 郑永年．中国的"行为联邦制"：中央—地方关系的变革与动力［M］．北京：东方出版社，2013．

335. 中共上海市闵行区委宣传部编．当危机来临时："6.27上海倒楼事故"闵行区新闻宣传工作问与答．内部资料，2009－10．

336. 中山大学互联网与研究中心研究专报（决策报告，未刊稿）．倡导公众参与治理有效化解社会风险——来自深圳罗湖模式的启示．2015（3）．

337. 钟智锦，曾繁旭．十年来网络事件的趋势研究：诱因、表现与结局［J］．新闻与传播研究，2014（04）：53－65．

338. 周黎安．转型中的地方政府：官员激励与治理［M］．上海：格致出版社，2009

339. 周丽玲．风险归因：媒体的风险话语生产与社会建构的核心议题［M］．武汉：新闻与传播评论，2010．

340. 周裕琼，齐发鹏．策略性框架与框架化机制：乌坎事件中抗争性话语的建构与传播［J］．新闻与传播学刊，2014（08）：46－70．

341. 视华新．2015年互联网舆情分析报告［A］.//2015年中国社会形势分析与预测［M］．北京：社会科学文献出版社，2015．

342. 视华新．网络社群：政治引领与政治吸纳［EB/OL］．财新网，2014－10－09．

343. 朱德米．决策与风险源：社会稳定源头治理之关键［J］．公共管理学报，2015（01）：137－144．

344. 朱力．变迁之痛：转型期的社会失范研究［M］．北京：社会科学文献出版社，2006.
345. 朱力．中国社会风险解析——群体性事件的社会冲突性质［J］．学海，2009（01）：69-78.
346. 朱明刚．"直面质疑 善待民意 动态回应" 深圳危机应对受好评——三次发布会、全角度"微直播"开放透明修复政府公信力［EB/OL］．人民网，2012-05-31.
347. 朱喜群．论政府治理工具的选择［J］．行政与法，2006（03）：39-41.
348. 邹育根．当前中国地方政府信任危机事件的型态类别、形成机理与治理思路［J］．中国行政管理，2010（04）：43-45.

后 记

从2008年北京奥运会期间开始酝酿本书的选题,到2016年里约奥运酣战时写下后记,这本书的写作和修改经历了三届奥运,八年光阴。感谢今天的中国观众已经不只是看重金牌,也会为真性情的运动员喝彩,于是我也很想用傅园慧体说一句:我对今天的状态没有保留,我已经用了洪荒之力了!鬼知道我经历了什么,那种每次都以为自己看懂了、想到了、聊透了,一下笔又觉得特别堵心的感觉真是让人"习得性无助"。还好我活下来了,于是就有了这段正常版的后记,以下请允许我严肃地矫情一把。

曾为博士论文不尽完善而诚惶诚恐的我,经过了这些年的困顿、反思、尝试和成长,终于在此刻能够相对从容地把我学术生涯中的第一本书呈现出来,求教于各位。提及"相对从容",并不是指我对这本书已经很满意了,而恰恰是说我终于放弃了在特定时点达成"完美"的幻想,慢慢接受了这样一个老生常谈的事实——做学术是一个日积月累、永无止境的过程。我想,任何一个作品需要研究者在每一个当下尽心竭力,它初步完成之后,依然保存着在未来被无限开掘和完善的空间。

记得乔布斯在斯坦福大学演讲时曾说,你在向前展望的时候不可能将生命中的这些片断串连起来,你只能在回顾的时候将点点滴滴串连起来。所以你必须相信这些片断会在你未来的某一天串连起来。你必须要相信你的勇气、目的、生命和因缘。我很感恩,这本书的完成过程,奇妙地串联了我的很多生活体验和求学、研究经历。

2003年"非典"事件发生,我这个一直生活在风平浪静之中的80后,第一次见证了这个国家由于政府传播管制所带来的媒体失语和社会混乱,那段时间的惊愕与好奇成为我后来关注政府新闻发布和公共危机管理的原动力,"非典"与治道变迁也成为我博士论文里最重要的一个现实背景。博士期间的阅读、调研和写作让我从公共治理的视角,观察和分析了政府面对风险和危机时的制度变迁,在处置现场和"后区"的表现和机制。攻读博士学位那三年,结婚生子"两岸三地"求毕业,兵荒马乱、能力所限,我遗憾自己的论文仅限于现象描述,对理论的解释和提升远远不够,写完便偷藏起来,不忍直视。

2010年,我很幸运地能进入中大,终于能如愿以偿地"站讲台",达成我"陪伴和影响年(xiao)轻(xian)人(rou)成长"的梦想了。承担《危机管理与传播》和《公共关系学原理》等课程的教学,与学生轻松愉快交流的背后,我也如履薄冰,生怕误人子弟，因此重新再读危机传播和风险沟通的理论，学生也不断启发着我，使我对风险现实和理论的不断变化保持着思考。经过一年时间，教学思路刚稍稍理顺，"压头"的博士后报告又来了。现在想想，那次起初拖延万分，之后令人兴奋的写作，是我对自己的一次"回炉再造"。由于过去从国家"大处着眼"写作的困窘，我转而关注草根网络热词，心想写明白一个词，应该没那么难。结果发现，"富二代""官二代"的话题看似充满娱乐性和戏剧化，其实并非与宏大、严肃的风险治理无关。这次研究使我从社会建构主义的角度，探究到新旧媒体之间，政府、媒介与公众之间的互动方式。我真切地感受到"×二代"话语所展现出的信任缺失、特权泛滥、阶层固化、社会焦虑等一系列彼此交织的社会风险，如何实实在在地构成中国风险治理的巨大困境。

在教学、研究中，我以老师的身份认识和了解更多的政府人员、媒体人、企业和公关业界人士，跟他们的交流和请教，使我对社会风险中的矛盾冲突和彼此依存有了更贴近的认识。2014年我开始集中关注风险的社会放大过程和社会多元主体的风险认知差异，以及由此带来的风险争议及沟通障碍，在2016年初完成教育部青年课题的申报过程中进一步厘清了自己的思路。现在的这本书，可以说是以2010年的博士论文为"毛坯"，不断融入上述所有新的认识，大幅调整了思路，好多章节是完全新增或推翻了全部重写，才得以完成。如果说这些年我还经常懊恼自己头绪太多、动作太慢的话，现在我应该是庆幸于这一路的兜兜转转。虽然我是个"龟速"的作者，但还好风险治理与政府传播越来越成为国家战略问题，现实中的案例也层出不穷，这使得我的讨论尚未过时；虽然几次的写作不太满意又另起炉灶，好像换了观察角度和对象，但还好自己有着不变的好奇心，使得散乱的点滴渐渐连成了一线。

这一路走来，没有师长、学伴和亲友们的支持和帮助，我是万万做不到的。其实我虽然愿意读书想问题，但并没有那么喜欢闷头写作，这种病得治，谢谢大家不离不弃。2009年我注册微博，给自己取了"感恩洁"这个网名，它就一直成为我在各种社交媒体上的昵称，因为我真的觉得，生命中值得感恩的人和事太多了。这次写作，我在心里默默地数出了一百多个人的名字，还无比担心漏了重要人物。请各位宽容我这个冗长但真诚的感恩，还有很多致谢也容我当面再补。

首先是要感谢我的导师孟建教授，是他引导我关注国家重大问题，鼓励年轻的我勇于尝试。他在最忙碌的时候，也抽出时间细致地指导我搭建框架、分析案例、反复修改，我经常在早上六点不到，就收到他给我回复的邮件和短信。感谢我博士论文开题小组和指导小组的童兵教授、黄芝晓教授、黄旦教授、殷晓蓉教授和张涛甫教授，你们严格而亲切的教导，使我在博士研究中不敢有丝毫松懈，也始终感觉到身后有你们的支持。感谢复旦新闻学院的李良荣教授、刘海贵教授、黄瑚教授、赵凯教授、程士安教授、陆晔教授、孙玮教授、谢静教授、曹晋教授和廖圣清教授，你们在课堂上传授给我的理论和思想，潜移默化地影响着我的研究思路和人生态度。好多次我遇到研究上的瓶颈，在教室里、在学院楼，是你们为我解疑释惑。

后 记

感谢我的两任辅导员朱春阳教授和伍静老师，你们给我家人一般的关心照顾。在我刚来上海不够适应的时候，在我面临选择无所适从的时候，在我最低落、最无助的时候，是你们给我勇气，把我从低谷中拉出来。

感谢很多来自政治学和公共管理学的师长，给了我无私的帮助。复旦大学国际关系与公共事务学院的林尚立教授包容我常去他的博士班蹭课，还对我的观点进行了肯定和指点；李瑞昌教授和唐亚林教授多次腾出时间当面跟我细聊，还用长邮件给我提出详细的研究改进思路；同济大学的邵春霞教授不仅以她很好的理论功底和研究设计启发和引导着我，还像大姐姐一样关心我的生活和心情。

感谢那些大我几岁，如师兄师姐般亲切，又像老师一样给我很多具体指导的青年学者们，周葆华教授、沈国麟副教授、王迪副教授、陶建杰副教授、熊易寒副教授、李晖副教授和白红义副教授，你们见过我在写作中一筹莫展的样子，你们帮我推荐文献、重新整理思路，是你们的努力让我看到自己未来的方向。

感谢素未谋面就在电话里耐心指点我的郭小平、邹军和滕朋老师，因为研究领域相近，你们的研究又非常出彩，你们的论文被我反复读了好多遍，不时给我很多思想火花。

感谢陈韬文教授，是他对"非典"的研究让我看到国际化理论和本土情境问题如何精致的编织，后来每次听陈老师的讲座，他总是令我触动颇深；感谢潘忠党教授和黄懿慧教授多次接受我这个小字辈的请教，给了我很多具体细致的建议，你们的亲切谦和让我很是感动。2015 年 8 月底，黄老师刚从外地回港，就专门腾出一天时间，亲自到"大学站"接我，用了近四个小时的时间听我介绍，跟我讨论和讲解，这对于我论文的修改、提升产生了极大的促进作用。感谢陈先红教授和胡百精教授，在任何我需要帮助的时候，你们总以最快的速度伸出援手，你们对我研究前景的信心让我慢慢放下自我怀疑，我知道你们一直很关心我的成长进步。

感谢 2004 级研究生班的李小翠、任薇、衣薇和任艳丽，读博的时候还好你们都还在复旦附近住了一两年，每周去你们家里聚餐聊天，最能给我的研究苦旅减压、打气。感谢 2007 级博士班的郑亚楠、苏虹、张妤妏、杨朕宇、瞿旭晟、刘蒙之、李彩霞、金玉萍、陈一、赵高辉和张秀莉等同学，"小洁"没有你们的陪伴、帮助和安慰，就不可能有前行的勇气。

感谢湖南省湘潭市科技局的高级工程师夏盈钢、《湘潭日报》原总编辑陈植源、湘潭市公安局的谢志斌和湘谭市政府的张金波，是你们给我提供了很好的研究案例和现实资源，多年来也一直告诉我最近的社会变化动态和政府发展思路。

感谢廖为建老师和张宁老师，最初是你们以极为亲和的态度和细致入微的关怀、指导，使我笃定了对中大的决心，并能在中大继续发展自己的研究兴趣。两位老师一直以来的帮助、鼓励和提点，使我在碰到困难的时候总是能找到勇气和信心。感谢我的博士后导师胡舒立教授，您的睿智、果断、爽朗令我如沐春风，您对转型中国和媒介生态的深刻洞察使我敬佩不已。

感谢我的老师、师兄和院长张志安教授，从2009年开始，每年都要跟你进行几次"学术谈心"和合作研究，这对我的影响很大。你用自己的故事鼓励我，也宽容我漫长的摸索期，给我莫大的信任和支持。

感谢吴飞教授、程焕文教授、吕雅璐书记、王天琪书记和李庆双副书记，是你们敦促我要平衡好教学、科研和学生管理的关系，在工作上给我宝贵的锻炼机会，在生活上热心帮助我，让我感觉到在传播与设计学院成长有家庭般的温暖。感谢邓启耀、吴柏林、杨小彦、冯原、李艳红等诸位前辈老师，在教学和科研上给了我很多指导，你们所展现的生活智慧也让我深深受益。也特别感谢邓理峰、钟智锦、周懿瑾、林功成、熊迅等学院诸位70后、80后的年轻老师，你们像我的兄弟姐妹一般，与我分享工作和生活中的点滴，倾听我的疑惑和困难，陪伴我度过入门级"青椒"的忐忑时光。

感谢204办公室的黄玲凌主任、李素珍、欧静仪、吴丽媛、黄秋瑶等众姐妹们，你们一直给我最细致贴心的帮助，总对我有求必应，黄老师简直是我心中的中大"小百科"。近两年我有些低落迷茫，你们总是说，洁，你是最棒的，这支撑着我不要放弃。

感谢我最可爱的学生们，从大一到大四，从研一到研二，非常庆幸我在这所可爱的学校遇见可爱的你们，我从你们身上学到的比我给你们的更多。其中要特别感谢张婷婷、谭丽妮、卢洁怡、蒋舒丞、纪开元、卞筱灵、张潮、郑雁询、唐嘉仪、杨晓君、林丽婷等同学，与你们的讨论甚至辩论，使我的思路一次一次更清晰，感谢你们在我博士后研究和本书稿修改中，在数据统计、资料整理、格式校对中的细致工作。

感谢中山大学出版社的章伟编辑，您对专业的严谨细致，对我观点的包容和支持，以及高效的工作状态，让我敬佩和感动。您总说年轻老师出成果不容易，一定会大力支持，这也让我在反复修改的过程中始终觉得有很大的动力。

最后，要感谢我的爸爸张晓、妈妈夏润湘，我希望你们的名字出现在我的书里，你们给我无条件的、丰厚而强大的爱，让我在任何迷茫脆弱的时候都心存希望。感谢我的丈夫和女儿抱抱，你们是我的减压阀和开心果，你们给我的宽容、理解、体恤，使我在最紧张的时候，依然能够尽量保持心境平和。

写到这里，我感到心里非常非常温暖。对我来说，这本书的完成，不仅是一项理论构建和实践分析的工作，更是在生命中不断体悟与交流，吸收他人给我的能量，也逐步变得坚强独立的过程。要感恩的人还有很多，要解决的问题也会不断浮现，从现在开始我把自己归零，怀着美好的期待，一路前行，珍惜每一个"遇见"，做更好的自己。

张洁

2016年8月15日于中山大学园西区772栋201室